KB261277

1등 기업의 이기는 습관

1등 기업의 이기는 습관

정철화 지음

무한

　세계의 시장이 무국경, 무관세를 지향하고 있는 경쟁의 시대에 GM 등 세계 1등 기업들이 속속 무너져가고 있습니다. 영원한 1등도 2등도 없는 변화무쌍한 시대에 획기적인 이윤을 확보하고, 미래에도 살아남는 재원을 확보하기 위해 세계 시장은 1등 기업을 중심으로 새롭게 재편되고 있습니다. 따라서 1등 기업만이 진정한 강자로 표현되고, 그 기업만이 살아남는 시대로 바뀌고 있기에 '1등 기업의 습관'을 배우는 것은 매우 중요한 과제입니다.

　세상 모든 것에는 법칙이 있습니다. 실패에는 실패의 법칙이 있고 이기는 회사에는 이기는 법칙이 있습니다. 내가 속해 있는 회사의 경영은 실패의 법칙 속에 있는가? 아니면 이기는 법칙 속에 있는가? 자연에는 자연 법칙이 있고, 사회에는 사회 법칙이 있습니다. 사과나무에는 사과만 열리듯이 이기는 법칙 속에서 경영하는 회사는 항상 이기게 되어 있습니다.

　이기는 법칙의 선택권은 팔거나 살 수도 없고, 그 권리는 이기려고 하는 기업만이 가지고 있습니다. 그 법칙으로 들어가는 문은 안으로 잠겨 있어 스스로 열고 나오지 않으면, 밖에서는 열어줄 수 없는 문입니다.

그러나 그 문으로 들어가는 데는 단 1분도 걸리지 않습니다. 문을 안에서 열고 나오면 됩니다. 이렇게 간단한데 "왜 소수의 기업들만이 이기는 법칙을 잘 활용하여 성공궤도에 오를까?" 하고 의아하게 생각하는 사람들이 많습니다.

'1등 기업이 되는 방법'에 대해서는 성공한 기업이나 성공하지 못한 기업 모두 알고 있습니다.

그런데 왜 1등 기업이 있고, 실패한 기업이 나타나는 것일까요?

혹시 기업의 성공 여부가 미리 결정되어 있는 것은 아닐까요?

성공하지 못하는 기업은 아무리 노력해도 성공하지 못하도록 되어 있는 것은 아닐까요?

실제 세계 시장에서 최고라고 인정받는 기업들은 그 나름대로 1등이 되는 습관을 가지고 있습니다. 습관이라는 것은 오랜 시간이 걸려서 형성된 그 기업의 DNA이자, 일종의 기업 문화이므로 습관을 바꾸는 것은 매우 어려운 일입니다. 따라서 세계 시장에서 일류로 인정받는 것은 기업 문화나 습관을 바꾸지 않는 한 성과를 창출하기 어렵습니다.

하지만 기업경영의 중요한 목적이 존속하고 번영하는 것이기 때문에 어렵다고 포기할 수도 없는 과제입니다. 결국 '1등 기업'이라는 평가는 소비자에게 받지만, 그 과정은 기업에 속해 있는 사람들의 습관으로 만들어지는 것이므로 그 습관을 바꾸지 못하면 시장에서 도태되는 것은 자명한 일입니다.

이기지 못한 기업들의 입장에서는 성공한 기업들을 보면 쉽게 성공하는 것처럼 보입니다. 그러나 그들의 성공은 우연이 아닙니다. 기업이 가지고 있는 비전을 치밀한 계획으로 바꾸고, 그 계획에 따라서 실천하는 것이 습관화되어 반복될 때 놀랄 만한 경쟁력이 생기는 것입니다. 이기는 기업들이 가지고 있는 이기는 DNA들이 기업의 문화로 체화되어 녹여진 결과 그것이 성공으로 나타난 것입니다.

외부에서는 습관처럼 하다 보면 이기는 것이므로 쉬운 것처럼 보일 뿐입니다. 이기는 법칙 속에서 일이 수행되는 기업은 습관대로 하면 되므로 성공하기 쉬운 것입니다.

우리는 대부분의 일을 무의식적으로 처리합니다. 이는 '습관적으로 한다'는 말과 비슷한 의미를 가지고 있습니다. 습관이란 바로 생각하지 않고도 할 수 있는 행동이며, 의식하지 않고도 쉽게 무리 없이 할 수 있는 것을 뜻합니다. 습관화되면 지속성을 가질 수 있게 되므로 지속의 힘까지 플러스가 됩니다.

인간의 행동 가운데 무의식에 의한 행동이 전체 행동의 무려 80% 이상이므로 습관을 바꾸면 인생의 80% 이상을 바꿀 수 있다고 합니다.

기업도 마찬가지입니다. 따라서 1등 기업은 기존의 법칙에서 과감하게 탈피하여 이기는 습관을 실천하고, 잘못된 습관을 과감하게 버리는 곳입니다.

「포춘」「비즈니스 위크」는 그동안 순이익, 매출액, 영업이익률, 주식가치 등을 기준으로 평가하여 1등 기업을 발표해 왔습니다. 이와 같이 외형적인 수치나 보이는 부분에 치중해 평가해 왔지만, 최근에는 그 기업만이 가지고 있는 투명성이나 종업원들의 의식 등에 대한 가치 또한 중요한 기준으로 삼고 있습니다. 보이는 결과는 보이지 않는 것에 의해 반응이 일어나고, 그 반응의 결과로 경영의 성과가 눈에 보이기 때문입니다.

많은 기업들이 하드웨어에 투자하여 세계 최고의 설비나 시설을 구입해 놓고도 1등이 되지 못하는 이유는 간단합니다. 하드웨어는 어느 기업이나 돈만 있으면 살 수 있고, 하드웨어 자체가 경쟁력의 전부가 될 수 없기 때문입니다. 중요한 것은 경영의 소프트웨어이며, 그 운용 방식입니다. 결국 경영의 소프트웨어가 경쟁력의 승부사이며, 그 속에 존재하는 조직원들의 사고와 행동의 습관이 1등 기업의 엔진이 되는 것입니다.

특히 무조건적인 인건비 절감을 위해 동남아시아를 찾아다니는 기업들은 이 책에서 주장하는 내용을 그림의 떡이라고 생각하거나 사치스런 생각이라고 치부할 수도 있으나, 언젠가 인건비 절감 게임은 종료될 것이며 벌써 중국에 진출한 기업들에게 이런 현상이 나타나고 있습니다.

이 책은 지금까지 컨설팅 해온 경험과 1등 기업의 경영자와의 대화에서 얻은 정보를 바탕으로 이기는 기업이 깨닫게 된 중대한 사실을 20가지로 정리하여 어느 기업이든 성공할 수 있도록 하는 지혜를 모은 것입니다.

여기서 제시하는 1등 기업의 이기는 습관 20가지가 우리나라 각 기업에서 잘 실천되기 위해서는 먼저 비전이 꼭 달성된다는 강력한 믿음을 가져야 합니다. 기업의 조직원들이 먼저 그 비전을 사랑하고 그 비전이 이미 이루어진 것처럼 행동하면 그 행동이 습관화되어 성공의 길로 가게 되는 것입니다.

이 책에서 거론된 일부 기업들이 일시적인 리콜 사태 등으로 이미지가 훼손된 경우도 있지만, 그 기업이 가지고 있는 성공의 원칙들까지 무시할 만큼의 일은 아닙니다. 해외에 전수하는 과정에서 제반 원칙들이 있는 그대로 전수되지 못하고 왜곡된 부분이 문제를 발생시켰으며, 20가지 원칙들을 이해하고 가르치는 인재육성의 속도가 따라가지 못한 결과라고 생각됩니다.

1등 기업과 2등 기업의 차이는 그렇게 크지 않을 수도 있습니다. 단지 차이라고 할 수 있는 것은 '이 책에서 제시하는 20가지를 단순히 아는 차원을 벗어나 실천하고 있는가' 입니다. 20가지의 실천이 지속될 때 그 성과는 엄청난 차이를 보여줄 것입니다. 해야겠다고 생각하는 순간, 바로 실천하여 습관화가 될 때 이 책의 성과도 함께 나타날 것입니다.

결국 1등 기업이 하는 일이라는 것은 상식적인 일을 상식 이상으로 탁월하게 수행하는 것이며, 이러한 일들이 반복되어 습관화된 결과로 좋은 기업에서 위대한 기업으로 탄생하는 것이라고 할 수 있습니다.

이 책을 통해 독자 여러분이 한 단계 더 높은 창조적 변화의 삶을 향해 다시 출발하는 자극제가 되기를 기대합니다.

마지막으로 바쁜 가운데서도 글을 쓰는 여유로운 마음을 허락하신 하나님의 은혜에 감사드립니다.

주말과 휴가를 포기하고 그동안의 경영지도와 경험을 살려 글 쓰는 데 집중하는 저자를 위해 인내로 참아 준 아내와 독일 마인프랑켄 발레단 수석 단원인 큰 딸 은경, 미국 아틀란타에서 사립학교 교사로 일하는 작은 딸 호경이의 응원과 협력에 고맙게 생각합니다. 그리고 새벽마다 기도로 이 책을 쓰는데 후원해 준 어머니와 장모님께도 감사드립니다.

　마지막으로 이 책의 출판을 위해 인내하며 기다려 준 무한출판사 손호근 사장님과 편집인들에게 감사의 말을 전하는 바입니다.

－정철화

Contents

1

위기에 대한
공감대를 형성한다

공사간판을 수시로 붙인다

각 기업의 혁신을 지도하기 위해 출장을 자주 다니다 보면 특급호텔일수록 공사 중이라는 간판을 자주 보게 된다. 어느 때는 아직 멀쩡한 커피숍을 보수한다는 간판이 붙어 있고, 좀 지나면 일식당 앞에 공사 중이라 죄송하다는 간판이 걸려 있다.

특급호텔일수록 고객에게 신선한 이미지를 주고 새로운 가치를 제공하기 위해 지속적으로 투자를 하는 것을 보게 된다.

그러나 2급 호텔에는 좀처럼 공사 중이라는 간판을 보기는 어렵다. 고쳐야 할 곳은 많은데 그대로 방치되어 있고, 고객의 불평불만에 무관심하여 고객만족을 위해 내세우는 특별한 대책도 없다.

창원에서 가장 인기 있는 특급호텔이 C호텔이었다. 한때는 호텔이

한 곳뿐이어서 2개월 전에 예약해야 숙박할 수 있을 정도로 인기 있는 호텔이었다. 그러나 그 호텔은 좀처럼 공사 중이라는 간판을 볼 수 없었다. 커튼은 더러워진 채로 방치되어 있고, 바퀴벌레가 나오는 등등 문제가 많았다.

그러다 보니 호텔의 수준평가도 떨어졌다. 고객유치를 위해 숙박객을 위해 무료수송차량까지 준비했지만 고객들의 발길은 점점 더 뜸해졌다. 가격을 반으로 내리고 각종 서비스를 제공해도 좀처럼 경영은 회복되지 않았다.

또한 인근에 새 호텔이 들어서자 현상 유지에 급급하다가 일류 호텔이 삼류 호텔로 레벨이 내려갔으며, 결국 경영난도 못 이겨 주인도 바뀌게 되었다.

기업도 마찬가지이다. 초일류회사 GE는 수많은 테마를 전문가에 의뢰해 외부 컨설팅을 받아 개선의 고삐를 늦추지 않고 있으며, 한국의 간판 기업인 삼성, LG, POSCO 등도 지속적으로 외부전문가의 컨설팅을 받으며 끊임없이 개혁하고 있다.

끊임없는 개혁으로 일류 기업들은 더욱 강해질 수밖에 없고, 멈춰 있는 기업들은 점점 더 경쟁에서 뒤떨어져 저가품, 저부가 가치 제품으로 전환하여 판매해 보지만 결국 파산될 수밖에 없다.

창원공단이 처음 생겼을 때 지방이라 수도권 직원들이 근무하기를 기피했다. 그래서 사원아파트를 지어서 거주의 편의를 제공하는 혜택을 주었지만, 전 직원을 수용할 수는 없었다. 차선책으로 사원아파트에 입주 못하는 직원에게는 전세대출을 저리로 해주어서 주거의 불편을 제거토록 노력했는데, 10년 후, 우연히 총무과에서 직원들의 주택 소유 현황에 대해서 조사하게 되었다. 결과는 놀라웠다.

사원아파트에 살았던 사람들의 자택 보유율이 50%가 채 되지 못하는 반면, 전세로 살던 사람들의 80% 이상이 자택을 소유하고 있는 것을 확인할 수 있었다.

안일하게 타성에 젖어서 위기의식 없이 사원아파트에 사는 재미를 붙인 직원들은 주택을 구입하는 데 전혀 관심이 없어서 부자가 되는 기회를 잡지 못했다. 그러나 전세로 살던 사람은 집주인의 잦은 간섭으로 자존심이 상하기도 하고, 매년 전세값이 올라가는 괴로움을 당하다 보니 내 집을 사야겠다고 결심하게 되고 그 결과 집을 소유하게 된 것이다. 위기 속에서 위기의식을 가진 사람과 그렇지 않은 사람과의 차이인 셈이다.

도전의식을 가지고 지속적인 위기의식으로 공사간판을 붙이면서 혁신이 습관화되어야 글로벌 시장의 경쟁에서 이길 수 있는 기업이 된다.

1등 기업이 되기 위한 관건은 조직원들과 위기에 대한 공감대가 얼마나 형성되었느냐이다.

1등 기업들은 미래의 다가오는 위기에 대한 사전 대응과 준비를 잘하는 기업이라고도 할 수 있다. 위기 속에서 형성되는 혁신문화는 혁신적인 제품과 서비스를 창출하고, 침체기를 도약기로 만들어 선두로 나서는 계기가 만들어지게 해야 한다.

과잉생산으로 철강 값이 폭락하는 위기의 사태에서 일본의 포스코 경쟁사는 영업적자에 경영이 어려워져 대대적인 구조조정에 들어갔다.

반면 포스코는 그동안 지속해온 혁신활동을 통하여 변화를 공유하고, 미리 코스트다운 활동을 해왔기 때문에 어려움을 쉽게 극복할 수 있었다. 이러한 위기 극복을 계기로 세계 최고의 경쟁력을 가지는 철강회사로 거듭나게 되었으며, 더 나아가 흑자기반을 지속시키는 계기가 되었다.

위기를 예견하는 것도 매우 어려운 일이지만, 위기를 준비하는 것은 더욱 어렵다. 조직원들이 솔선해서 위기에 대응하는 마음을 갖게 하는 것이 결코 쉽지 않기 때문이다. 물가로 끌고 갈 수는 있어도 스스로 물을 마셔야 갈증을 해소시킬 수 있는 것과 같은 이치이다. 또한 마시면 갈증이 해소된다고 아무리 강조해도 갈증이 해소된다는 믿음이 없으면 마시지 않는다.

회사 측에서는 마시면 더 나은 비전이 있다는 것을 명확하게 보여줄 수 있어야 한다. 공을 들여 두껍게 혁신 매뉴얼을 만들어 놓아도 나아가야 할 방향이 너무 복잡하거나, 명확하지 않으면 조직의 불안감만 증폭시키는 혼란스런 혁신으로 전락될 수 있다.

위기에 대한 공감대 형성을 위해서는 수행해야 할 단계가 있는 것이다.

긴박감이 조성되는 행동 시스템을 만든다

긴박하지 않으면 행동하지 않는 것이 인간의 본능이다. 사장이 불조심하라고 아무리 외쳐봤자 불조심이라는 구호만 하부에 전달될 뿐이고, 일상의 업무 속까지 연결되지 않는다. 효과적으로 화재 예방을 하기 위해서는 불조심하라고 말로만 외치지 말고 화재 가능성 있는 것들을 찾아서 제거하는 실제적인 행동과 연결시켜야 한다.

불이 나지 않았지만, 실제로 불난 것과 같은 환경을 어떻게 만들어 긴박감을 느끼게 하고, 어떻게 행동과 연결시키느냐가 매우 중요한 과제인 것이다. 특히 최고경영자가 경영혁신을 위해 해야 할 더욱 중요한 일은 '긴박감 조성'이며 이에 대한 공감대를 만들어가는 것이다.

요즘같이 하루가 다르게 변하는 외부 상황과 유럽발 금융위기의 후폭풍도 얼어붙은 경제 환경 아래에서는 위기감을 불어넣기가 매우 쉽다. 그러나 대부분 기업에서는 이렇게 혁신하기 좋은 때를 살리지 못하고 기존의 방식을 고수하여 변화의 폭풍우 속에서 얻을 수 있는 새로운 횡재의 찬스를 놓치는 경우가 많다.

긴박감 조성을 위해서는 '현실을 객관적이고 냉정하게 알리고, 새로운 기회를 잡기 위해 변화가 절대적으로 필요하다'는 공감대를 불러일으키는 방법이 필요한데 기득권을 내세우는 내부 저항 때문에 이 방법을 적용하지 못하는 경우가 많다.

변화관리에 실패한 회사나 조직에는 이런 말들이 유행한다.

"왜 긁어 부스럼 만드나?"

"기다리다 보면 조용해질 거야."

"가만히 있으면 중간은 간다."

"전에도 했는데 실패했어."

"우리 부서는 한가롭지 않아."

"나는 괜찮은데 다른 사람들이 반대할 거야."

위기감을 고조시키기 위해서는 무엇보다 먼저 조직원의 심리적 저항 요인을 없애야 한다.

심리적 저항 요인을 극복해야 변화경영에 성공할 수 있다. 저항의 대표적인 이유는 업무와 직장 상실에 대한 두려움, '이대로 좋은데 왜 귀찮게 하느냐' 라는 분노, 변화의 필요성에 대한 총론에는 찬성이지만 각론에서 자기 자신이 대상이 되는 것을 반대하는 자기 제외의 요인 세 가지다. 이러한 저항을 없애거나 줄이는 것이 변화경영을 성공시키는 지름길이다. 저항감이 사라져야 변화에 대한 열정이 생기고, 새로운 비전 달성에 대한 흥분 상태가 가능해진다.

미국 산업의 원동력이자, 자동차 산업의 선두였던 100년 기업 미국의 자동차 빅3(GM, 크라이슬러, 포드)의 실패사례도 타성에 젖어 위기를 위기로 인식하지 못했거나, 위기를 느꼈다고 하더라도 저항에 부딪쳐 혁신활동을 전개하지 못해 생긴 경우이다. 따라서 혁신은 일시적이 아니라 왜 지속적으로 필요한지 이 경우를 통해서도 알 수 있다.

위기의식을 단계적으로 잘 느끼게 시스템화 되어 있는 대표적인 곳이 호주에 있는 국제공항이다.

호주국제공항에서 담배를 사려면 사는 단계에서부터 건강에 대한 긴박감을 느끼도록 프로세스가 만들어져 있다. 오픈된 공간에서 담배를 팔지 않고 한쪽 구석에서 팔고 있는데, 매장에 들어가는 문 앞에 폐암 말기 사진이 걸려 있고, 안으로 들어가면 담배의 폐해에 관한 포스터가 붙어 있다. 사진이나 포스터를 무시하고 안으로 들어가면 담배를 살

수는 있지만 담배 값이 한국의 2배 이상이다. 건강에 위기의식을 느끼고 담배를 사지 않는 행동이 일어나도록 프로세스별로 점점 강도를 높여 사지 않도록 유도하고 있는 것이다.

경영혁신을 성공시키기 위해서는 직원들 스스로 긴박감을 일상 업무 속에서 느끼도록 하기 위한 프로세스를 개발하는 것이 중요하지만 대부분의 기업들이 경영혁신의 첫 단계인 긴박감 조성에서 실패한다. 이는 긴박감을 느끼는 프로세스 설계를 제대로 하지 못했기 때문에 실패한 경우가 50% 이상이다.

'역사적 성공의 반은 죽을지도 모를 위기에서 비롯되었고, 역사적 실패의 반은 찬란했던 시절의 안일함에서 비롯됐다' 는 영국 사학자 토인비의 말에서 알 수 있듯이 위기의식을 공유화하고 미리 혁신해 나가는 것이 지속성장하는 비타민임을 기억해 두자.

위기의 요체를 파악하여 비상회로를 작동시킨다

위기의 요체를 발굴하지 못했다거나 발굴했더라도 공감대 형성에 실패하면 혁신할 수 없다.

위기의식을 느끼도록 그동안 미루어 놓았던 부실을 처리하거나 재고나 감가상각(減價償却) 등의 방법을 변경하여 의도적으로 위기의 요체들을 만들어내는 방법이 있다.

구매혁신 요체 발견으로 위기감을 조성하고 개선한 사례 하나를 들어 보자. 어떤 업체가 사내에서 사용하는 소모품을 모아 보니 500여 종류에 거래하는 업체만도 50여 개에 달했다. 그 내역을 상세하게 분석해 보니 같은 소모품도 각기 다른 업체에서 수량에 관계없이 개당 가격으로 구입하고 있었다. 심지어 같은 목적으로 사용하는 소모품도 여러 회사에서 중복하여 구매하고 있었다.

이런 문제점을 단순하게 보고서로 만들어 보고하는 것만으로는 긴박감을 조직에 환기시켜 주기에는 역부족했다. 그래서 보고서를 만드는 대신, 다양한 소모품의 실물에 가격표를 붙이고 가격과 특징을 비교시켜 임원회가 열리는 회의실 탁자 위에 전시를 해놓았다. 임원들은 회의 참석차 왔다가 엉터리 구매관행을 직접 보고 충격을 받는 것은 물론이고 자신이 담당하고 있는 부서의 업무도 이와 유사한 것이 있는지를 체크하기 시작했다. 마찬가지로 문제가 되는 소모품을 부서장 회의에서도 똑같이 전시했다. 그 후부터는 부품의 공용화, 표준화라는 기준을 세워 효율적으로 구매하였고, 각 부서에서도 유사한 문제들에 대한 대책을 스스로 세워 해결하였다.

삼성전자에서는 핸드폰의 불량이 많이 발생하자, 전 직원이 참석한 가운데 공장 운동장에 불량 핸드폰을 모아 화형식을 실시하였다.

간부들은 조금만 수리하면 돈이 되는 것을 불태우면 손해라고 말렸지만, 불량을 불태우지 않으면 고객이 우리 회사를 불태운다고 강조하면서 품질에 대해서 철저하지 않으면 망한다는 긴박감을 가지도록 하였다. 그 후부터 삼성의 제품 품질이 급격하게 좋아지고, 고치면 된다는 의식에서 불량은 만들지 않는다는 사고가 확산되었다.

위기의 요체를 알게 되면 스스로 인간의 본능 속에 있는 비상시국에 대한 회로가 작동하기 시작한다. 내 철밥통 밥그릇이 깨질 가능성이 있다는 것을 바로 알고 명확한 위기의 요체를 인식시키고 이에 대한 공감대가 형성되면 보호 본능에 의해 엄청난 괴력이 생겨난다.

위기의 요체는 외부 혹은 내부 환경도 될 수 있고, 경쟁사도 될 수 있고, 사내의 타성에 젖은 문화일 수도 있으며, 자기 자신일 수도 있다. 더 나아가서는 기술의 동향이나 이익률의 추세나 클레임 현황 및 고객만족도 조사 그리고 주가의 폭락 등의 요체도 거론할 수 있다.

이대로 가면 3년 후, 5년 후, 10년 후에도 지금처럼 잘될 것인가에 대한 현상의 재정의가 요체 발견의 출발점이다.

미국에서 발생한 도요타의 리콜 사태는 계속되는 성장에 도취해서 위기의 요체를 발견하지 못하고 '세계 1등 자동차'라는 타이틀에 만족하다가 이미지를 크게 실추한 경우이다.

사무실에 뱀이 나오면 발견한 사람(위기를 처음 느낀 사람)이 바로 때려잡는 것이 도요타의 기업문화였다. 그러나 해외로 사업을 확장해 나가면서 도요타가 가지고 있는 '바로 실천, 신속 개선'이라는 DNA를 제대로 전수시키지 못했다. 노조와 상의하고 처리해야 한다든지, 우선 위원회를 만들어 대책을 세워야 한다든지, 상사에게 보고해야 한다든지 등의 시간 끌기가 문제를 키웠다.

대책위원회에서 어떤 종류의 뱀이며 잡는 방법을 논의한다고 시간과 비용을 낭비하다 보니, 위기 대응에 소홀한 사이 뱀이 사무실을 방문한 고객을 물어서 크게 뉴스화 된 것이 미국 도요타의 리콜사태를 쉽게 풀어 추정할 수 있는 시나리오라고 생각한다.

위기의 요체를 철저하게 파악하여 이를 공유화하면 대부분 직원들이 혁신활동에 잘 참여하게 된다.

경영진이 위기를 인식하고 행동으로 보여준다

삼성의 이건희 회장이 경영에 복귀하자마자 '지금이 진짜 위기이다. 10년 후에는 삼성을 대표하는 제품들이 모두 사라질지 모른다. 다시 시작해야 한다' 라고 위기의 화두를 제시하면서 혁신 없이 이대로 가면 삼성의 미래를 보장할 수 없으며 망한다는 것을 강조하였다.

특히 임원진의 80% 이상이 미래의 위기에 대한 긴박감을 느끼지 못하고 혁신에 참여하지 않는다면 경영혁신은 첫 단계부터 실패한 것이다. 그래서 삼성이 신경영이라는 이름으로 혁신을 할 때는 주요 임원들을 독일, 미국, 일본 등의 선진국으로 불러서 현재 삼성의 수준이 어느 정도이고, 그 차이가 얼마나 큰 것인지 직접 몸으로 느끼게 하고 심각성을 인식하게 했다.

혁신리더십이 활성화되기 위해서는 유능한 미래의 리더들을 발탁해야 한다. 그리고 그들을 현재보다 상위에 투입해 기존의 조직이 변화의 필요성을 느끼게 해야 한다. 이러한 방식으로 변화의 주도자를 탄생시켜야 한다. 이대로는 안된다고 하는 긴박감을 가지고 솔직하게 시인할 수 있는 임원진을 70% 이상 확보해야 변화 프로그램이 원활하게 작동되기 때문이다.

이러한 리더들을 확보할 수 없으면 최근 LG전자의 경우처럼 외부에서 수혈하는 것도 고려할 수 있는 내용이다.

혁신리더는 변화관리의 장애물을 제거해 주는 역할을 수행하는 것이 매우 중요하다. 변화를 정말 원하고 해보려는 사람들이 여러 가지 걸림돌 때문에 일을 못하는 경우가 많다. 제반 혁신 프로세스를 방해하는 장벽들을 없애고 비효율적인 일들을 제거해 줘야 한다.

삼성그룹은 위기의식을 가지기 위해 조직에 메기 역할을 하는 사람을 적극적으로 지원하여 그 사람이 주도자가 되어 혁신활동을 추진하고 이끌게 한다. 그리고 그 외의 직원들은 메기들이 이루어낸 성공사례를 벤치마킹하면서 따라가게 만든다. 이처럼 혁신리더는 조직에 자극을 주고 조직을 선도해 나가는 메기 역할을 수행하게 한다.

절대 회생 불가능하다는 한국전기초자라는 회사를 서두칠 사장이 지휘봉을 잡자 2년 만에 매출을 두 배로 늘렸고, 600억 원의 적자기업을 300억 원의 흑자기업으로 변신시켰다. 이렇게 성공적인 변화를 이끌어 낸 탁월한 비결은 무엇이었을까? 다름 아닌 위기의식의 공유와 TOP의 솔선수범의 결과이다.

노조가 봉급인상을 들고 나오자 봉급은 고객이 주는 것이므로 고객에게 물어보자 했고, 모든 노조위원들에게 적자를 탈피할 수 있는 방법과 후에 비전을 말하며 함께하면 멀리 날 수 있고 회생할 수 있다는 꿈을 나누었다.

그리고 고객 클레임이 들어오면 발생 즉시 관련부서와 공유하여 재차 같은 문제가 발생하지 않도록 철저하게 조치를 취하였다.

그리고 서두칠 사장은 부임한 날부터 아침 6시에 출근하고 밤 12시에 퇴근했다. 직원들에게는 그 어떠한 강요도 하지 않았지만 3H를 가지고 솔선수범했다.

3H란 따스한 인간미를 가지는 'Humanity' 와 겸손함이라는 뜻의 'Humility' 그리고 즐겁게 일하도록 하는 'Humor' 로 이를 몸에서 배어나게 했다.

부임한지 1개월이 지나자 인사 총무부서부터 아침 6시 출근에 동참하여 사장과 함께 출퇴근하였고, 3개월 후에는 모든 부서가 동참하여 아침 6시 출근, 밤 12시 퇴근 문화가 자리 잡게 되었다.

전 직원이 가정도 잊고 하루 18시간씩 과제해결에 매달리니 순식간에 고질적인 문제들이 해결되었고 고객들의 평가도 좋아졌다.

'나를 따르라(Follow me)' 라는 백마를 탄 장수처럼 한 것이 아니라 '함께 가자(Let's go)' 라고 사장부터 솔선수범하여 모범을 보이자 직원들이 스스로 혁신활동에 동참하여서 놀랄 만한 큰 성과를 내게 된 것이다.

위기 속에서 성공한 사례들을 수시로 공유한다

'스스로 깨고 나오면 날 수 있는 새가 되고, 남이 깨주면 프라이가 된다' 는 말처럼 스스로 깨고 나와야 할 당위성을 제시하고 그 성공이나 실패 사례를 개발하여 수시로 공유해야 혁신의 불이 타오른다. 로버트 슐러 목사의 위기 속에서 비로소 자기 자신이 스스로 날 수 있음을 알게 하는 유명한 이야기가 있다.

"하나님께서 절벽을 향해 가라고 해서 벼랑 끝으로 다가갔습니다. 벼랑 끝으로 더 가까이 가라고 하셔서 더 가까이 갔습니다. 절벽 끝에서 넘어질듯 겨우 발붙이고 서 있는 나를 계곡 아래로 밀어버리시는 것이었습니다. 끊임없이 절벽 아래로 떨어졌습니다. 그때까지 내게 날개가 있다는 사실조차 몰랐지만, 살기 위해 날개를 힘껏 펄럭이자 그 절벽의 높이보다 더 높이 날 수 있다는 사실을 알게 되었습니다. 위기를 스스로 느끼고서야 날 수 있는 놀라운 나의 잠재력을 깨달았습니다."

슐러 목사의 말처럼 직원들이 스스로 위기를 체험해 보고 날 수 있다는 것을 깨닫게 하는 위기 극복 교육과정의 개발과 타사의 위기사례들을 연구하는 것은 매우 중요하다.

위기체험에 대해 조직원들이 교육을 받기도 하고, 가르쳐 보기도 해봄으로써 자신의 무한한 잠재력을 발견하는 계기를 만들어 주어야 한다.

LG디스플레이 권 사장은 릴레이방식에 의한 폭포식 강의방식을 개발하였다.

릴레이방식은 사장이 임원들에게 먼저 경영방침과 타사의 사례 및 혁신의 필요성에 대해 강의한다. 그리고 나서 해당 임원들이 부서장들에게 다시 사장의 강의 내용과 자신의 의지와 사례를 담은 강의를 하고, 부서장들은 다시 과장들에게 나름대로 소화하여 전달하는 경영방침과 혁신의 의지를 일시에 하부로 확대하는 방식이다.

그리고 타사의 위기 극복 사례와 벤치마킹은 혁신의 당위성을 제공해 주고, 저항의 논리를 잠재우게 하는 역할을 하므로 많은 사례를 개발하여 필요에 따라 잘 활용해야 한다.

혁신 사무국이 지속적으로 위기의 요체를 관리해야 한다

초기에 위기의식을 불어넣는 것이 성공했더라도 지속적으로 위기의 요체를 관리하고 새로운 위기의 요체를 개발해야 한다. 특히 그 요체들의 변화를 추적하고 공통으로 인식하여 대응하게 하는 조직이 혁신 사무국이다.

수시로 위기의 요체 변화 추이에 대해 거론하고, 임원들의 신속한 대응을 요구하며, 그 대응 결과를 보고 받는 일련의 프로세스도 사무국이 관리해야 할 중요한 요소이다.

변화에 대한 저항세력들은 초기에는 잠잠하다가 변화 프로그램의 추진력이 약화되면 항상 반격할 준비를 하고 있기 때문에 저항세력들의 감시도 소홀히 할 수 없는 중요한 업무이다. 저항세력들의 논리를 약화시키기 위해서는 변화의 선도적 역할을 수행할 선발대가 필요하다.

변화 선도팀은 반드시 하나일 필요는 없고, 필요에 따라 사내에 여러 팀들이 있을 수 있다. 이 팀의 역할은 저항세력들의 두려움, 분노, 자기만족 등을 수용하면서도 업무변화의 성과를 보여줌으로써 저항을 제거하는 것이다. 변화 선도팀에 가장 필요한 덕목은 바로 신뢰와 열정과 선도력이다. 믿음을 쌓고 존경받기 위해서는 솔선수범하는 것이 매우 중요하고 선도해서 성공사례를 만들지 못하면 전사적인 변화를 이끌 수 없다.

그리고 사무국은 위기에 대응한 결과를 평가하고 측정하는 일도 해야 한다. 평가 지표가 없으면 노력의 결과도 알 수 없고 변화 참가자들이 시간이 지날수록 주의를 기울이지 않는다. 이때 변화 참가자들에게 권한과 책임감을 주는 것이 중요한데, 그 권한의 수행결과가 측정되지 않으면 권한만 남용하고 결과에는 관심이 없어진다.

혁신의 변화를 정착시키는 것은 바로 성공한 행동을 모델화 하는 것인데 어떤 행동이 옳은 것이고 지속해야 하는 것인지를 명확히 하는 것도 사무국이 관리해야 할 내용이다. 성공 행동을 다시 모델화하고 그런 행동의 결과에 대해 성공 보상금을 지불하는 업무도 할 줄 알아야 한다. 그리고 회사 내부의 힘만 빌리는 것이 아니라 사무국을 지도하는 혁신 지도부를 만들어 고객 대표, 노조지도자, 주주 대표 등을 포함시켜 혁신의 파워를 키우고 긴박감을 공유하여 위기를 대응하는 방법을 의논하게 하는 역할도 필요하다.

흔히 기업문화의 변화를 경영혁신의 목표로 삼는 경우가 많은데, 기업문화가 경영혁신의 목표가 될 수는 없으며 변화경영이 성공적으로 이루어지면 기업문화는 그 결과로 바뀌는 것이다. 그런 면에서 사무국의 조직원들은 전문성과 객관성, 친밀성, 분석적 사고 및 리더들을 움직일 수 있는 리더십을 갖춘 인재여야 한다.

2

문제의 근본을 알 때까지
끈질기게 추구한다

문제가 문제인지 재정의를 해본다

악어는 먹이를 잡아먹을 때 눈물을 흘린다. 잡아먹히는 동물이 불쌍해서 눈물을 흘린다고 생각하면 곤란하다. 악어는 눈물샘의 신경이 입을 움직이는 신경과 연결되어 있어서 먹이를 먹을 때면 눈물샘에 전달되어 저절로 눈물을 흘리는 것이다. 이러한 악어의 눈물을 크로크다일 티어스(crocodile tears), 즉 위선적인 눈물이라고 한다.

실제적인 문제의 근본을 파악하지 않고 위선적인 원인에 대해서 대책을 세우다 보면 문제해결에 실패하게 된다.

중국의 마오쩌둥이 주석으로 있을 때 벼를 많이 수확하는 것이 큰 관심사였다고 한다. 그런데 참새가 늘어나 곡식을 먹어치워 수확량이 줄어든다는 보고를 듣고, 중·고 학생들을 동원해 참새를 잡으라고 명령을 내렸다. 그 결과 참새 수는 줄어들었는데, 수확량은 예전보다 더 줄어들었다.

원인을 알아보니 그동안 참새가 벼만 까먹은 것이 아니라 벼에 나쁜 영향을 주는 곤충들까지 잡아먹었는데, 참새가 없어지자 곤충이 늘어나 더욱 많은 피해를 주었다고 한다.

저자가 일본에서 경영컨설턴트를 양성하는 3개월 과정에 참가했을 때 지도하는 교수가 다음과 같은 문제를 냈다.

"같은 조건의 집 A, B가 있고 같은 체격을 가지고 있는 두 사람이 같은 도구를 이용해서 굴뚝 청소를 했다. 그런데 청소를 마친 뒤 한 사람은 새까맣게 됐고, 또 다른 한 사람은 깨끗했다. 누가 먼저 목욕탕에 들어갔을까?"

각각 팀으로 나누어서 토론한 결과, 많이 더럽혀진 사람이 먼저 들어간다는 의견도 있고 상대방을 보고 자신도 그렇게 더럽혀져 있다고 생각하고 깨끗한 사람이 먼저 들어간다는 의견도 있었다.

모두들 누가 먼저 들어갔을까에 집중하여 열심히 답을 찾으려고 노력했지만 교수의 답은 우리를 당황하게 했다.

"똑같은 조건의 집이란 있을 수 없으며, 같은 체격을 가진 사람도 존재할 수 없으므로 문제 자체가 잘못된 것이다."

교수는 마지막으로 '문제를 명확히 파악해 보지 않고, 바로 문제를 풀려고 달려들어 잘못된 문제를 해결하려고 매달리는 컨설턴트가 되지 말라' 는 코멘트를 덧붙였다.

특히 직장인들은 문제를 해결하기 전에 문제의 실체를 정확하게 파악하는데 주의를 기울여야 한다.

문제의 근본인 '아르키메데스의 점'을 찾는다

헬라의 수학자 아르키메데스는 '움직이지 않는 한 점'만 주어진다면 그 점을 받침점으로 삼아 긴 막대기를 지렛대로 이용하여 지구를 들어 올리겠노라고 주장하였다. 여기서 '아르키메데스의 점'이라는 말이 유래되었다.

움직일 수 없는 확실한 지식의 기초, 모든 지식을 떠받치고 있는 근본적인 토대를 일컬어 '아르키메데스의 점'이라고 한다. 그 점만 확인되면 문제를 일으키는 근본원인을 알 수 있고, 그 원인을 제거 또는 예방해야 문제 발생의 재발을 막을 수 있다.

근대 철학의 아버지라 불리는 프랑스의 철학자 데카르트는 근본이 되는 점을 찾기 위해 '방법론적 회의'를 시도하였다.

우리들이 소유한 모든 지식을 일단은 의심하여 더 이상 의심하려 해도 의심할 수 없는 명확한 진리에 도달하려는 것이 데카르트의 의도였다. 그리하여 그는 모든 것을 의심하더라도 더 이상 의심할 수 없는 것을 찾았다. 그것은 '내가 의심하고 있다는 사실' 그 자체였다. 의심하고 있는 나 자신과 의심한다는 사실, 이 두 가지는 더 이상 의심할 수 없는 것이라 하였다. 그래서 그가 남긴 유명한 말이 있다.

"나는 생각한다. 고로 나는 존재한다."

의심할 수 없는 문제의 근본까지 찾아 나가다 보면 문제의 본질을 저절로 알 수 있다.

문제를 숨기면 그 문제 속에 또 다른 문제가 숨고 그것이 엉키면 도저히 풀 수 없는 큰 문제로 바뀌게 된다. 따라서 문제는 발생 즉시 보이게 하고, 보인 문제에 대해서는 시간이 걸리더라도 문제의 배후에 있는 참 원인을 규명하여 해결해야 한다.

문제를 보이게 하고 즉석에서 '왜'를 철저하게 추구하여 해결하게 하는 시스템 중의 하나가 '라인 스톱제'이다. 라인에 문제가 생기면 생산 목표 달성에 지장이 있더라도 정지해서 근본 문제를 해결해야 판매 후 생기는 문제를 사전에 차단할 수 있다.

문제를 단계별로 나누어서 바라보면 문제의 근본이 보인다

문제란 무엇인가? 무엇이 문제인가?

기대치와의 차이를 문제라고 할 수 있다.

A사의 제품수준이 경쟁사와 차이가 있는 것도 문제요, 현재는 세계 최고의 제품이지만 미래의 기대치와의 차이도 문제라고 할 수 있다. 이러한 문제들을 해결하기 위해 전문가들이 머리를 싸매고 밤을 새우기도 하고, 타사의 사례에서 아이디어를 얻기도 한다.

문제를 단계별로 나누어 보면 문제의 근본이 보이는데 대표적인 것이 현대자동차가 금형 제작기간을 대폭 개선하여 신제품 개발기간을 획기적으로 단축시킨 일이다.

금형 제작기간이 긴 이유는 설계대로 만들면 제작과정 중에 변형이 일어나는데, 그 변형 요인이 너무나 많아서 제작하면서 수정해 나가다 보니 시간이 많이 걸리게 되는 것이다. 이러한 문제를 해결하기 위해서 제반 문제를 나열해 보니 어디서 손을 대야 할지 문제가 산더미처럼 많았다.

그래서 각 제작프로세스 별로 구분해서 생각해 보기로 하였다. 금형 작업자가 경험적으로 알고 있는 변형요인과 기술자가 생각하는 요인들을 제작 단계별로 상세하게 나누어 조사해 보니 변형을 일으키는 대표적인 요인을 추출할 수 있게 되었다. 그 변형 요인들을 시뮬레이션 기법을 동원해서 제작 단계별로 분석해 보니 각 공정별 대표적인 변형 모습을 발견할 수 있었다. 그것을 설계도에 미리 반영하니 제작 단계에서 수정이나 조정이 필요 없어 좋은 결과를 얻을 수 있었다.

미국 오하이오주의 자전거 수리공이었던 라이트 형제가 비행기를 만들어낸 것도 문제를 단계적으로 나누어 풀어갔던 문제해결의 접근법이 좋았기 때문이다.

수많은 엔지니어들이 어떻게 하면 날게 하느냐에 무수한 시도를 해 왔지만 라이트 형제는 문제를 단계별로 나누어 생각하고, 단계별로 해결방안을 연구하였기에 성공할 수 있었다.

첫째, 비행기를 공중에 어떻게 끌어올리느냐 하는 문제
둘째, 비행기를 공중에 오래 머물도록 하는 문제
셋째, 그 비행기를 가고 싶은 곳에 이동하게 만드는 문제
3단계로 나누어 생각하니 각각의 해결방안이 쉽게 나와 비행기를 만

들 수 있었다.

흔히 문제를 묶어서 해결하려고 하는데, 단계별로 문제를 나누어 생각해 보면 보다 좋은 해결방안을 단기간에 얻을 수 있다.

또한 기대치가 너무 높다 보면 큰 문제가 되어 감히 해결할 엄두도 내지 못하는 경우가 많다. 따라서 기대치도 단계적으로 높여 나가는 것 또한 문제를 쉽게 해결하는 방법 중의 하나이다.

이 방법 외에도 '~을'의 관리에서 '~로'의 관리로 전환하면 문제를 쉽게 해결할 수 있다.

흔히들 목표를 달성하는 수단을 나타내지 않고 무조건 '목표를 달성하자'라고 하는데 수단을 집어넣어서 표현하면 문제해결을 빨리 할 수 있다. 예를 들면 '목표를 신제품 개발로 달성하자'로 해야 목표를 달성하는 수단이 보이게 된다. '공정을 관리해서 효율을 높이자'에서 '공정을 가동률로 관리해서 효율을 높이자'라고 하면 행동할 요소를 알게 된다. 따라서 '~을'에서 '~로' 바꾸면 문제를 보다 더 구체적으로 해결할 수 있다.

'왜'를 5번 이상 반복해 본다

1등 기업의 경영자들은 새로운 의사 결정을 할 때 '왜'라는 질문을 거듭 반복한다. 대표적인 인물이 삼성의 이건희 회장과 아주그룹의 김재우 회장이다.

이 회장은 핸드폰의 송신버튼이 '왜 아래에 있어야 하는가?'에 착안하여 위로 올렸고(초창기에는 송신버튼이 위에 있었음), '왜'를 반복 질문하여 핸드폰을 세계적인 수준으로 만들었다.

아주그룹 김 회장은 새로운 사업을 시작할 때 이 사업을 왜 해야 하는지 기획자에게 반복하여 질문한다. '왜'를 거듭 추구하다 보면 사전에 향후 발생할 문제를 알게 되어 미래의 리스크를 차단하게 된다.

'왜 저스트 인 타임(just in time)으로 물건을 만들 수 없는가?'라는 물음에 대해서는 '전 공정이 너무 빠르다, 자재 공급이 원활하지 않다, 준비교체시간이 많이 든다, 한 개 만드는데 몇 분이 걸리는지 모르고 있다' 등의 문제에 부딪친다. 이에 대한 해결책으로 뒷공정에서 가져간 것만큼 생산하는 후 공정 인수 방식 및 평준화 생산에 대한 발상을 이끌어 낼 수 있다.

'왜 과잉생산을 하는가?'라는 문제에 대해서는 '과잉생산을 억제하는 기능이 없다, 무조건 많이 만들면 좋다는 생각이 있다' 등의 원인을 발견할 수 있다. 이를 해결하기 위해서 '눈으로 보는 관리'의 필요성을 느끼게 되고, 더 나아가 과잉생산을 억제하는 생산관리 도구의 도입을 생각해낼 수 있게 된다.

생산 현장에서 기계가 갑자기 정지되었다고 가정해 보자.

질문1: 왜 기계가 멈추었는가?

➡ 과부하가 걸려 퓨즈가 나갔다.

질문2: 왜 과부하가 걸렸나?

➡ 축에 윤활유가 충분하지 않았다.

질문3: 왜 충분히 윤활유를 주입하지 않았는가?

➡ 윤활 펌프가 잘 작동하지 않기 때문이다.

질문4: 왜 펌프가 작동되지 않았는가?

➡ 펌프축이 마모되어 덜커덩 거린다.

질문5: 왜 마모가 되었는가?

➡ 여과기가 붙어 있지 않아서 절삭칩이 들어갔기 때문이다.

이렇게 철저하게 '왜'를 반복하지 않으면 절삭칩이 들어간 원인을 발견할 수 없다. 여기서 단순히 퓨즈를 갈거나 윤활유를 주입한다고 해서 근본 문제가 해결되는 것이 아니다. '왜'를 추구하게 되면 사물의 인과관계와 그 속에 숨어 있는 문제의 참원인을 발견할 수 있는 것이다. 이와 같이 진정한 원인을 찾아야 똑같은 문제가 반복되지 않고 발전해 나갈 수 있다.

'왜'를 반복하여 참원인을 찾는 것은 시간도 걸리고 원인이 서로 서로 얽혀 있기 때문에 끈기를 가지고 해결하지 않으면 좀처럼 해결할 수 없다.

또한 문제가 발견되어 처음부터 즉각적으로 원인을 규명하면 쉬운데, 시간이 지날수록 해결하니 문제가 점점 복잡하게 엉켜 해결을 어렵게 하므로 초기부터 철저하게 '왜'를 추구해 나가야 한다.

임시방편적으로 대책을 세우고 나면, 그 순간은 모면할 수 있지만 시간이 지나면 더 큰 사고로 연결된다는 사실을 기억해야 한다.

이는 생산 현장에서만 적용되는 것이 아니다.

예를 들면 사무실 입구에서 여직원 한 명이 손님이 오면 안내하고 응대하는 일을 한다고 가정해 보자.

그 여직원은 스스로 '왜 나는 하루에 손님 10명도 오지 않는 이곳에서 근무해야 하는가?' 하고 물을 수 있다. 이는 손님이 오면 불편하지 않게 안내하기 위해서이다.

여기서 '왜' 라는 질문은 이렇게 이어질 수 있다.

왜 손님이 올 때까지 앉아서 기다려야 하는가?
➡ 손님이 언제 올지 모르기 때문이다.
왜 손님이 언제 올지 모르는가?
➡ 사전에 예약 없이 찾아오기 때문이다.
왜 예약 없이 찾아오는 손님을 위해 여직원 한 명이 기약 없이 안내데스크에서 기다려야 하는가?

이와 같이 원인을 추구하다 보니, 손님이 언제 오는지를 알면 그 시간만 안내데스크에 나가 있으면 되고, 나머지 시간은 다른 업무를 보도록 개선할 수 있게 되었다.

방법은, 손님이 오면 수위실에서 버튼을 눌러 사무실에 있는 표시등에 불이 들어오게 한다. 그러면 여직원이 미리 안내데스크에 나와서 앉아 있으면 된다.

이와 같이 자신이 하는 업무에 '왜' 를 추구하다 보면 우리가 당연하다고 생각한 일들이 개선과 연결되고 고정관념을 타파하는 계기가 된다. 근본원인을 찾아갈 때 3회까지는 쉽게 들어가지만 4회, 5회까지 들어가면 돈 문제가 걸려 있어서 할 수 없다는 결론에 도달하게 되거나, 관리자나 공장장의 관리상의 문제로 들어가는 경우가 많다. 따라서 회사의 큰 문제에 대해서는 관리자가 직접 참가하여 근본원인을 추구해야 원점으로 돌아가지 않고, 근본원인을 발견하고 조치할 수 있다. 작은 문제들은 전 직원들에게 '왜'를 철저하게 추구하는 방법을 주지시켜 그 문제의 근본을 발견하도록 하면 된다.

성공에서 그 원인을 철저하게 추구한다

보통 생산목표 달성을 못하거나 불량이 나면 왜 목표달성을 못했는지, 왜 불량이 발생하였는지 철저하게 분석한다. 그러나 어려운 목표를 달성해냈을때는 함께 박수치고 잘했다고 칭찬 한마디 듣고 끝낸다.

성공을 토대로 원인을 알고 그 방법대로 하면 목표달성을 할 수 있으므로 그 원인을 제대로 아는 것이 기업경영에서 매우 중요하지만 대부분 '왜, 왜' 분석을 하지 않는다.

도요타 방식의 창시자인 오노 선생은 멋진 목표를 달성했을 때 '왜, 왜' 분석을 더욱 철저하게 하라고 강조한다. 목표를 잘 달성한 방법을 아는 것이 실패한 원인을 아는 것보다 더 중요하고 기업의 목표를 달성하는데 활용가치가 높기 때문이다.

문제해결의 원인추구도 중요하지만 목표달성이나 신제품 개발, 영

업성공 사례 등의 원인에 대한 철저한 분석은 후배사원들의 교육 자료
로도 활용할 수 있다.

　문제해결은 회사가 현상 유지하는데 공헌하지만, 성공사례는 회사
의 미래를 밝게 하는데 많은 도움을 준다. 그리고 좋은 사례를 나누면
나눌수록 상승효과가 발생하여 또 다른 좋은 결과를 가져온다.

3

상대방의 의견을
경청하고 칭찬한다

경청으로 마음의 진동까지 듣는다

인간은 태어나자마자 말을 배우기 시작해 말하는 실력은 성장할수록 점점 늘어난다. 그러나 듣는 습관은 나이가 들수록 점점 약해져 경험을 토대로 자신의 말만 하려는 경향이 있다.

경청은 고객의 말, 친구의 말, 자녀의 말, 상사의 말, 부하의 말 등 상대의 말을 집중해서 열심히 듣는 것을 말한다. 사람들은 자신의 말을 잘 들어 주는 사람에게 호감을 가지며 뭔가 베풀고 싶어 한다.

자녀에게 일방적으로 해야 할 일만 늘어놓는 부모와 먼저 자녀의 말을 잘 들어 보고 적절한 조언을 해주는 부모와의 차이는 자녀의 행동에서 발견할 수 있다.

잘 들어 준다는 것은 단순히 '매너가 좋다' 는 의미만이 아니라 들어 주는 것만으로 상대를 이해하고, 설득할 수 있는 것이며 궁극적으로는 사회생활에서 성공할 수 있는 '역량'의 문제로 연결된다.

최근에는 블로그, 메신저, 스마트폰, 트위터 등 소통을 위한 수단들이 발달함에 따라 소통은 증대하고 있지만, 정작 가까운 내부 조직원들의 소통은 여전히 문제로 남아 있다.

경청은 '듣고 싶어 하는 사람'보다 '말하고 싶어 하는 사람'이 훨씬 많은 사회 분위기에서 차분히 상대의 말에 귀를 기울여 듣는 것이 얼마나 어렵고 위대한 소통의 지혜인지를 알게 한다.

경청이라는 단어에서 청(聽)의 한자 의미를 살펴보면 열 개(十)의 눈(目)을 가지고 하나(一)의 마음(心)으로 듣는다(耳)는 의미이다. 하나의 마음으로 듣는다는 것의 의미는 상대방이 말할 때 마음의 울림을 느끼며 듣는다는 것이다. 말이란 마알의 준말이며, 마알은 마음의 알맹이라는 뜻이다. 즉 말 속에는 마음이 들어 있다는 뜻이다. 평상시에 어떤 말을 많이 쓰고 있는가? '괴롭다', '힘들다', '죽겠다'는 말을 습관처럼 사용하고 있지 않은가?

매일 아침 눈을 뜨면서부터 나의 모든 장점을 하나씩 찾아내어 칭찬해 주고, 성공한 모습을 그려 보면서 하루를 시작하면 자신의 존재에 거대한 변화가 일어난다.

사람의 마음속에는 진동판이 있다. 마음의 진동판에서 나타나는 진동을 파악하면 진실인지 아닌지도 알 수 있고, 그 말의 공감을 통하여 함께 웃기도 하고 눈물을 흘리기도 한다.

상대방도 마음의 문을 열고 솔직하게 말해야 공명이 일어나는데, 특히 공명이 잘 일어나기 위해서는 제대로 들어야 한다. 따라서 '공감적 경청' 이란 '귀로 마음의 진동까지 듣는 것' 을 말한다. 입이 하나이고 귀가 둘인 것은 말은 적게 하고 많이 들으라는 뜻이라고 한다.

피터 드러커는 상대가 말한 것 외에도 마음의 소리까지 듣는 제3의 귀를 열어야 된다고 했다. 제3의 귀가 잘 들리기 위해서는 적극적 경청, 공감적 경청이 필요하며, 제3의 귀의 청취력을 높여야 훌륭한 리더가 된다고 했다.

상사들이 소통에 실패하는 경우 중 하나가 경험으로 미리 결과를 단정 지어 버리는 것이다. 부하가 새로운 아이디어나 기획안을 올리면 검토나 설명도 듣기 전에 이전에도 검토했는데 생각한 대로 성과가 나지 않았다고 포기하게 만드는 경우이다. 상사가 검토했던 시기에는 불가능했더라도 환경이나 기술 수준이 바뀌어서 가능한 일이 될 수도 있는데 싹이 나기도 전에 잘라 버리는 것이 소통의 부재의 결과이다.

아주 잘 나가던 회사가 갑자기 어려움에 봉착되어 그 원인을 진단해 보면 조직 내의 커뮤니케이션이 원인인 경우가 많다. 리더의 닫힌 귀는 소통을 단절시키고 내부 소통이 문제가 되면 결국 고객과의 소통에도 실패한다.

GM은 100년 기업이면서 한때 자동차 업계의 1등이었지만, 노조의 말은 잘 듣고 고객과 주주들의 말을 잘 경청하지 않은 결과로 1등의 자리를 내어 주고 말았다.

최근 도요타나 애플 역시 고객에 대한 공감적 경청에 소홀했다가 그 동안 쌓은 이미지를 손상시켰고 신뢰감을 크게 잃어 버렸다.

IBM도 ‘죽어가는 공룡’ 이라는 말을 들을 정도로 고객의 말을 듣지 않았던 시절이 있었다. 그러나 새로 등장한 리더인 루 거스너는 ‘공감적 경청의 리더십’ 을 통해 IBM을 살려냈다.

“여러분은 저보다 훨씬 IBM을 잘 알고 빅 블루(IBM)를 혁신시킬 방안을 알고 있습니다. 저에게 한 수 알려 주세요.”

루 거스너는 전 직원들의 말에 공감적 경청을 하였고, 새로운 아이디어는 그 안을 낸 직원에게 권한과 책임을 주고 추진토록 해서 죽어가는 공룡을 살려냈다.

오프라 윈프리는 토크쇼에서 10분 정도는 말하고, 50분 정도는 게스트의 말을 경청해서 시청자가 원하는 질문의 답을 잘 끌어낸다. 끊임없이 상대방을 관찰하고 눈을 맞추고 고개를 끄덕이며 대화의 흐름을 살핀다.

성공은 유창한 언변이 아니라 공감적 경청에 달려 있다. 물이 흐르지 않으면 썩듯이 기업에서도 부서 간, 상하 간 정보가 흐르지 않으면 썩게 된다.

정보는 흐를 때 의미가 더욱 커지는데, 이때 수신자의 청취하는 태도에 따라 그 정보가 발휘하는 힘은 큰 차이가 난다.

직장생활에서 얻는 기쁨 중 가장 큰 것은 ‘소통’ 의 기쁨이다. 교류를 통해 상대방을 이해하고, 자신이 하고 있는 일의 정체성도 알게 되며, 업적을 달성하는 데도 속도를 내게 한다.

‘묻지마’ 커뮤니케이션이나 ‘들을 수 없는 병’ 에 걸린 직장인들이 자신의 독선적인 행동을 뉘우치고, 상대의 마음을 얻는 소통의 묘미를 깨달아갈 때 조직의 창의성도 높이고 비즈니스의 성과도 창출시킬 수 있다.

소통으로 합병의 효과를 이끌어 낸 대표적인 기업은 일본의 다카라도미 그룹이다. 다카라도미 그룹은 일본에서 완구류의 최대기업으로 매출이 2조 5,000억 원 정도 된다.

다카라와 도미라는 회사가 합병할 당시 35개 계열사가 있었는데 그 중 절반의 회사가 영업적자를 냈다. 기업문화가 다른 두 기업을 합병하다 보니 가장 문제가 되는 것이 소통이었다. 다카라는 원래 진취적인 기상이 있어 항상 새로운 것에 도전하는 스타일이었고, 도미는 보수적이라 확실하게 체크를 하고 움직이는 스타일이었다.

물과 기름같은 두 회사의 소통의 문제를 해결하기 위해서 도미야마 간타로 사장은 새로운 조직을 만들었다. 조직 이름은 연결전략국인데, 이곳의 주된 임무는 모회사와 계열사 간의 소통을 위한 것이었다. 그래서 연결전략국의 직원들이 가져야 할 것은 낮은 자세와 열린 마음이었다. 매일 계열사 사장들을 만나서 애로사항을 들어 주고 계열사 입장에서 그 내용을 즉시 실천하도록 지원하자 막혀 있던 의사소통의 통로가 개방되었다. 그러자 계열사들이 각각 추진하고 있는 광고, 구매, 물류에 대한 통합의 필요성이 대두되었다. 3가지 업무를 그룹차원에서 통합하여 업무를 처리하자, 코스트는 내려가고 품질은 향상되는 좋은 결과를 얻게 되었다.

이러한 소통의 활성화로 영업적자를 내던 그룹사들이 대부분 흑자로 전환되었으며, 문제를 사전에 공유하게 되어 대책을 신속하게 취하고, 기회손실도 대폭적으로 줄일 수 있었다.

또한 사내의 소통을 활성화시키기 위해서 '사원도감'이라는 책자를 만들었다. '사원도감'에는 직원의 소개 사진이 있고 취미, 가족, 별명, 좋아하는 스포츠 등이 상세하게 기록되어 있다. 모르는 직원들도 '사원도감'을 통해서 같은 취미를 가진 사람과 소통하게 되고, 업무 협의를 하다가도 관심 있는 스포츠에 대해 이야기하다 보면 갈등이 되는 문제도 서로의 입장에서 이해하게 되는 경우가 많아졌다. 서로 간 일체감도 형성되어 말문이 열리고 조직 간의 소통이 좋아져서 경영실적이 대폭 개선되었다.

감동을 나누고 일하면서 감동욕을 즐긴다

산업의 발달로 우리를 가장 위협하는 것 중의 하나가 환경공해 문제다. 물의 오염 때문에 정수기 산업이 번창하고, 공기의 오염 때문에 산속의 공기를 병에 넣어 파는 산업까지 등장했다. 환기를 시키려고 아침에 창문을 열면 아황산가스가 많이 포함된 공기가 들어와 오히려 건강에 좋지 않다는 우려까지 대두되었다.

이러한 건강에 대한 위협에서 벗어나려고 맑은 공기를 찾아 산림욕을 하고, 해변을 찾아 해수욕을 하고, 일조량이 많지 않은 나라에서는 일광욕을 즐긴다. 또한 매일 아침 공동목욕탕에서 냉온욕을 즐기는 사람들도 많이 볼 수 있다. 이러한 여러 가지 욕(浴)들은 대부분 육체적 건강을 위한 것이다.

그러나 사회가 다원화되고 경쟁이 치열해진 환경 탓에 오염된 마음과 쌓인 스트레스를 해결하지 못해 갈등하며 방황하는 이들이 많아지고 있다. 불만, 불평, 불신으로 사막과 같이 메마른 우리의 마음에 갈증을 해소하고 활력을 주는 방법은 감동으로 목욕하는 것이다. 감동이라는 약은 어떤 항생제보다도 강한 약효를 발휘한다. 요즘 기업에서는 고객만족차원을 한 단계 높여 어떻게 하면 고객을 감동시키느냐를 열심히 연구하고 있다. 고객을 감동시킬 수 있는 기업은 불황이 없다고 한다.

얼마 전 L회사 전자레인지가 고장 나서 A/S센터에 전화를 걸어서 전화번호만 말하니 주소, 세대주 이름까지 전부 알고 있었다. 그리고 2시간 후에 가서 고쳐 주겠다고 한다. 그런데 1시간 후에 지금 가도 좋냐고 확인 전화가 다시 왔다. 수리하러 와서는 고장 난 전자레인지뿐만 아니라 자기 회사의 제품을 전부 점검해 주고 돌아갔다.

고객과의 접점인 A/S맨의 친절함과 신속한 서비스에 아내는 놀라고 감동하여, 시원한 음료수를 제공하였다. 또한 처제 결혼식 때는 모든 가전제품을 L회사 제품으로 사게 하겠다고 몇 번씩 다짐하였다.

요즘은 극변하는 환경에 대응하기 위해서 모든 회사들이 경영혁신운동을 도입하여 '어떻게 하면 살아남을 수 있을까?' 에 대해 머리를 싸매고 궁리하고 있다. 이때 가장 큰 과제 중의 하나는 어떻게 하면 전 종업원이 한마음이 되어 경영혁신운동에 자발적으로 참여하게 하고 그 활동을 통해 감동을 이끌어 내느냐 하는 것이다.

작년 말에 한 해의 혁신활동을 총결산하는 D사의 소집단발표대회에

심사위원으로 참가하여 감동의 눈물을 흘린 적이 있다. 동상과 은상 수상자의 시상을 마치고 금상 수상자를 몇 번이나 사회자가 단상으로 불렀지만 나타나지 않아 찾아 보니, 차가운 시멘트 바닥에 앉아 팀 멤버들과 부둥켜안고 감동의 눈물을 흘리고 있었다. 그 모습을 보는 순간 공장장과 심사위원은 물론 참가자 전원이 함께 감동의 눈물을 적셨다.

처음 시작할 때 혁신활동에 반대하는 멤버들이 많자, 리더가 아내와 함께 주말마다 박봉을 털어 선물을 사들고 멤버들의 집에 직접 방문하여 혁신활동을 하자고 설득하였다고 한다.

어느 날은 혁신을 반대하는 직원의 집으로 찾아갔지만 아파트 문을 열어 주지 않았는데, 아침 출근시간에 문 앞에서 자고 있는 반장을 발견하고 그 열정에 감동하여 부둥켜안고 울면서 함께 해보자고 의지를 굳힌 경우도 있었다고 한다. 문전박대 하던 멤버들이었지만 나중에는 아내들끼리도 친해져서 서로 간의 끈끈한 정이 생기게 되었고, 직장에서 잘 풀리지 않으면 아내들이 협조해 주어 해결하는 경우도 있었다고 한다.

혁신활동 전에는 바닥에 물과 오일이 범벅되어 있었고, 설비는 오염되고 더러워져 고장이 잦았으며, 회사에 대해서는 3불(불평, 불만, 불신)이 가득하고 안전사고가 많은 작업장이었다. 열악한 작업장임에도 불구하고 멤버들과 아내들이 합심하여 좋은 반을 만들어 보자고 의지를 굳히면서 모든 설비에 녹을 벗겨내고 페인트를 다시 칠하고 오염 발생원을 제거하였다. 그리고 활동 중에 부딪치는 많은 어려움은 브레인스토밍 기법을 활용하여 아이디어를 내어서 극복하였다.

이러한 피나는 노력의 결실로 금상을 받게 되는 순간, 벅찬 기쁨의 감격을 멤버들과 함께 나누다 보니 단상에 미처 나오지 못한 것이었다.

이런 감동의 장면을 다시 보고 싶어 촬영한 VTR을 재생하여 보니 감격적인 순간의 장면만 빠져 있었다. 촬영자도 감동의 눈물을 흘리다 보니 미처 찍지 못했던 것이다. 이와 같이 우리 주위에서도 감동욕, 감격욕, 감사욕으로 즐겁고, 행복한 삶을 만들어 나가는 사람들이 많이 있음을 기억하면서 먼저 자기 자신을 감동시키는 감동욕을 매일매일 하도록 노력해 보자. 조직원들이 감동욕을 하는 기업은 경영의 목표도 달성하게 되며 미래에 투자를 할 여력도 생긴다.

4

비전이 명확하고,
행동이 비전과 연결된다

비전실현을 위한 행동화에 익숙하다

경영컨설팅을 시작하기 전에 문제를 찾기 위해 예비 진단을 미리 해보는데, 진단 과정 중에 직원들과 인터뷰할 때 자주 듣는 말이 있다.

"우리 회사는 비전이 없다."

"회사에서는 비전, 비전 하는데 말뿐이다. 회사의 비전은 있는데 나의 비전은 없다."

"비전은 있는데 왜 필요한 줄 모르겠다. 비전은 있지만 간부들에게만 유리한 비전이다."

GE 전 회장 잭 웰치가 한국을 방문했을 때 조찬 강의에서 수강자가 GE를 훌륭하게 이끄는 리더십의 비결에 대해 질문을 했다. 그때 그는 아주 간략하게 답했다.

"GE 구성원 전부가 내가 어디로 가는지 알고 있고, 그들에게 '어디로 가고 있는가?' 라고 질문하면 그 답변이 나의 방향과 같기 때문이다"라고 했다.

비전이 왜 중요하고 왜 필요할까? 비전은 구성원들이 나아갈 방향을 알려주는 나침반의 역할을 한다. 경쟁사회에서 이기는 방향을 향해 나아가는 목표점이 되며, 구성원들의 꿈이자 동기부여의 원천이 되는 것이 비전이다.

비전에 도달하지 못한 것이 불행한 것이 아니라 도달하려는 비전이 아예 없어 시도도 해보지 못하는 직장인이 가장 불행하다. 하늘에 있는 별에 닿지 못하는 것이 부끄러운 일이 아니라 도달해야 할 별을 가질 수 없는 것이 부끄러운 노릇이다.

우리 조직은 비전이 있는가?

헬렌 켈러는 '이 세상에 가장 불쌍한 사람은 눈을 뜨고도 미래의 비전이 없거나, 비전을 가지지 않은 사람이라고 했다.'

히틀러는 독일 국민은 세계에서 가장 머리 좋은 인종이므로 세계를 지배해야 한다고 역설하면서 '세계를 다스리자' 는 비전을 제시하여 국민들을 열광시켰다.

경영이 성공하고 있는지를 알려면 비전이 얼마나 직원들의 마음속에 자리 잡고 있고, 비전의 실현을 위해 행동하는 직원들이 얼마나 많은지 체크해 보면 된다.

디즈니랜드라는 회사는 '행복을 파는 직장' 이라는 비전을 가지고 있다. 어느 날, 그곳에 근무하는 시골출신 아르바이트 학생이 부모님을 초

대해서 놀이시설 안내를 하고 있었다. 그런데 갑자기 부모님을 잠깐 기다리게 하고, 외롭게 보이는 옆에 서 있는 신사에게 다가가 한바탕 웃게 하고 돌아왔다. 부모님이 뭘 했느냐고 묻자 "행복을 팔고 왔다"며 싱글벙글 웃었다. 비록 아르바이트 학생이지만 회사 비전의 실현을 위해 행동하고 있는 것을 보면 비전 경영에 성공하고 있는 회사라고 할 수 있다.

ABB 회장 퍼시 바네빅은 비전을 직원들에게 각인시키려면 회의나 조회 등에서 기회가 될 때마다 100번 이상 반복해서 강조해야 행동화가 일어난다고 했다. 비전실현에 가장 중요한 것이 행동화이며 잘못된 비전이라도 실행하면 실행한 것만큼 점수를 얻게 된다.

생텍쥐페리는 품질 좋은 배를 만들려면 종사원에게 바다에 대한 동경심을 먼저 심어 주라고 하였다. 토인비는 어느 항구로 가고 있는지 모른다면 어떤 바람도 선원에게 소용이 없다고 했다.

비전을 세울 때 중요한 3가지는 다음과 같다.

첫째, 가슴을 뛰게 하는가?
둘째, 행동으로 연결될 수 있는가?
셋째, 간결하고 명쾌한가?

우리 회사의 비전은 3가지를 고려한 비전인가를 체크해 보고 재점검해 보자. 다시 한 번 비전의 중요성을 강조하고, 아직 비전이 없다면 이 3가지를 고려하여 만들어 보자.

적어야 생존한다는 것을 알고 실천한다

이 세상에는 3% 정도가 크게 성공한 사람, 10% 정도가 비교적 여유 있는 생활을 하는 사람, 60% 정도가 평범한 중산층 사람, 나머지 27%는 남이 지원하거나 도와주지 않으면 살아갈 수 없는 사람들이라고 미국의 연구기관이 발표한 적이 있다.

'왜 이렇게 삶의 수준 차이가 생기는 것일까?' 에 대해 분석해 보니 3%의 크게 성공한 사람들은 꿈과 삶의 목표를 명확히 갖고, 그 목표를 구체적으로 종이에 쓰고 행동한 사람들이었다. 나머지 97%는 하루하루를 살아가는데 급급해 미래의 꿈이나 목표를 가지는 것은 사치스러운 것이라 간주해 버리고 그냥 지나쳐 버린 사람들이었다. 이와 같이 미래의 꿈을 가지고 삶의 목표를 명확히 갖는다는 것은 우리의 삶에 있어 매우 중요한 일이다.

회사 업무와 사업에는 반드시 비전과 사업목표가 있다. 그런데 이 일을 실질적으로 하는 사람들이 자기 자신에 대한 삶의 비전과 목표를 갖고 있지 않은 경우를 많이 보게 된다. 개인도 비전과 꿈이 설정되어 있어야 한다. 그것이 미래의 삶을 더욱 풍요롭게 하고, 자신에게 자극을 주기 때문이다.

성공이란 자신이 설계한 목표를 달성하는 것을 말한다. 그 목표는 살아 있어야 하는데 그 조건은 다음과 같다.

첫째, 시한설정이 있어야 하고,
둘째, 행동계획이 있어야 하고,

셋째, 평가체계가 있어야 하고,

넷째, 그 목표가 글로 쓰여 있어야 한다.

그리고 되도록 'Big Dream, Big Think, Big Act' 의 방향이면 더 좋다.

우리는 하루 네 번의 식사를 해야 하는데, 세 번은 빵과 밥으로 남은 한번은 목표수행의 음식을 먹어야 한다. 우리는 삶의 목표를 정확히 하고 이를 이루기 위해 노력해야 한다.

능력 차이는 없는데 결과가 다른 것은 '할 수 있다' 는 신념을 가지고 얼마나 꾸준히 노력했느냐 하는 것이다. 끈기 있게 매일 조금씩 실천해 가면 성공은 가까이 다가와 옆에 서 있을 것이다.

송나라에서 세탁을 잘해서 돈을 잘 버는 집이 있었는데, 그 비결은 손이 트지 않는 부구수지약(不龜手之藥)을 만들 수 있었기 때문이었다. 부구수지약을 손에 바르면 겨울에도 손이 트지 않아서 다른 세탁업자 보다 세탁을 더 잘할 수 있었다.

성주가 되고 싶어 했던 한 선비가 그 소문을 듣고 금 100냥을 주고 부구수지약의 제조 비법을 습득해 오나라의 신하가 되었다. 당시 추운 겨울에 오나라와 월나라가 전쟁 중이었는데, 수전에서 손이 트지 않는 부구수지약을 사용한 오나라의 군사는 손이 트지 않아서 무기를 사용하는 움직임이 자유로워 대승할 수 있었다. 그 공이 인정되어 어떤 포상을 받고 싶으냐고 묻자 즉각 자신의 포부를 이야기하여 한성의 성주가 되었다.

이처럼 같은 비법을 가지고도 그것을 무엇을 위해 사용하느냐에 따라 결과는 크게 차이가 난다. 꿈을 가진 사람은 비법을 가지고 그 꿈을 달성하는 데 사용하는 것이다.

이 글을 읽고 있는 독자 여러분도 꿈과 목표의 중요성을 깨달았다면, 3%의 성공클럽에 가입할 수 있는 입회원서를 받은 것과 같다.

성공 암시문을 가슴에 품고 다닌다

성공 암시문은 수첩 크기의 종이에 비전과 사명을 간결하게 표현하고, 그 달성된 모습을 그림으로 그려서 넣은 것이다. 항상 수첩 속에 넣어 다니면서 가능한 한 많이 꺼내어 암시문을 읽고 그림을 보면서 자기 자신이 이미 다 이루었다고 반복적으로 생각하는 것이다.

인간은 스스로 만든 한계 때문에 더 이상 발전하지 못하는 경우가 많다. '나는 빨리 달릴 수 없어' 라는 생각을 가지고 있는 사람이 빨리 뛰기에 도전할 리가 없다. 할 수 있다고 발상의 전환을 하지 않는 한 빨리 달리는 것은 불가능하다.

인간은 누구든지 세계를 바꿀 수 있는 마법의 힘을 가지고 있다. 태어날 때부터 1억 6,000대 1의 경쟁을 뚫고 태어난 강인한 존재이기 때문이다. 세계를 바꾸는 모든 힘은 자신 안에 내재되어 있지만, 세계를 바꾸기 위해서는 다시 태어나야 한다.

잠재력을 얼마나 개발하고 사용하느냐에 따라 나라를 움직이고 세계를 움직일 수 있다.

일을 통해 그 잠자고 있는 잠재력의 꽃을 피우면 반드시 성공한다.

그리고 성공한다는 굳은 신념을 가지고 매일 꿈꾸면서 비전을 향해서 한걸음씩 나아가야 한다.

흔히들 사람은 한번 태어난다고 하지만 정신적으로는 두 번 태어난다고 할 수 있다. 모태에서 태어나는 날이 첫 번째라고 할 수 있고, 두 번째는 자기 사명과 비전을 발견한 날이다.

회사에서도 사명과 비전을 발견한 사람들이 많이 모이면 회사를 바꿀 수 있는 힘이 모인다. 성공의 가장 명확한 정의는 자신이 가치 있다고 생각하고 결정한 목표를 점진적으로 이루어 나가는 것이며 그 과정 속에서 행복을 느끼는 것이다.

성공한 사람들은 불가능한 것을 단숨에 해낸 사람들인가? 그렇지 않다. 다만 사람들이 불가능하다고 생각하고 포기한 것을 시행착오를 거쳐 해냈을 뿐이다. 성공한 사람들은 나아갈 때 많은 시행착오를 거친다. 중요한 차이는 그들은 시행착오를 할 때마다 무엇인가를 배운다. 실패할 때 배운 것을 잘 활용하여 실패 확률을 줄여나가는 것이다.

성공하겠다고 마음먹는 것이 매우 중요하고 그리고 꿈이 이루어지도록 몸과 마음의 에너지를 한데 모아서 몽땅 쏟아부으면 우주의 에너지가 성공을 향해 길을 열어 준다.

5

긍정적인 말을 쓰고
불평불만을 감사로 바꾼다

플러스 사고로 잠재력을 깨운다

독일의 스포츠 연구가가 올림픽 금메달을 획득한 선수들을 관찰해 본 결과 '금메달리스트들은 체력도 뛰어났지만, 그들의 뇌가 그리는 이미지는 더욱 특별했다' 라고 했다.

필자도 고객들과 만난 후 저녁에 늦게 들어가면서 '오늘도 역시 시끄러울 거야!' 라는 부정적인 이미지를 떠올리며 들어가면 아내는 어김없이 투정을 부린다.

이미 부정적인 사고가 입력되었기 때문에 '나도 좋아서 이러는 줄 아느냐? 회사 일로 늦는데 말이 많아!' 라는 말이 나와 다투게 된다. 그러나 긍정적인 생각을 입력하여 '나의 건강을 생각해 주는 아내가 고맙다' 고 생각하면 투정부리는 아내가 귀엽고 더욱 사랑스러워 보이게 된다.

인간의 뇌는 10만 대의 PC보다 우수하며 가격을 산정할 수 없는 거대한 슈퍼컴퓨터이다. 뇌라는 슈퍼컴퓨터에 '마이너스 사고를 입력했느냐, 플러스 사고를 입력했느냐'에 따라 그 결론은 크게 차이가 난다.

각 회사마다 사업계획 발표회가 끝나고 나면 참가자들의 반응도 가지가지다.

'이렇게 어려운 환경 아래서 너무 무리한 목표야, 말도 안 돼!' 라고 일도 시작하기 전에 실패 프로그램을 뇌에 입력하는 사람도 있고, '우리의 의지와 지혜를 모으면 문제없어!' 라는 성공 프로그램을 세팅하는 사람도 있다.

인간의 행동 대부분은 잠재력에서 나오기 때문에 의식이 부정적이면 그 능력을 깨울 수 없다. 오히려 목표를 달성하는 데 힘을 쏟기보다는 자기 방어에 급급하게 되고 책임을 전가하는 데 더 연구를 하게 된다.

그러나 긍정적인 사고가 입력되면 적극적이고 도전적이 되어 숨어 있던 잠재력이 몇 배의 능력을 발휘하게 된다.

아인슈타인같은 천재도 뇌가 가진 잠재력의 15% 정도밖에 사용하지 못했다는 사실을 미루어 보아도 잠재력의 개발은 무궁하다고 할 수 있다.

또한 플러스 사고를 가진 사람의 주위에는 긍정적이고 성공한 사람이 많고, 마이너스 사고를 가진 사람의 곁에는 부정적이고 실패한 사람이 많다는 사실 또한 기억할 만하다.

어떤 경우든 희망의 의자에 앉는다

인간은 언제나 불안과 희망 사이를 방황하는 존재다. 필자 또한 반세기를 더 산 셈이지만 50여 년의 긴 세월을 돌아보면 항상 불안과 희망의 교차점에 서서 고민한 적이 많다.

어떤 때는 불안의 의자에 앉기도 하고, 뭔가 좋아 보일 때는 희망의 의자에 앉기도 했다. 그러나 앞이 보이지 않는 불안과 염려에 휩싸일지라도 불안의 의자를 박차고 일어나 강한 정신력으로 희망의 의자에 앉으려고 노력하면 마음먹은 대로 되어가는 것을 여러 번 경험했다.

또 희망의 의자를 좋아하는 사람에게는 승진의 기회가 자주 열리고, 모든 일을 주도하여 마음먹은 대로 이끌어 가는 것도 확인할 수 있었다.

오랜 컨설팅 경험에 비추어볼 때도 2류 기업일수록 컨설팅 테마도 많고 개선의 여지도 많은데 '과연 지도성과가 날까?' 하는 불안감에 컨설팅 받기를 주저하는 회사가 많다.

일류 기업일수록 경영컨설팅 요구가 많고, 지도 후 성과를 많이 내게 되는데, 그 이유는 컨설팅 참여 멤버들이 컨설팅 성과를 확신하고 희망의 의자를 선택한 결과라고 생각된다.

CNN의 설립자 테드터너가 '24시간 뉴스를 제공하는 방송사를 만들자' 라는 아이디어를 내자 대부분의 사람들은 '누가 뉴스를 그렇게 오래 보고 있느냐?' 라고 부정적인 의견을 냈다. 그러나 용기를 가지고 희망의 의자에 앉아서 불안한 요인들을 하나하나 제거한 결과, 세계적 온리원 기업이 되었다.

중증 만성간염에 걸려 5년밖에 살 수 없다는 소프트뱅크 손정희 사장이 절망의 의자를 박차고 일어나 희망의 의자에 앉아서 미소 짓는 딸의 모습을 그리며 회복할 수 있다는 의지를 굳혔다. 『손자병법』을 포함한 400여 권의 책을 읽으며 살 수 있다는 의지를 재확인하고 자신이 존경하는 사카모도료마도 죽기 전 마지막 5년간에 일본의 개혁을 이루었듯이 일본 IT업계에 혁명을 이루어야겠다는 의지를 굳히자 3년 만에 병석에서 일어났고 그때 읽은 내용들이 사업능력을 발휘하는 중요한 자원이 되었다고 고백했다고 한다.

미국에서 존경받는 여성 CEO인 TYK그룹의 김연태 회장은 어떠한 불행에도 좌절하지 않았다. 미국인과 결혼했으나 시댁과의 불화, 교통사고, 자궁종양 등으로 고통당하면서 남편의 사랑도 식어갔다. 결국 이혼을 하고 어려운 환경에도 실망하지 않고 기업가가 되겠다는 꿈을 가지고 피나는 노력을 한 결과 성공을 이루어 냈다. 자나 깨나 그녀의 입에서 떠나지 않는 말이 있다. "He can do, she can do, why not me?" 를 항상 중얼거리며 도전한 결과 6개 기업을 이끄는 기업의 리더가 되었다.

우리나라 사람들은 뭔가 모자라고 안 좋은 것이 있을 때 '죽겠다'는 말을 많이 한다. 바빠서 죽겠다, 배고파 죽겠다, 돈 없어 죽겠다, 피곤해 죽겠다, 아파 죽겠다. 그러나 좋은 것에도 죽겠다는 말을 붙인다. 배불러 죽겠다, 좋아 죽겠다, 심심해서 죽겠다 등. 이와 같이 긍정 속에서도 부정을 말하는 습관을 하루 빨리 고쳐야 한다.

하늘이 무너지는 아픔이 있더라도 희망의 의자를 버리지 말아야 한다.

희망의 의자는 학벌이나 출신 배경과 관계없다. 오히려 가진 게 없어 불리할수록 더 쉽게 선택할 수 있다. 그 의자에 앉는 방법 외에는 대안이 없기 때문이다.

『누가 내 치즈를 옮겼을까?』라는 글로벌 베스트셀러에서도 치즈가 사라진 창고에서 불안해하며 기다리는 것보다 새 치즈를 찾아 미로 속으로 희망을 갖고 떠날 것을 강조하고 있다.

가능성을 무덤으로 보내지 않는다

'할 수 없다' 라는 말은 아무것도 하지 않아도 되기 때문에 세상에서 가장 편한 동시에 책임 없는 말이다. 자기 자신에게는 가장 쉬운 말이지만, 듣는 사람에게는 피해를 주는 말이다. 상대편의 열정을 빼앗는 말이며, 의지를 쓰레기통으로 보내는 말이다.

꿈이 파괴되고 이룰 수 있었던 수많은 목표들이 죽어 무덤으로 가게 하는 말이다.

되는 이유를 찾지 않고 되지 않는 이유를 찾는 것도 그 사람의 재주이지만, 그 말이 우리의 머릿속을 점령하면 삶 전체가 불가능한 일로 점령당할 것이다.

도요타에서는 개선할 때 외치는 모럴 구호가 '해보고 생각하자' 이다. 해보지 않고 머리로만 하다 보면 안되는 이유만 생각나기 때문이다. 그리고 하다 보면 머릿속에서는 불가능했던 것들이 가능하도록 새로운 아이디어가 나오기 때문이다.

성공과 실패는 마음먹기에 달려 있다고도 하는데 안되는 것만 생각하다 보면 두뇌에서 안되는 방향으로 이끌어가기 때문에 되는 것도 당연히 안되게 마련이다. 따라서 성공하고 싶다면 먼저 '할 수 있다' 는 말과 생각이 몸에 배게 해야 한다.

아침에 일어나자마자 "할 수 있다"를 외치고 저녁에 잠들기 전에 "할 수 있다"는 것을 잠재의식화시키면 어려운 문제가 있더라도 해결하는 방안이 저절로 생각나게 된다. 개인의 삶에서도 부딪친 문제들을 잘 해결하는 방법이 우선 '할 수 있다' 는 마음을 가지는 것이다. 생각에 따라 운명이 바뀐다는 책들이 베스트셀러가 되는 것도 실제로 바뀐 사례가 많기 때문이다.

그리고 미래는 행복할 것이라고 믿어야 한다. 자신의 미래에 걱정, 근심, 증오, 의심의 이미지를 초청해서는 안된다. 그러한 생각들은 나의 미래를 좀먹는 벌레이다. 내 미래를 행복으로 가득 채우는 유쾌함과 기쁨 그리고 긍정을 불러들이자. 그리고 시시때때로 외치자.

"나의 미래는 행복으로 가득하다! 나는 성공할 수밖에 없다! 나는 생각한 대로 미래를 바꾸고 이룰 수 있다!"

몸 마디마디마다 감사를 느낀다

불평의 뜻은 마음에 들지 아니하여 못마땅하게 여기거나 또는 못마땅한 것을 말이나 행동으로 나타낸다는 의미이다. 자신의 삶 속에서 일어나는 일들이 문제가 있다고 생각할 때 표현하는 것이라고 할 수 있다.

불평을 늘어놓는다는 것은 자신이 원하는 대로 되어가지 않는 것에 대해 초점을 맞추어 말하는 것이다. 그러나 불평만으로는 우리의 삶을 바꿀 수 없다. 오히려 현재 있는 가치도 끌어내리는 낭비 중에서도 대단히 큰 낭비 요소라고 할 수 있다.

더 문제는 내가 하는 불평 한마디가 조직에 신종바이러스처럼 퍼져 전체 분위기를 망치는 데에 있다. 이제 과거에 대한 투덜거림에서 벗어나 미래로 눈을 돌리기를 권하고 싶다. 현재의 불평불만을 어떻게 하면 없앨 수 있을까를 생각해 보면 해결방안이 나온다.

현재 수준에서 머물고 싶거나 더 못해지고 싶다면 불평의 주절거림을 계속하라고 권하고 싶다. 그러나 잠시 불편함을 극복하고 변화라는 고통을 통해 성공하고 싶다면 가장 먼저 모든 것에 감사하는 마음을 가져야 한다.

감사를 뜻하는 영어 단어 'gratitude'는 라틴어 'gratia'와 'gratus'에서 유래했다. 'gratia'는 호의를 뜻하며 'gratus'는 기쁘게 한다는 의미가 들어 있다. 즉 베풀어 준 호의에 보답하여 기쁘게 한다는 의미이다.

한자의 감사(感謝)라는 단어를 풀이해 보면 감(感)은 다함 함(咸)과 마음 심(心)이 합쳐진 말로 '마음에 가득 채운다'는 뜻이다. 사(謝)는 말씀 언, 화기애애할 은(言)+몸 신(身)+마디 촌(寸)이 합쳐져 '몸 마디마디마다 화기애애하다'라는 뜻이다.

즉, 우리의 몸 마디마디가 온화하고 화목한 분위기가 넘쳐 흐르게 하고 그것을 마음에 가득 채우는 것이 감사라는 의미이다.

감사는 행복의 지름길이라는 말은 감사라는 단어의 뜻대로 온화하고 화목한 마음을 채우면 행복해진다는 의미이다. 즉 행복해서 감사하는 것이 아니라 감사하면 행복해진다는 의미이다.

자기 전이나 바쁜 일상에서 잠시 짬을 내어 감사할 일을 생각해 보는 것은 온화하고 화목한 마음을 채우고 행복을 느끼게 해주는 좋은 방법이다. '감사합니다' 라는 말을 자주 하는 사람은 회사의 경영자가 되는 길을 가고 있다고 할 수 있다. 감사한 마음을 가지고 있는 직원의 눈은 열정으로 빛나고 있고, 얼굴은 긍정과 가능성으로 가득 차 있기 때문에 남들보다 빠르게 승진하여 경영자가 되는 것이다.

채워져서 감사하면 이미 늦는다. 부족할 때 감사하면 채워짐이 있고, 어려움 중에 감사하면 해결을 얻고, 작은 것에 감사하면 더 큰 것을 얻게 된다. 그리고 풍부한 중에서도 감사하면 더 풍성함을 누리게 되는 것이 감사의 힘이다.

일본의 제빵회사에서 출입문을 열고 닫을 때마다 "아리가또오" 라는 말이 자동으로 나오게 했더니 불량이 줄고 생산성이 올랐다는 사례도 감사를 통해 직원들의 마음이 화기애애해졌기 때문이라고 할 수 있다.

'추수감사절'의 유래는 미 대륙으로 이주한 청도교들이 질병과 인디언의 공격에서 견디고 처음 얻은 양식에 감사해서 만든 기념일이다. 감사는 항상 평온한 것에 대한 것뿐만 아니라 위기와 어려움의 극복에 대한 감사도 있다.

감사의 힘은 타인에게서 듣는 것보다 자기 자신이 먼저 표현할 때 에너지가 더 증폭된다고 한다. 오늘 하루도 누구에게 감사해야 할지 생각하고 당장 핸드폰으로 감사의 내용을 보내자. 나 자신의 행복을 위해서.

1등 기업은 반드시 밀물 때가 온다는 것을 믿는다

전체 양 중 염분은 3% 정도이지만, 그 3%가 있는 물을 바다라고 부른다. 100%가 아니기 때문에 물고기들이 살 수 있는 곳이 되는 것이다. 사해가 물고기가 살지 않는 죽음의 바다가 된 것도 염분이 높기 때문이다.

우리의 두뇌도 3%만 더 개발하면 천재가 되는데, 그 3%를 개발하지 못해 문제이다. 직장인들이 인정받느냐 받지 않느냐 역시 3%에 도전하느냐 하지 않느냐에 달려 있다. 대부분 직장인들이 일상의 타성에 젖어 1%의 새로움을 추구하는 것에 두려워하기 때문이다.

밀려오는 파도를 보면서 끊임없이 도전하는 지혜를 배워야 한다. 바위에 계속 부딪치면서 쓰러진 파도가 다시 살아나서 밀려온다. 한번 실패한 것에 개의치 않고 다시 살아나서 밀려온다. 그러다가 힘이 모아지면 도시 전체를 덮어 버리는 힘을 발휘하는 것이 파도의 힘이다.

누구나 고통을 경험할 때가 있다. 입시 실패, 승진 탈락, 부도, 구조조정 등 예상하지 못한 일들이 다가와서 자신의 뿌리를 송두리째 흔들어 놓는다.

철강왕 카네기의 사무실 벽에는 나룻배 하나와 배 젓는 노가 썰물 때에 밀려와 모래사장에 버려진 것 같은 절망스럽고 처절하게까지 보이는 그림이 있다. 그런데 그 그림 밑에는 '반드시 밀물 때가 온다' 라는 글귀가 씌어 있었다고 한다. 시련의 끝에서 언제나 새로운 희망의 길이 기다리고 있다는 의미라고 할 수 있다.

어린아이가 기어 다니다가 걷게 되는 것은 2,000번 이상 넘어졌다가 일어나는 노력을 한 결과라고 한다. 성인들은 모두가 2,000번 넘어져도 일어서는 용기를 이미 체험한 사람들이다.

그러나 대부분의 사람들은 성인이 되고 나서 도전하는 것을 두려워하고 현실에 안주하려고 한다. 참담하게 실패했더라도 그 원인을 알아낼 수만 있다면 그것은 결코 실패가 아니다. 실패의 원인을 찾지 못하는 것이 실패이다. 춥고 두려운 어둠을 견뎌낸 사람만이 밝은 빛을 볼 권한을 누리게 되는 것이다.

6

3현 주의를
생각하고 실천한다

문제해결을 쉽게 하는 3현 주의를 실천한다

'3현 주의'란 어떤 과제나 문제가 발생한 곳에서 현물을 보면서 그 본질을 파악하고 신속하게 공유화하여 대책을 세우고 대응하는 것이다.

도요타가 가지고 있는 DNA를 정리한 것을 '도요타 웨이'라고 하는데, 그 5가지 중 한 가지가 현장·현물·현상 주의이다. 문제 발생 시 쉽고 정확하게 처리하는 방법은 다음과 같다.

첫째, 현장·현물·현상 주의를 '3현 주의'라고도 하는데 선입관을 갖지 말고 직접 발로 뛰어서 현장에서 현물을 보고 정성적, 정량적 현상을 파악한다.

문제의 근본원인을 파악하기 위해서는 3현 주의에 입각해서 적어도

5번 이상 왜를 반복해야 한다.

경영에서는 고객, 종업원, 경영자라는 구성체가 있는데 혁신은 결국 사람에 의해서 출발해 사람에 의해서 마무리 된다. 공장에서 발생하는 문제는 공장에 직접 가서 해결하고, 고객들과의 문제는 고객접점인 매장에서 해결하고, 품질 문제는 클레임현장과 생산 현장에서 해결해야 근본원인을 발견하여 조치할 수 있다.

둘째, 효과적인 합의를 끌어내고, 프로세스를 중시한다.

해야 될 일에 대해서 다방면의 멤버, 파트너로부터 폭넓은 생각을 취합해 합의점을 찾는다. 이렇게 함으로써 사전에 장애요인에 대한 대책을 세워 현실적이고 효과적인 실행을 꾀할 수 있다.

또한 목표를 최대한 구체적으로 세워서, 목표와 현상과의 차이를 분석하고 도출하는 것이 중요하다. 구체적인 달성목표의 설정과 더불어서 목표달성에 이르는 프로세스에 대해서도 합의를 도출하고, 그 프로세스의 실행상황을 중시한다.

셋째, 공리공론에 시간 낭비하지 말고, 우선 실천해 보고 판단한다.

쓸데없는 토론에 시간을 낭비하거나, 경솔하게 결론을 내서는 안된다. 일단 결론이 내려지면 전원 일체가 되어 단기간에 집중적으로 대처해야 한다. 그리고 P.D.C.A(Plan, Do, Check, Action: 목표에 의한 관리의 실천 절차를 나타낸 말) 칸트 차트 등의 진척관리 기법을 활용하여 진척 상황을 체크하고 , 진행에 장애가 발생되면 끈기 있게 도전하고 그 결과를 분석하여 실천해 보고, 장애요인을 즉시 배제하고 다음 스케줄에 지장이 없도록 해야 한다.

3현 주의로 해외사업장을 이끈다

해외 진출에 성공한 D기업의 활약은 국내 모든 기업의 모델이 되고 있다. 최근 인수한 미국 공장도 정상화되어, 한국 공장 수준과 비슷하게 품질과 생산성이 좋고, 중국에 있는 공장은 품질이나 생산성면에서 세계 최고의 공장이다. 거의 모든 해외 공장들이 이익을 내고 있고, 오히려 국내 공장들보다 부가가치를 더 많이 내고 있다.

글로벌경영이 진척됨에 따라 3현 주의(현지ㆍ현지어ㆍ현지인)의 실천이 매우 중요하다고 인식을 하지만, 이를 도입하거나 현지인 체제로 전환이 되지 않고 있어서 새로운 문제로 대두되고 있다.

현지 문제

70%는 해외에서 생산하고 있고 국내공장은 30% 정도를 커버하고 있지만, 본사의 임원수가 40명이고 해외공장 임원은 7명에 불과하다.

85%의 임원이 국내에서 일을 하기 때문에 기존에 가지고 있는 업무를 해외에 권한위양을 해야 하는데도 자신의 가치를 높이기 위해 새로운 업무를 많이 만들어 해외 공장에서의 본사 보고 항목 수는 점점 늘어가고 있다.

현지어 문제

현지어를 모르기 때문에 본사 보고서 내용을 번역하여 자료를 준비시켜야 하고, 본사에 보고할 문서는 한국어로 번역하여 보고해야 하므로 현지 생산에 전념하기보다 본사 보고서 작성에 대부분의 시간을 보내게 된다.

현지인 문제

이메일도 MS-Word가 아니라 한글워드여서 그것을 바로 현지인 간부에게 전달할 수도 없다. 설계도 또한 한글로 되어 있기 때문에 인터넷에 의해 전달속도는 빨라졌지만, 번역할 때까지 기다려야 하므로 기회손실비용도 대단하다.

중국의 경우에는 한국인 간부 1명의 인건비가 현지 작업자 100명을 채용할 수 있는 비용이다 보니 파견인원의 업무효율화는 생산성 향상에 크게 기여한다고 할 수 있다.

이 문제들을 해결하기 위해서는 글로벌경영의 깃발은 높이 들었지만 본사에서 모든 권한을 갖고 컨트롤 하려는 것에서 벗어나야 한다. IT기술을 충분히 이용하여 현지에 가지 않아도 시스템에 의한 P.D.C.A관리 사이클이 돌도록 해야 한다.

리더십의 원천을 현장에서 찾는다

일본 교육단체의 유명한 강사를 모시고 N식품업체 차세대 리더를 대상으로 하는 '현장주의에 의한 비즈니스 리더십' 이라는 교육에 참가한 적이 있다.

교육을 시작하자마자 참가자 한 사람 한 사람에게 리더십을 발휘하기 위해 무엇이 중요한지를 질문했다.

24명에게 물었지만 중복되는 것을 요약해 보니 리더십발휘 요소가 10개도 되지 않았다. 그 내용을 열거하면 비전제시, 솔선수범, 동기부여, 의사소통, 칭찬과 격려, 적극적 경청, 합리적 평가, 가치관 공유 등이었다.

이와 같이 리더십을 발휘하는 요소가 많지 않은데도 리더라고 불리는 사람은 많지만 진정한 리더는 왜 많지 않은 것인가?

머리로만 알고 몸으로 행동하지 못하기 때문이다. 리더가 해야 할 요소들이 적재적소에 나타나게 하는 것을 '현장주의 리더십' 이라고 하는데, 최근 일본 우수기업에서 많이 도입하는 과정이다.

초등학교 반장이나 향우회 회장, 동창회 회장 등 대부분 사람들이 리더의 역할을 한번씩 해보지만 그 결과에 대한 평가는 사람에 따라 천차만별이다. 리더십이 부족한 사람은 직책이나 직위가 리더를 만들어 주는 것이 아니라, 그 사람이 가지고 있는 능력이나 자질이 문제가 되기 때문이다.

그래서 리더십에 대한 교육에는 많은 사람들이 관심을 가지고 참석한다. 리더십 능력은 훈련으로 보완할 수 있기 때문이다.

그러나 리더 자질은 좀처럼 바꾸기 어려운 것이므로 훌륭한 리더를 키우려면 선발할 때부터 잘 선택해야 한다.

리더십에 대한 사례연구를 할 때 외국 저명인사나 대통령들의 사례를 가지고 연구하는 것은 현장리더십이 아니다. 자사의 선배 리더들에게 배워야 할 것과 버려야 할 것을 심층 분석하고 교육받는 것이 살아있는 리더십 공부가 된다. 자사의 실제 사례이므로 실감나고 재미도 있다. 이는 자신의 가까이에 있는 사례를 타산지석으로 삼아 자기 자신 또한 거울에 비추어 보게 하는 좋은 교육 방법이다.

리더십이란 조직의 목표를 달성하거나 현재 시스템을 유지, 발전시키기 위하여 조직 구성원이 자발적으로 집단 활동에 참여하여 이를 달성하도록 동기를 부여하고 목표를 향해 한 방향으로 유도하는 능력을 말한다.

결국 조직원들이 업무 속에서 비전과 목표를 향해 나아가게 하고 직장에 있는 것이 더 즐겁고 행복하다고 생각하며 일하게 만드는 것이 현장 리더십이다.

'아직'이라는 말과 결별하고 실행을 앞세운다

혹한을 피해 늦은 가을이면 철새들은 남쪽으로 날아간다. 그 중 한 마리가 이렇게 먹을 것이 많은데 "아직은 떠나지 않아도 돼!" 하며 출발을 연기했다. 다른 동료들이 다 떠난 뒤에 맛있는 곡식으로 마음껏 배를 채우고 하루만 더 하루만 더 하면서, 먼저 출발한 친구들을 비웃었다.

시간이 지나 세찬 겨울바람이 몰아쳐서 이제는 가야지 하고 날개를 펴고 날려고 했지만 살이 너무 쪄 날 수가 없었다. 결단의 순간을 놓쳐 버린 철새에게 남은 것은 추위와 배고픔, 후회뿐이었다.

우리들도 이 철새처럼 실행의 순간을 놓쳐서 후회하는 경우가 많다. 초등학교 때는 "내가 중학생이 되면 할 거야"라고 여러 가지 해야 할 일을 미루고, 중학생이 되고 나서는 "고등학생이 되면 할 거야"라고 미루게 된다. 대학교 때면 "내가 취직하면 할 거야"로 말이 바뀐다.

결국 머리가 희어지고 은퇴 시기가 오면, 지난날의 미루어온 것을 후회하게 되고, 더 이상 연기할 수 없게 된 시기가 온 것을 안타까워한다. 은퇴 후에는 시간도 많고, 여러 제약도 없어졌지만 두려움이 앞서 새롭게 도전하지 못한다. 마지막에는 "천국에 가서 할 거야"라고 말하며 아쉬워해 보지만 이 세상에서 실천할 시간적 여유가 없는 것에 절망하게 된다.

'아직'이라는 말 속에는 내일을 위해 뭔가 하려는 의욕이나 의지가 없다는 의미가 포함되어 있다. 연기해야 하는 타당한 근거를 찾는데 급급하여 자신을 채찍질하여 변화의 선두에 서기를 거부하는 사람들이 자주 쓰는 말이 '아직'이다. 남이 먼저 바뀌길 기다리며 자기 자신은 오래전부터 익숙해져 있는 습관들과 결별하기를 거부하는 사람들이 쓰는 말이다.

그러나 자신의 운명을 자신이 바꾸어가지 않으면 먼저 바뀐 사람에게 지배받게 되어 있다. 빨리 하면 할수록 그만큼 더 유리하고, 기회 선점의 유리한 고지를 점령할 수 있다. 땀 흘림 없이 탁상공론만으로는 개인이나 기업이 앞서갈 수 없다.

'아직, 아직, 아직'이라고 미루다 보면 아직이라는 말조차 쓸 수 없는 목까지 꽉 찬 시기가 오게 된다. 몸에 살이 쪄서 날 수 없는 철새처럼……. 그런 때가 오기 전에 익숙한 것들과 빨리 결별하고 새로운 것들과 친해지는 노력을 해야겠다. 실행의 순간이 왔을 때 과감하게 일어서는 용기가 필요하다.

행동하므로 이기고 기회를 쟁취한다

아침에 일어나는 순간부터 우리는 다루어야 할 대상이 있다. 바로 나 자신이다. '좀 더 자자, 좀 더 쉬자, 이왕 늦었는데 오늘 하루 쉬자' 등의 유혹들이 싸움을 걸어온다.

나 자신의 행동을 다스리지 못하면 잘못된 습관의 노예가 된다. 남을 리드하기는커녕 자신도 컨트롤하지 못한다. 따라서 잘못된 습관을 고치는 것이 혁신의 첫걸음이며, 새로운 운명을 열어 주는 전주곡이다.

지그 지글러는 '행동하는 사람 2%가 행동하지 않는 사람 98%를 지배한다'고 했다. 비전을 향해 나가는데 방해가 되는 잘못된 습관을 과감하게 바꾸는 것이 혁신하는 사람이다. 혁신이 그만큼 어렵고 힘들기에 지그 지글러는 2% 정도의 사람들만 습관을 바꾸는데 성공한다고 할 정도이다. 다른 말로 하면 대부분 사람들이 자신의 습관을 이기지 못하므로 노력하여 바꾸기만 하면 쉽게 2% 안에 들 수 있다는 말도 된다.

도산 안창호 선생은 '쇠죽을 누가 어떻게 끓이느냐고 상의만 하다가 소를 굶어 죽였다'는 말을 하면서 말만 무성하게 하지 말고 우선 풀을 베러 가는 것이 필요하다고 실제적인 행동을 강조했다.

　1등 기업에서 제일 강조하는 말이 '해보고 생각하자' 이다. 처음부터 100점 맞으려고 기다리고 있다가 시기를 놓쳐 영점 받지 말고, 우선 50점이라도 받아 놓고 왜 50점인지 반성하고 100점에 도전하자는 것이다.

　'해보고 생각하자' 는 말은 일본 국민성과 정반대되는 말이다. 일본인들은 해보기 전에 확실하게 계획을 세우라고 강조하지만 도요타는 일본인들의 고정관념을 깨고 개선의 속도를 높이기 위해 우선 개선해보고 다시 생각하라는 것을 도요타 생산방식에 적용했다. 그 결과 100년 기업 포드와 GM을 제치고 자동차 업계에서 세계 1등이 되었다.

　사람의 머리는 이상해서 처음부터 완벽한 아이디어는 나오지 않는다. 아이디어도 진화하기 때문이다. 아이디어를 내고 시행하다 보면 또 다른 더 나은 아이디어가 탄생하는 것이다.

　노벨상에 경제학은 있어도 경영학은 없다. 경제학은 통계적인 수치를 잘 계산하면 100점을 맞을 수 있지만 경영학은 100점이 있을 수 없기 때문이다. 그 시점에 최적 안이 있을 뿐이며 환경이나 시대가 변하면 또 다른 방법을 찾아야 하기 때문이다. 그러므로 경영학은 이론이 아니라 행동학이라고도 할 수 있다. 행동하는 기업이 경영을 잘하는 기업이라고도 할 수 있다. 행동하는데 가장 중요한 것은 비전을 가지고 그 비전을 향해서 행동하는 것이다.

　인디언의 기우제는 100% 성공하는데 그 이유는 비가 올 때까지 기우제를 드리기 때문이다. 나 자신의 나쁜 습관이 바뀔 때까지 끈질기게 노력해 보자.

　경영혁신 운동을 도입하는 회사 대부분은 의식혁신을 그 출발점으로 한다. 그러나 오랜 세월에 걸쳐 형성된 의식을 단 몇 시간의 교육으로 바꾼다는 것은 거의 불가능한 일이다.

따라서 의식의 변화에 먼저 접근할 것이 아니라 행동의 변화를 이끌어 내어 그 행동이 의식의 변화로 연결되도록 해야 한다.

S그룹이 신 경영을 추진할 때 출퇴근 시간을 7-4제로 바꾼 것도 행동의 변화를 시스템으로 유도한 사례이다. 교통이 혼잡하여 출근시간이 9시일 때는 여의도에서 수원까지 2시간 정도 걸리지만, 출근시간을 앞당기자 같은 거리 출근시간이 반으로 줄었다. 이러한 것을 체험해 보니, 변화가 자신에게 위협을 주는 것이 아니라 도움을 준다는 것을 알게 되었다.

성공한 사람의 특징은 장애를 걱정하거나 골몰하기보다는 행동하는 데 힘쓰며, 변화에 지배 받는 것이 아니라 유리한 변화를 이끌어 낸다는 것이다.

1+1=2가 되는 원리를 몰라도 우리는 2라는 답을 낼 수 있고 원심력, 구심력 등의 이치를 몰라도 두 발 자전거를 쓰러지지 않고 탈 수 있듯이 이론이나 기법에 너무 얽매이다가 개선의 기회를 놓치는 경우가 없어야겠다.

마쓰시다 창업자 고노쓰케는 "대학교수는 100을 알고 나는 10밖에 알지 못하지만, 내가 돈을 잘 버는 이유는 10을 전부 실천하기 때문이다"라고 했다.

가장 슬픈 일은 '할 수 있었는데……' 하면서 지나고 난 뒤, 한탄하는 일이다.

'백문불여일견 백견불여일행(百聞不如一見 百見不如一行)' 이라는 말의 의미와 급변하는 환경 하에서는 '행동으로 기회를 쟁취할 수 있다' 는 사실을 다시 한 번 되새겨봐야겠다.

대국을 착안하고 소국을 착수한다

우리는 작은 일에 집착하여 전체를 보지 못하는 우를 자주 접하게 되기도 하고, 큰 것에만 집착하다가 실제 실행단계에서 얻어야 할 작은 것을 놓치는 경우가 많이 있다.

'대국착안 소국착수(大局着眼 小局着手)' 는 '미래를 생각하여 크게 생각하고 실행할 때는 한 수 한 수에 집중하여 실행해 나가자' 는 바둑 용어이다. 매년 새해가 시작되면 큰 생각을 가지고 계획을 세우지만 그 계획을 달성하기 위한 하루하루의 실행이 되지 않는다면, 대국착안은 되지만 소국착수에 문제가 있는 것이다. 금연, 금주, 다이어트, 독서, 어학 공부 등의 계획이 많다. 어학 공부를 하는 경우에는 새해가 되자마자 학원에 등록하여 한 달 정도는 열심히 다니지만, 점차 1주일에 1~2회 나가다가 나중에는 등록만 해놓고 나가지 못하는 경우가 태반이다. 그러다 보면 큰 생각은 그림에 불과하고 먹지 못하는 떡이 되어 버린다. 실행을 못하는 핑계를 들어보면 게을러서, 약속이 많아서, 회사가 바빠서 등 다양하지만 결국 의지가 약해서 소국착수가 안되는 핑계일 뿐이다.

의지가 약한 사람은 자기중심적으로 사고와 판단을 하여 소국착수가 되지 않는 이유를 타인의 책임으로 돌리는데 익숙하다.

반면 의지가 강한 사람은 큰 생각을 실행에 옮길 수 있는 사람이며 큰 생각을 가지고 공동체를 더욱 중요하게 생각한다. 개인의 이해관계에 초연하여 나보다 조직을 먼저 생각하고, 큰 생각의 실현을 위해 행동하는 것이기 때문에 평가받지 못하더라도 작은 것부터 실행한다. 그래서 의지가 강한 사람은 일시적인 평가에 '일희일비' 하지 않는다. '나의 세대', '나의 시간'에 한하여 도전할 수 있는 비전을 갖는 것이 아닌, '세대를 넘어 이룰 수 있는 비전'을 후대를 위해 실천하도록 노력한다.

자문자답해 보자.

'나는 조직을 위해 얼마나 큰 것을 생각하고 그 큰 것을 이루기 위해 오늘 착수해야 할 작은 일들이 무엇인지 기록하고 실행하고 있는가?'

7

남에게서 문제를 찾기 전에
자신을 돌아본다

가장 무서운 적은 가장 가까이에 있다

현대인들은 경쟁에서 치이고 돈 버는데 바빠 나를 바라보고 생각할 시간을 가지지 못하는 경우가 많고, 비교의식에 젖어 항상 부족하고 모자란다는 의식 속에 살고 있다. 그 생각 속에서 벗어나지 못하면 항상 불만족스러운 삶을 살게 된다.

자기 자신을 이길 수 있는 사람이야말로 모든 것을 이길 수 있는 사람이다. 자기 자신에게 지는 사람은 그 어떤 사람도 이길 수 없다.

나라마다 부모가 자식에게 중요하게 가르치는 내용이 다르다고 한다. 미국은 남에게 봉사하라고 가르치고, 일본은 남에게 피해 주지 말라고 가르친다. 우리나라의 부모들은 자식에게 무엇이 중요하다고 가르칠까? 대부분 남에게 지지 말라고 가르치는 것 같다. 특히 우리나라 부모들은 잘잘못을 떠나서 친구에게 맞고 오는 것을 제일 싫어한다. 책임 질 것이니 맞지 말고 패고 오라고 가르치는 부모도 있다고 한다.

일상생활에 지쳐서 현상유지에 급급하고 있는데도 동료들이 발전해 가고 있는 것을 보면 조급해서 견디지 못한다.

초등학교 동창 모임에서도 어릴 때 여러 가지 면에서 자신보다 모자랐던 친구를 오랜만에 만나게 되는 경우가 있다. 그런데 그 친구가 외제 차에 성형 수술까지 하고 나와서 은연중에 자랑하는 것을 보고는 동창회에 다시는 나가지 않겠다고 하며 한없이 우는 사람들도 있다고 한다. 나이 들어서 그 친구를 이기기 위해 할 수 있는 건 아무것도 없다는 사실 앞에 절망하여 자괴감에 빠져 헤어나지 못하는 경우이다. 이런 결론에 이른 사람은 그 잘 사는 친구보다 더 잘 살 수 있는 에너지를 얻을 수 없도록 잠재의식이 작동해 버린다.

어릴 때부터 남에게 지지 않으려고 하다 보니, 자신을 바라보지 못하고 남만 쳐다보면서 성장하게 된다. 그래서 내면을 바라보는 방법을 모른다. 잘난 체 하는 사람에게 충고해 주면 거꾸로 욕을 먹는 세상이다. 남과 비교하면서 사는 것에 익숙하다 보니, 남이 잘못된 점을 지적하는 것을 인정하지 못한다. 마음의 창문을 열고 자기혁신을 하려고 노력하는 사람에게 충고하고 조언해 주어야 가치를 발휘할 수 있다.

나 자신에게 실망하고 지쳐 어쩔 수 없을 때 잠시 생각하는 시간을 가져 보는 것이 중요하다. 내가 가진 생각들을 하나하나 드러내 놓고 깊은 생각에 빠져 보는 것이다. 그러면 실제로 누가 나의 변화와 미래의 성장을 막고 있는지 알게 된다.

모든 것은 자신의 생각과 행동에 달려 있다. 나를 변화시키는데 시간이 너무 많이 걸린다고 생각된다면, 생각을 바꿔 다시 그리고 또 다시 생각해 보아야 한다. 인생을 변화시키는 데 필요한 시간은 단지 1분이면 된다. 우선 생각을 바꾸면 되기 때문이다. 그러므로 나의 가장 무서운 적은 가장 가까이 있는 바로 나 자신이다.

빠르게 변화하는 환경 아래서 조직 구성원 전체를 함께 끌고 가는 것은 매우 어리석은 일이다. 노무관리 측면에서도 마찬가지이다. 회사와 종업원이 공존 공영하는 것이 아니라 착취당하고 있다고 생각하는 의식화된 노조원을 설득하여 함께 가는 것도 에너지 낭비이다. 자기 자신을 바라볼 수 있는 사람과 철저하게 분리하여 구분된 자원을 투입해야 낭비가 없는 경영활동을 할 수 있다.

자연에는 자연 법칙이 있고 사회에는 사회 법칙이 있다. 사과나무에는 사과만 열리듯이 성공법칙 속에서 사는 사람은 성공에만 도달한다. 그 선택권은 자기 자신이 가지고 있다. 성공법칙대로 살면 축복과 행운이 저절로 찾아온다. 여기서 말하는 성공법칙이란 자신이 생각한 대로 되어졌다고 믿고, 이룬 것처럼 행동하고 살아가는 것이다.

기준이 되는 시금석을 잘 활용한다

시금석이란, 광부가 금광을 캘 때 귀금속의 순도를 판정하는데 쓰는, 검은 빛의 현무암이나 규질의 암석을 말한다. 같은 곳에서 같은 시간동안 금광을 캐더라도 시금석을 가지고 체크하면서 작업한 사람과 그렇지 않은 사람이 얻을 수 있는 금의 양은 많은 차이가 난다.

인생에서도 시금석을 가지고 살아가는 사람과 그렇지 못한 사람의 삶의 결과는 많은 차이가 난다. 삶에 대한 시금석 없이 주는 대로 받아먹어서 감옥 신세를 지는 불행한 삶의 결과도 뉴스를 통해 보게 된다. 최근에는 사회정의를 실현하는 검사들도 올바른 시금석을 갖지 못해 불법 자금을 받아서 구속되는 사건도 신문지면을 메우고 있다.

성경 누가복음에 부정한 일을 저지른 여인을 돌로 쳐서 죽여야 된다고 소리치던 군중에게 "죄 없는 자가 돌로 쳐라!"고 예수가 말하자, 손에 든 돌을 슬그머니 버리고 하나 둘 꽁무니를 빼고 도망쳐 버렸다. 자신의 삶을 시금석에 비추어 보니, 자신이 먼저 돌을 맞아야 할 사람이라고 반성한 것이다.

그러나 요즈음은 자신의 죄가 드러나기 전까지는 철판을 깔고 오히려 더 큰소리로 남을 정죄하려 든다. 어제의 청문회 질의자가 오늘은 증인으로 서게 되고, 오늘 청문회 증인이 내일은 청문회 질의자가 되어 소리치는 모습을 볼 때, 정의롭고 공평한 시금석을 가진 사람들이 많이 늘어야겠다고 생각해 본다.

부산에 있는 S브라운관 회사에서는 경영위기를 극복하기 위하여 1,600억 원 원가절감 목표를 세워서 실천해 오던 중, 환율이 내려가 다시 피나는 노력을 하게 되었다. 그 결과, 3,000억 원 이상의 원가절감의 성과를 내었다. 이러한 성공사례를 배우기 위해 F베어링 제조회사의 간부들과 함께 방문한 적이 있다. 철저한 코스트다운의 노력으로 혁신활동의 깊이가 점점 심화되니 그동안의 고질적이고 만성적인 품질문제까지 접근하여 해결하려는 시도를 하게 되었다.

수년 동안 해결하려고 노력했지만 번번이 실패했던 현장문제들에 대하여 철저하게 근본원인을 규명해 보니, 생각지도 못한 것에서 나왔다. 다름 아닌 누구나 올바르다고 믿고 있는 표준작업이 문제였다. 내용이 현실에 맞지 않게 작성이 되어 그대로 하면 불량이 날 수밖에 없었으며, 잘 작성된 표준이라 하더라도 지켜지지 않아서 불량의 원인이 되는 것이 대부분이었다. 그 후 표준작업을 재점검하여 작업자와 반장이 직접 작성하게 하고 생산기술부서의 확인을 받게 하여 표준작업대로 작업하게 하였더니, 대부분의 불량 문제가 해결되었다고 한다.

시금석이 있었지만 지키지 않았고, 잘못된 시금석이 불량의 큰 원인이 되었던 것이다. 따라서 표준작업도 기술자가 만들 것이 아니라, 현장 작업자들의 지혜와 행동이 직접 반영된 내용으로 만드는 것이 중요함을 알 수 있게 한 사례였다.

최근 대부분의 회사들이 취득한 ISO 9000시리즈도 회사의 품질 시스템을 평가하여 품질보증 능력과 신뢰성을 입증해 주는 국제적인 품질 시금석이다. 인증을 받을 때는 하는 척 하다가 받고 나서는 사후관리를 하지 않아, 사후관리 심사 때 밤새워 다시 준비하는 회사들을 종종 본다. 이런 때에는 매우 아쉽다는 생각이 든다.

우리의 일상생활이나 기업 활동에 있어서도 품질 좋은 시금석을 준비하여 잡석을 시금석으로 착각하는 일이 없게 하고, 그 시금석을 잘 활용할 수 있도록 준비하는 개인과 사회와 국가가 되기를 간절히 바란다.

천동설 사고에서 지동설 사고로 전환되어 있다

천동설이란 기원전 2세기의 그리스 천문학자 플톨레마이오스가 주장한 '지구는 우주의 중심이며 태양도 지구를 중심으로 돈다' 는 학설이다. 이 학설을 정면으로 반대하고 나선 사람이 1473년 폴란드에서 태어난 코페르니쿠스다.

코페르니쿠스는 자신이 쓴 『천구회전론』에서 지구가 태양을 돌고 있고 수성이나 금성과 같은 혹성에 불과하다는 학설을 주장하였다. 이 주장에 동조한 부르너라는 학자는 화형을 당했고, 갈릴레오는 이를 구체적으로 증명하다 종교재판에 회부되었다가 결국 회유에 못 이겨 천동설이 옳다는데 서명했지만, 풀려나면서 "그래도 지구는 여전히 돌고 있다"고 주장한 유명한 일화도 있다.

매니지먼트의 세계에서도 천동설적인 사고에 젖어 있는 사람이 많다. 모든 업무가 자기를 중심으로 움직인다는 천동설적인 사고로는 부하와 동료의 창의력을 기대할 수 없다. 내 방식이 최고라고 고집하다가, 경쟁에서 낙오되는 경우는 비일비재하다.

S그룹 회장비서실과 공동으로 기획하여 공장장 30명을 일본에 최신 기법 연수를 계획한 적이 있다. 연수파견계획서가 각 사업장 공장장에게 전달되자마자 8할의 인원이 갈 수 없다는 회신이 왔다. 갈 수 없는 이유를 알아보니 '1주일씩이나 공장을 비우면 공장 가동이 어렵고, 문제가 생기면 해결할 사람이 없어 큰일 난다' 는 핑계였다.

출장 중에는 유능한 부하들이 능력을 충분히 발휘하여 공장장을 대신할 수 있다는 사실을 인정하지 못하는 예라고 생각된다. 할 수 없이 회장님의 친필공문을 다시 전달하여 전원이 참가하게 되었다. 1주일간의 연수를 마치고 귀국해 보니 공장장이 부재 시에 더욱더 협력하여 오히려 생산량이 증대한 사업장이 많았다는 후문을 들었다. 일본연수에서도 공장장들이 많이 배웠지만 지구(공장장)를 중심으로 태양이 도는 것이 아니라, 우주의 큰 원리(경영원리)에 따라 지구가 움직인다는 사실을 확인하는 중요한 계기가 되었다.

이러한 천동설적 사고 때문에 경영혁신운동이 실패로 끝난 경우도 있다. 국내 10위권 내에 드는 우량회사인 D사는 혁신사무국을 해체하였다. 신임사장은 천동설적인 사고에 사로잡혀 혁신활동은 전임자가 한 것이므로 무시해 버리고 요즘은 시스템 시대이므로 새로운 IT시스템을 도입하라는 지시를 내렸다.

IT시스템을 도입하기 위한 준비단계로 프로세스 혁신활동이 꼭 필요한 활동임에도 불구하고 기존의 모든 체제를 엎고 새로운 방식을 고집하였다. 결국 자료를 조사·준비하는데 1년 이상이 소요되어 경영혁신 활동에 실패한 대표적인 사례가 되었다. 한 사람의 천동설적인 사고가 초래한 불행한 결과이며, 책임자가 바뀔 때에는 업무인수인계를 잘해야 하지만, 인계를 받는 사람도 지동설적인 입장에서 인계를 받아야 낭비 없는 경영혁신활동의 계승이 이루어지리라 생각된다.

특히 경영혁신을 추진하는 사무국에서는 경영혁신의 성과를 사무국의 성과로 보고하는 경우가 많은데 모든 성과를 일선 실천부서로 돌려주고, 실패사례는 사무국에서 감당하겠다는 각오로 일하면 경영혁신운동이 보다 더 활성화되리라 생각된다.

〈물에서 배우는 6가지 질문〉

1. 물은 높은 데서 낮은 곳으로 흐르는데 나는 낮은 곳을 향해 무엇을 흘려 보내고 있는가?

2. 한 방울 한 방울이 모여 바다를 이루는데, 나는 바다를 이루기 위해 한 방울씩 모으는 것이 있는가?

3. 흐르는 물은 맑으나 고인 물은 썩는다는 말을 내 삶의 어느 부분에 적용하고 있는가?

4. 물이 너무 많으면 홍수, 적으면 가뭄이 나타나듯이 나의 삶에 많고 적음이 있는가?

5. 물은 지형에 따라 흐르고, 막히면 모아서 넘쳐흐르는데 나의 미래를 향한 흐름은 계속되고 있는가?

6. 물은 씻기기보다 씻어 주는데, 나는 남을 위해 씻어 준 경험이 있는가?

배려하는 마음이 있다

정치가들은 잘못된 것은 전부 상대방 탓이라고 몰아붙이고 잘된 것은 자신이 잘해서 그렇게 된 것이라고 강하게 주장한다. 자신의 잘못도 상대방 때문에 어쩔 수 없는 일이었다고 자기 자신을 합리화시키는 경우도 종종 보게 된다.

더운 여름 하루 종일 쌍둥이 아들에게 시달린 주부가 퇴근하는 남편한테 아이 때문에 힘든 것과 에어컨 없는 것에 대해서 불만을 토로한다면 대부분 남편들은 이렇게 말할 것이다.

"요즈음 직장생활이 얼마나 힘든데, 돈도 못 벌면서 애도 못 봐? 여자가 절약을 해야지, 에어컨 전기료가 얼마나 많이 나오는데."

아내는 하루 종일 힘든 것에 대한 보상으로 "수고했어"라는 남편의 따뜻한 위로의 말을 기대했는데 위로는커녕 스트레스가 쌓여 불화로 이어진다.

상대가 한 행동이나 말이 섭섭했다면 우선 내 마음부터 살펴보아야 한다.

'내가 가진 결함 때문에 그렇게 느끼는 것이 아닌지, 과거의 감정 때문에 상대방이 하는 것마다 전부 싫은 것은 아닌지, 나의 기대가 너무 커서 그렇지 않은지, 내 욕심이 지나쳐서 그런 것이 아닌지' 등 자신의 내면을 먼저 바라보는 것이 마음을 편하게 하는 길이다.

나를 바라보고 나서 상대방의 입장에서 생각해 보면 이해의 폭이 넓어진다.

'나도 그 사람 입장이라면 저렇게 할 수 있어. 자신의 부서를 지키기 위해서는 저렇게밖에 할 수 없지.' '약한 부분의 열등감이나 자존심 때문에 저러는 거야!' '아내가 암투병 중이니 당연히 아내 이야기에 흥분할 수밖에 없지' 라는 이해를 이끌어 낼 수 있다.

이렇게 밖을 바라보는 눈을 안으로 돌려보면 갈등도 줄어들고 문제 해결이 빨라질 수 있다. 내 마음의 창문에 끼인 불순한 때를 닦아내야 비로소 밖을 바라볼 수 있다.

'저 사람이 나를 속였다'라고 생각하면 초점이 상대방에게 가 있기 때문에 내 잘못으로 일어난 원인을 모르게 된다. 그래서 같은 일도 상대방이 바뀌면 또 속게 된다.

자신의 마음도 다스리지 못하면서 남의 마음을 다스리려고 한다면 마음의 갈등만 증폭시킬 뿐이다. 주체와 객체가 제 위치를 찾지 못하고 주객이 전도된 상태에 도달하면 손님이 주인이 되어 생각하기 때문에 근본원인을 발견하지 못한다.

자각(自覺)한다는 것은 스스로를 바라보고 깨어 있다는 의미이다. 마음이 깨어 있으면 참 나, 본래의 나를 바라볼 수 있다. 문제가 생겼을 때 자신에게서 먼저 원인을 찾는 모습이 보이면 상대방도 자신의 잘못을 인정하고 내 편에서 생각해 준다.

검지로 상대방에게 손가락질을 하면 엄지는 하늘로 향하고 나머지 세 손가락은 자기 자신을 향해 있다. 모든 문제의 원인을 분석해 보면 한 개는 상대방에게 있지만, 3개는 자기 자신의 탓이요, 나머지 1개는 하늘의 뜻이라는 의미이다.

매일 몸은 씻지만 마음은 씻지 못한다. 내면에 깊게 쌓여 있는 먼지를 걷어내고 마음의 거울로 나를 바라보는 시간을 하루 한번이라도 가져 보자.

들숨과 날숨 중 어느 것이 쉬운 것일까?

어린 아이가 태어나면 맨 먼저 엉덩이를 때려 숨을 내쉬게 한다. 태어날 때부터 먼저 내쉬게 만들어져 있는데 들이쉬려고만 하는 사람들이 많아져 서로가 빼앗기지 않으려는 갈등 연속의 세상에 살고 있다.

숨을 끝까지 뿜어 내쉬다 보면 들이쉬는 것은 저절로 된다. 내쉬는 것을 잘하면 저절로 가슴으로 신선한 공기가 들어온다는 사실을 깨닫기를 바란다.

자신의 등뼈로 일어서서 업무수행을 한다

기업을 진단할 때 우선 기업내부의 의식구조와 기업체질을 파악하기 위해 설문조사를 하는데, 결과를 보면 자기 자신에게는 문제가 없고 상사나 부하, 회사조직 등이 문제라고 기술하는 경우가 많다. 자책(自責)보다 타책(他責)의 습관이 몸에 배어 그러는지 모르지만, 잘 살펴보면 자신이 권한과 책임을 가지고 처리해야 할 일이 더 많다고 생각한다.

도요타 화성의 가토 회장을 만났을 때 인상 깊게 들었던 말이 생각난다. 생산1부장이었을 당시 컨설팅을 받게 되었는데 공장장을 포함하여 다른 부서장도 관심이 전혀 없고 협조도 잘 되지 않아 중도에서 포기하려 했다고 한다. 당시 지도하던 컨설턴트가 가토 부장에게 "생산1부 최고 책임자는 누구냐?"고 물었다. 그가 상황을 설명하자 "생산1부만이라도 할 수 있는데 왜 권한이 없다고 그만두려 하느냐?" 는 나무람에 자극받아 최선을 다해 컨설턴트 지도대로 잘 실천을 했다고 한다.

1년이 지나자 생산1부가 품질, 원가, 납기 면에서 최우수부서가 되었고, 생산1부 소속 과장들을 여기저기서 파견해 달라는 요청이 쇄도했다고 한다. 결국 회사 전체의 경영혁신을 생산1부장이 책임지게 되었고, 사장의 강력한 지지까지 받았는데, 그때 회사 전체의 경영혁신을 추진해 본 경험이 밑거름이 되어 회장까지 승진할 수 있는 중요한 계기가 되었다고 한다.

이와 같이 우리들 자신이 할 수 있는 일인데도 경영자나 상사에게 구걸하는 습관이 있다. 허리를 펴고 자신의 등뼈로 설 수 있는데도 허리를 구부려 받는데 익숙하여 스스로 서는 것을 포기하는 경우가 많다.

직장에서 나의 등뼈로 서서 내 부서는 내가 경영자라는 생각으로 자질과 능력을 키워 나가야 하지 않을까?

상전하전, 하전상전의 향기가 넘친다

부전자전(父傳子傳)이라는 말을 자주 듣는다. 동네에서 나쁜 짓을 하는 아이가 있으면 '그 아버지가 술주정뱅이니 역시 아들도 별 수 없군' 하면서 아버지의 성품을 물려받은 탓으로 돌린다. 좀 더 올바른 표현을 한다면 부전자승(父傳子承)이라고 해야 할 것이다.

모전여전(母傳女傳)이라는 말은 왜 없는 것일까? 아버지의 역할만 선인들이 중요하게 평가한 것은 아닌지. 그러나 요즘은 가정의 중심이 되어야 할 아버지들이 힘을 잃어가고 있다. 모전자전의 현상으로 '마마보이'가 등장하였으며, 가정의 재산과 권리도 아내에게로 넘어가 버려 본가 챙기기가 처갓집 챙기기보다 더 어려워졌다.

얼마 전 10년 만에 만난 대학선배를 집에 초청해서 저녁식사를 한 적이 있다. '이 집의 소유는 네 이름으로 등기되어 있을지 모르지만 너의 냄새는 전혀 없고 아내의 냄새만 가득 배어 있으니, 다음부터는 밖에서 만나자'라는 충고의 말을 듣고 무척 당황한 적이 있다.

자식이나 부모는 바꾸고 싶을 때 바꿀 수 없으나, 상사는 부하를 전배시키거나 사직권고를 통해 바꿀 수 있다. 그렇지만 무능한 상사나 부하를 탓하고 헤어질 궁리를 하기 전에 사람은 누구나 한 가지 이상의 장점을 가지고 있다는 사실을 기억하고 잘 어울리도록 노력을 먼저 해보는 것이 매우 중요하다.

상사의 유형을 열거해 보면 소극적인 상사, 적극적인 상사, 잘못되면 전부 부하 탓하는 비열한 상사, 부하에게 끌려 다니는 유치한 상사 등 매우 다양하다. 불행하게도 엉터리 상사와 일하게 되었을 때 어떻게 하는 것이 좋을까? 운을 탓하며, 바뀔 때까지 체념하고 기다릴 것인가? 상사의 좋은 점을 본받으면서 자신의 장점을 상사가 받아들이도록 하전상전(下傳上傳)하는 노력을 할 것인가?

중국의 제왕학인 『정관정요(貞觀政要)』에는 윗사람만이 아랫사람을 칭찬할 수 있는 것이 아니라, 아랫사람이 상사를 칭찬하면 효과가 더 크다는 내용이 있다. 6푼의 듣기 좋은 말을 하고, 4푼의 충고를 하라는 것이다. 부하로서 지나치게 상사의 완벽성을 요구하기보다는 상사 조정술을 발휘해 질 높은 칭찬과 적극적인 협조를 하면 상사도 바뀔 수 있다. 물이 높은 곳에서 낮은 곳으로 흐르나, 동력을 이용하면 낮은 곳에서 높은 곳으로도 흐르게 할 수 있는 것과 같은 이치이다.

자식은 부모 입장에서, 상사는 부하의 입장에서, 부하는 상사의 입장에서 생각해 보자. 이렇듯 상대방의 입장에서 생각하면 문제를 쉽게 해결할 수 있다. 미래의 존경받는 상사가 되기 위해 가혹한 훈련을 받고 있다고 생각하면 관계를 좋게 유지시킬 수 있는 것이다. 인간관계가 능숙한 사람과 그렇지 않은 사람 간에는 수입 면에서 30%나 차이가 생긴다는 미국의 인간관계연구소의 보고서를 읽은 적이 있다. 비즈니스맨은 장거리 마라톤같은 경쟁 속에서 여러 가지 성격과 개성을 가진 사람과 어울려 나가야 하는데, '관계'의 연결고리를 얼마나 잘 만드느냐에 따라 성공과 실패가 좌우된다.

'이해한다'가 영어로 'Understand'이다. 아래에 서서 상대방 입장을 생각해 보면 자연히 이해된다는 뜻이다. 뭔가 잘못되면 다른 사람의 핑계를 대는 경우가 많은데 남을 탓하기 전에 나 자신을 먼저 거울에 비추어 보고 그 사람의 아래에 서서 이해하는 마음을 가져야겠다. 스스로를 먼저 바꾸어 보려고 노력하는 직장인들이 많아진다면 상하 간에 좋은 향기가 넘쳐나서 신바람 나는 직장생활이 되리라 생각한다.

서로 다른 점을 인정하지만 예외는 두지 않는다

여러 기업에 강의를 하면서 양손으로 깍지를 껴보라고 하면 맨 위에 왼손 엄지가 올라가는 사람이 있는 반면, 오른손 엄지가 올라가는 사람이 있다. 대개 반반 정도의 비율로 나타나는데 오른손이 올라가는 사람이 왼손 올라가는 사람에게 당신이 틀렸다고 하면, 반대로 왼손 올라가는 사람은 상대방이 틀렸다고 하면서 싸우게 된다. 서로의 습관이 다른 것을 틀렸다고 하니까 갈등이 생기는 것이다.

사실 조직원들 사이에 생기는 의견 차이에서 나타나는 갈등 그 자체는 본질적으로 '좋은 것'이다. 그러나 의견이 '다르다(Different)'와 '틀리다(Wrong)’의 구분을 분명히 해야 한다. 자신과 의견이 맞지 않으면 틀린 것으로 간주해 버리는 것 때문에 갈등이 일어난다.

폴란드 국민의 90% 이상이 가톨릭 신자여서 우리나라와는 반대로 공동묘지에 가까울수록 집값이 비싼 나라다. 미국에서는 나중에 태어난 쌍둥이가 형이 되고, 먼저 아이는 동생이 되어 우리와 정반대다.

물에 빠졌을 때 살려 달라는 외침도 나라마다 다르다. 미국은 나를 도와 달라고 ‘Help Me’라고 하지만, 우리나라는 나를 살려 달라는 것이 아니라 존귀한 사람을 구해달라고 ‘사람 살려’라고 한다.

일본은 술 마시는 문화가 우리와는 다르다. 한국은 잔을 비워야 술을 따라 주지만, 일본은 잔이 조금이라도 비면 채워주어야 하고 술잔을 돌리는 습관이 없다. 밥을 먹을 때도 밥공기를 들고 먹는다. 한국은 밥그릇을 들고 먹으면 거지라고 하지만, 일본은 손이 없는 짐승들이 놓고 먹는다고 한다.

이와 같이 우리와 문화가 다르다고 해서 틀렸다고는 말할 수 없다. 단지 나라 간에 문화가 다른 것뿐이다.

덩샤오핑은 ‘흑묘백묘(黑猫白猫)’를 강조한 적이 있다. 검은 고양이든 흰 고양이든 쥐만 잘 잡으면 된다는 ‘실사구시(實事求是)’의 정신을 말한 것이다. 흑백논리를 거부하고 목표가 같으면 좋다는 의미이다.

다른 의견을 가진 사람을 틀린 사람으로 간주하고 무작정 자기 의견을 관철시켜 승리만 중요시한다면 팀워크와 창의성이 저하될 것이다.

후지쯔의 글로벌 개발팀이 바퀴벌레가 장치 속에 알을 낳지 못하도록 장비에 작게 통기구멍을 내기로 결정했다. 그런데 미국·유럽의 개발틈이 통기구멍이 너무 작다고 주장해서 크기를 3.3㎜로 늘려 최종 결정되었다고 한다. 조사해 보니 바퀴벌레가 미국·유럽은 3,000종이나 되지만 일본은 30종류도 되지 않고 작은 것이 특징이었다. 이러한 일이 있은 후, 후지쯔의 개발방침은 한 나라의 방침과 사고방식을 다른 나라에 일방적으로 강요하는 것이 아니라 시장·업무방식 등의 차이를 철저히 연구함으로써 서로의 방식과 사정을 최대한 존중하고 서로에게 이익이 되게 하자는 것으로 바뀌었다.

서로 다른 점이 무엇인가를 살펴서 각자의 문제에 대한 정의가 다른 것인지, 관련정보를 알지 못해서인지, 범위에 차이가 있는 것인지, 목표가 다른 것인지 등에 대해 서로가 다른 점이 있음을 인정하는 것이 필요하다.

물은 유극성의 성질을 가지고 있고, 기름은 무극성이므로 물과 기름은 혼합되어 섞이지 않는다.

유극성 용매에는 물, 알코올, 액체 암모니아 등이 있는데 유극성 용질과의 상호작용이 강하고 유극성끼리는 용질화되기 쉽다. 무극성용질은 무극성용매에 잘 녹는다. 물과 기름이 섞이기 위해서는 분자의 극성을 바꾸면 되지만 그 과정이 쉽지만은 않다.

그러나 쉽게 섞이는 방법이 있는데 세제나 비눗물같은 계면 활성제를 넣어주면 물과 기름의 구분층을 약화시켜 섞일 수 있다.

한 조직 속에 있는 사람들 모두 자라온 환경도 다르고 가치관도 다르다. 그래서 서로 다른 점을 인정해야 화합하고 어울러질 수 있다. 조직 속에서 누군가가 계면 활성제 역할을 한다면 잘 어우러질 수 있다. 그리고 상대를 틀렸다고 몰아붙이기 전에 충분한 대화로 다른 점이 무엇인지 확인하면 의사소통과 의견수렴이 이뤄진다.

갈등 자체를 없애려고 하지 말고 다른 것과 틀린 것을 잘 구분하고 서로 계면 활성제 역할을 잘하여 상승작용을 하는 창조적 조직으로 변하는 것이 바로 1등 기업의 습관을 가지게 되는 것이다.

그리고 다르다고 예외를 두지 않는다.

'사장 친인척이기 때문에 회사 규정과 관계없다. 관리 부서이기 때문에 예산에 통제받지 않는다. 연구부서는 출퇴근 시간이 관계없다. 고객이 원하면 규정과 관계없다. 간접부서는 제안을 내지 않아도 된다. 현장부서는 자기혁신과제가 없으니 생산만 잘해라. 해외 근무자는 일일 업무보고서를 작성하지 않아도 된다. 임원은 혁신활동에 참가하지 않아도 된다. 고객접점 부서에서만 고객응대를 잘하라. 코스트 절감은 직접부서에서만 해야 한다' 등이 직장에서 많이 발생하는 예외의 것들이다.

수학공식에서 플러스(＋)와 마이너스(－)의 같은 것끼리의 곱셈은 플러스이고 다른 것끼리의 곱셈은 마이너스가 된다는 것은 기초 원리이다. 이것은 수학공식만이 아니라 사회과학적인 차원에서도 불변의 원칙인 것이다.

이러한 공식은 우리가 이 사회를 더불어 살아가는데 필요한 원칙이다. 그러나 이 원칙을 알면서도 그대로 지키지 않는 경우가 많다. 그것은 원칙보다는 예외가 많기 때문이다. 사람들은 원칙을 세워 놓고 여기에 예외를 인정한다. 예외가 예외로만 존재해야 되는데 예외가 전부가 되고, 그것이 원칙을 삼켜 버리는 경우가 허다하다. 이 작은 원칙을 지키기 위해서는 자기희생과 인내심 그리고 부단한 노력이 필요하다.

8

지성경영보다
감성경영에 충실하다

즐거운 직장에서 감성경영의 꽃이 핀다

직장생활이 즐거워지는 비결은 무엇일까?

신앙심이 깊은 사람에게 '천사가 와서 당신을 천국에 데리고 간다면 지금 당장 따라가겠느냐'고 물으면 한결같이 고개를 흔든다. 왜 천국이 여기보다 더 좋은데 가지 않냐고 물으면 아직 할 일이 남아 있기 때문이란다.

즉, 해야 할 일이 더 있고, 그 일이 현재보다 나를 더 나은 곳으로 이끌어가리라는 기대가 있기 때문이란다. 그렇기 때문에 '인간은 미래의 희망을 먹고 사는 동물'이라고 하는 철학자의 말에 동조를 하게 된다.

그러면 미래의 희망을 향해 나아갈 때 직장인들이 꿈을 이루는 장소는 어디이며, 무엇으로부터 오는가?

직장인들은 대부분의 시간을 직장에서 보내며 일에서 희로애락을 느낀다. 따라서 내가 하고 있는 일이 보람이 있고, 즐거운가에 따라 인생의 즐거움이 달라진다.

따라서 직장을 단순히 돈 버는 곳으로만 생각하면 행복을 느끼는 순간은 한 달 중 월급날뿐이다. 한 달 내내 힘들고 월급날만 즐겁다면 그 삶 자체는 지옥이라고 할 수 있다.

내가 하는 일을, 사는 이유와 일치하여 놀이처럼 즐긴다면 지금 하는 일 그 자체가 사는 목적이며 수단이 될 수 있다. 한 달 내내 하는 일 자체를 놀이와 같이 즐긴다면 자발적으로 열심히 일하게 된다. 빌 게이츠와 이명박 대통령도 자신이 했던 일이 놀이처럼 즐거웠다고 고백했다.

놀이처럼 즐겁게 일하면 창조적이 되고 피곤하지 않다. 놀이처럼 일하려면 자율성이 인정되어야 하는데, 그 자율성이 인간의 가장 높은 욕구인 자기실현의 욕구를 만족시키게 된다. 노는데 강제성이 있다거나 지시대로 놀아야 된다면 진정한 놀이가 아니다. 어린 아이가 재미있게 노는 모습을 보면 스스로 알아서 자신의 집중력과 능력을 최고조로 발휘시키면서 논다.

행복해지기를 원한다면 일을 놀이처럼 즐기며 그 놀이 속에서 자율성과 즐거움과 창조성을 살리는 노력을 소홀히 해서는 안된다. 일이 우리가 살아가는 목적을 위해 따라오는 수단이 되고, 즐기게 될 때 비로소 행복 추구의 목적이 달성될 수 있기 때문이다.

삼성 이건희 회장이 사장단 회의에서 카메라 만드는 회사 사장에게 이런 질문을 했다.

"집에 카메라를 몇 대나 가지고 있습니까? 그리고 카메라를 직접 분해해 본 적이 있습니까?"

진정 고객이 원하는 것을 만들고 싶다면 CEO의 마음이 먼저 카메라에 빠져 있어야 한다. 본인이 직접 사용도 해보고 분해도 해보고 타인의 의견도 들어 보아야 고객의 감성을 이해할 수 있기 때문이다.

CEO의 마음이 자나 깨나 카메라에 미쳐야 부하들도 카메라에 미치고, 전 직원들의 마음이 카메라에 미칠 때 글로벌 최고의 제품이 탄생하게 된다는 것을 강조하기 위해서 질문법으로 깨닫게 한 것이다. 전 직원들이 자신들의 제품에 미치고 그 과정을 즐거워할 때 감성경영에 성공했다고 할 수 있다.

말단직원시절에 느꼈던 졸리고 춥고 배고픈 경험을 위로 갈수록 쉽게 잃어버린다. 자신이 말단 시절에 불편하고 고치면 좋겠다고 생각했던 것들을 진급할수록 강력하게 반영하여 부하들이 일하는 보람을 느끼게 하는 것이 감성경영이다.

왜 위로 갈수록 일할 맛이 나고, 하부에 있을수록 재미가 없을까?

그 이유는 간단하다. 자신의 생각대로 일을 시키는 사람은 자신의 생각이 성취된다는 기쁨을 느끼기 때문이다.

그러나 지시한 대로 따르는 부하의 입장에서 보면 시켜서 하니까 일해도 보람을 느끼지 못하고 즐겁지도 않다.

상사와 부하가 서로 마음의 문을 열어 상대방 입장에서 바라보고, 상사가 시켜서 하지만 하는 일이 즐거워지면 감성경영에 성공한 것이다.

감성경영에 성공한 공장은 차가운 쇠덩어리를 다루는 곳이지만, 그 설비 속에는 온기가 들어 있다. 창원에 항공기 부품을 만드는 S사가 있는데 그 공장은 가족들이 즐기는 장소가 되었다. 1년에 2번씩 가족 음악회를 하는데 직원 아내들이 합창단을 조직하여 발표도 하고, 자녀들이 음악에 특기가 있으면 독주회도 하고, 장애인 오케스트라도 초청하여 장애 속에서 희망을 발견한 음악을 듣기도 한다.

아내들은 현장을 방문하여 남편이 다루는 기계를 보며 가슴벅차 한다. 그 기계에는 가족사진이 붙어 있는데, 그것을 보며 이렇게 말한다.

"우리 자식들이 이 기계 때문에 대학을 갔구나. 우리 가족의 희망을 이룬 것도 이 기계 때문이구나!"

이런 감동과 행복이 모두 감성경영의 목표이다.

교육을 영어로 'Education' 이라고 하는데 어원을 알아보면 E는 '밖으로' 라는 의미이고 Ducation은 '끌어낸다, 인도한다' 는 뜻이다.

대부분 사람들은 교육을 할 때 뭔가 주입해야 된다고 착각하는데, 수강자의 내면에 있는 잠재력과 가능성을 발견하고 그것을 끄집어내게 하는 것이 감성경영에 충실한 교육이다.

감성경영은 직원들 스스로 일에 미치고 즐거워하는 경영이며, 그 감성이 확장되면 이 땅에 없던 신제품들이 탄생하게 된다. 감성경영에 성공하면 파주에 있는 디스플레이 회사처럼 자신감이 넘치고 극한에 도전하게 되며 경쟁사보다 이익률이 배로 차이난다.

오감경영을 꾀하라

대부분 나눔을 이야기할 때는 재정적인 것에 국한시켜 생각하는 경우가 많다. 그래서 나눌 돈이 없으면 나눔이라는 말이 무의미하다고 생각한다. 그러나 우리 삶 속에는 여러 종류의 나눔이 있다.

정보를 나누는 일, 마음을 나누는 일, 우정을 나누는 일, 사랑을 나누는 일, 기쁨을 나누는 일, 슬픔을 나누는 일 등과 같이 물질적인 것 외에도 많은 종류의 나눔이 있지만, 나눔의 레벨에 따라 깊이가 다르다.

특히 오감을 사용한 나눔은 사람의 마음을 움직이고 모으게 하기에 매우 중요하다. 불교에서 말하는 '오욕' 즉 5가지 욕심이 오감을 통해서 발생하기 때문에 오욕을 다루는 방법이 '오감경영' 이라고 할 수 있다.

시각을 통한 나눔의 대표적인 것을 '가시 관리' 라고 한다.

백화점의 중앙통로 입구에서 45도 꺾어진 방향으로 고객들의 눈이 많이 가므로 그곳에 팔아야 하는 제품을 진열하고 진열제품도 크기와 높이가 유사한 제품으로 배열해야 뇌 과학 측면에서 편안한 쇼핑을 즐길 수 있다.

제조업에서의 가시 관리는 문제가 발생 즉시 보이게 하고, 이상과 정상의 차이를 보이게 하므로 즉각적인 행동화를 일으키게 하는 관리법이다. 특히 도요타 자동차는 안돈, 간판, 풀 푸루프 장치 등으로 가시 관리의 도구를 많이 개발하였다. 가시 관리 도구에 소리까지 나게 하면 청각을 동원한 관리라고도 할 수 있다.

시각을 활용한 대표적인 나눔 사례로 사보를 들 수 있는데, 시각과 청각을 동시에 활용하는 동영상 사보를 제작하거나 본사에서 하는 정기월례회를 인터넷으로 생중계하는 것도 시각과 청각을 활용한 경영의 도구라고도 할 수 있다.

칭찬하는 것은 청각을 활용하는 오감경영이라고 할 수 있다.

시각과 청각에 그치지 않고 깊이를 더해 촉각과 후각과 미각을 통해서 나눌 수 있는 방법이 최고의 나눔이라고 할 수 있다. 호프 데이와 점심도시락 미팅, 그리고 삼겹살 미팅 등으로 촉각과 후각, 미각을 동시에 나눌 수 있다.

이러한 미팅은 동일한 분위기에서 함께 음식을 오감으로 즐기며 미각으로 하나되어 나눌 수 있는 좋은 수단들이므로 1등 기업에서 많이 활용하고 있다.

거리감각으로 따져 보면 가장 먼 것을 느낄 수 있는 것이 시각이다. 시각으로 우주의 은하수도 볼 수 있고 별과 달도 볼 수 있기 때문이다.

그 다음으로 먼 것을 느끼는 감각이 청각인데 눈에는 별과 달은 보이지만 우주에서 일어나는 소리를 듣지 못하는 것은 시각보다 청각이 거리가 짧기 때문이다.

백화점에서 가장 붐비는 점심시간이나 퇴근시간에 즈음해서는 차분한 음악을 틀어 준다. 느린 템포음악을 청취하므로 고객들이 조급하지 않게 하여 주며 백화점 체류시간을 늘려 준다. 그리고 퇴근시간 전에 느린 음악을 틀어 주는 것은 종업원들이 퇴근시간에 맞추려고 조급해 하지 않도록 하는 효과를 내는 감성경영이다.

후각은 동물에 따라서 느낄 수 있는 거리는 달라지지만, 일정한 거리 안에 있어야 냄새를 맡을 수가 있다.

촉각은 접촉하거나 만져서 느끼는 감각으로 오감 중에서 거리가 매우 가깝다고 할 수 있다.

그러나 뭐니 뭐니 해도 제일 가까운 것이 미각이다. 미각은 혀를 통해 맛을 보아야 알 수 있기 때문에 객체와 객체가 결합하여 하나가 되어야 알 수 있는 감각이다.

특히 미각을 나누기 위해서는 딸기가 아무리 맛있게 보여도 내 입에 들어와 맛을 느낄 수 있어야 한다.

이 오감의 특징과 장점을 잘 살려 아시아 9개 지사 중에서 가장 실적이 저조했던 한국의 후지제록스가 노사 무분규선언을 하였고, 적자에서 2년 만에 흑자로 반전할 수 있었다.

최근에는 마케팅 기법으로서 소비자의 오감을 자극하는 제품이나 광고를 개발하는 데에도 관심을 보이고 있다. 크라이슬러는 자동차 문을 여닫을 때 고객이 좋아하는 가장 완벽한 소리를 개발하는 팀을 만들어 연구하고 있으며, 애플이 터치스크린으로 핸드폰 업계에 후발로 진출하여 성공한 것도 고객의 오감을 제품에 잘 반영한 결과라고 할 수 있다.

혼이 즐거운 일

혼이 원하는 일을 하는 경영을 감성경영이라고 한다. 감성경영이란 우리가 가진 원대한 비전이나 꿈을 이룩하기 위해서 혼을 움직이게 하는 경영을 말한다.

애플이 세상을 놀라게 한 '아이폰, 아이패드, 아이팟' 이라는 3종 병기를 출시하게 된 것도 감성경영의 효과이다. 애플 직원들의 마음속에는 세상을 바꾸는 혼이 담긴 제품을 출시하고 싶은 열정이 가득하다. 그 회사의 제품이 최근 전 매장의 인기를 독차지하고 있는 것도 만든 사람들의 혼과 구매자의 혼이 좋아하는 것을 찾아서 일치시켰기 때문이다.

혼이 담긴 제품을 시장에 내놓을 때 그 혼이 고객의 혼과 연결되고 일치되어 고객의 지갑이 저절로 열린다. 그리고 구입한 고객이 입소문을 내고 영업사원이 되므로 팔려고 하지 않아도 고객이 줄을 서서 산다.

"우리는 우주에 자취를 남기기 위해 여기에 있다"라는 스티브 잡스의 대의경영에 공감한 직원들이 일을 낸 것이 '아이' 로 시작하는 3종 병기이다.

돈을 버는 것이 아니라 혼이 좋아하는 대의를 향해 세상을 바꾸는 것에 집중할 때 고객이 만족하는 위대한 제품을 탄생시킬 수 있다.

스티브 잡스는 인재를 스카우트할 때도 감성경영을 활용했다. 펩시콜라의 CEO였던 존 스칼라에게 '사람들 입에 일시적으로 달콤한 설탕물이나 팔지 말고, 인류의 맛을 새롭게 탄생시키는 IT의 놀라운 일을 하자' 고 제의해서 영입에 성공하였다.

회사나 개인이 대의에 목적을 두고 그곳을 향해 나아갈 때 혼이 기뻐한다. 혼이 기뻐하면 일하는 것이 즐거워 피곤하지 않고 밤을 새면서도 즐기면서 일한다. 그리고 즐기며 일하는 혼들이 만든 제품이나 서비스에 세상의 혼들이 감동한다.

이 글을 통해서 나의 혼이 기뻐하는 일이 무엇인지 생각해 보는 시간을 가지자. 우리 회사가 대의를 위해 하고 있는 일이 무엇이며, 혼이 즐거워하는 미래를 위해 준비해야 할 일이 무엇인지를 생각해 보자.

조직원의 마음과 두뇌를 파고들어라

호랑이 담배 피우는 시절부터 19세기까지는 땅을 파는 일이 한 가정의 부를 축적하는데 매우 중요한 역할을 했었다.

그러나 1정보의 땅에 농업을 하면 한 가족이 먹고 살지만, 1정보의 땅에 공장을 지으면 한 부락이 먹고 살 수 있다. 땅을 파는 것보다 창조의 산물인 새로운 기술로 산업을 일으키면 몇 배의 부가가치가 올라가는 것이다. 이러한 일들은 과거에도 현재에도 미래에도 '생각 혁명'에 의해 일어날 수 있다.

생각 혁명으로 성공한 대표적인 인물이 스티브 잡스이다. 새로운 생각의 혁명으로 후발이었던 디지털 음악시장에서 2001년 뮤직플레이어 아이팟 출시로 선두주자였던 소니를 이기고, 뮤직플레이어 시장에서도 레인콤을 제치고 선두가 되었다.

그리고 뮤직플레이어 아이튠즈라는 플랫폼(장터)의 개설로 세계 최대 음반 유통업자로 변신했다. 고객 니즈를 정확하게 읽어서 99센트라는 싼 값에 음악을 내려 받게 하자 음악장터가 활성화되었고 뮤직플레이어 아이팟도 덩달아 불티나게 팔렸다.

2007년에는 터치하는 아이폰으로 다시 한 번 핸드폰 시장에서 창조경영의 힘을 발휘했다. 손가락으로 터치하는 것은 LG초코릿 폰이 원조이지만, 애플은 응용에 있어서 발상의 전환을 시도했는데 애플리케이션(응용프로그램)이라는 장터를 개설했다.

애플리케이션 개발에 필요한 기술을 공개하고 누구든지 앱스토어에서 응용프로그램을 팔면 매출의 70%를 가지게 했다.

전 세계 유능한 개발자들이 무료로 참여하여 애플리케이션을 밤새워 개발했다.

대신 고객은 다양한 응용프로그램을 마음대로 골라 쓸 수 있게 되었고 지금까지는 콘텐츠 사업자가 이동통신회사나 휴대폰메이커에 종속되었는데 갑과 을의 관계를 타파하니, 고객도 콘텐츠 사업자도 애플도 윈-윈 하는 기분 좋은 사업이 되었다.

2009년에는 태블릿 PC 아이패드를 발매하여 발매 한 달 만에 100만 대를 판매하여 PC시장에서도 인기를 얻고 있다.

이러한 아이 시리즈의 제품들은 창조적 발상의 산물이요, 기존의 고정관념을 타파하고 두뇌를 파고들어 응용기술에 성공한 제품들이다. 세계를 바꾸어 보자고 꿈을 노래하며 직원들의 마음과 두뇌를 파고드니 마이크로소프트보다 시가총액에서 앞선 결과를 낳았다.

스스로 한계를 짓지 않는 한 두뇌의 능력은 무한하기 때문에 더 많은 생각의 자유를 주고, 더 많은 자기표현의 시간을 주어 창조성을 고취시켜야 한다. 지금은 신의 영역인 창조성을 살리는 감성경영이 요구되는 시대이다.

세도우(Shadow) 소집단 그룹이 조직혁신의 불을 지핀다

대부분의 직장인들이 가족과 함께 하는 시간보다 동료들과 함께 하는 시간이 더 많은 것이 현실이다. 그러나 서로가 속 터놓고 회사를 위하여 많은 대화를 나누지 못하고 있다. 고객이 원하는 더 좋은 제품이나 새로운 정보공유, 아이디어 창출, 불편한 점의 해소, 취미활동 등에 대하여 함께 나눌 대화의 장을 가지지 못한다.

이러한 내용들에 대해 서로 대화하고 교류의 니즈를 만족시키는 활동을 하는 것이 바로 세도우 소집단이다. 세도우 소집단은 조직에 속하지 않기 때문에 과나 부의 이름도 없고 해당 전화번호도 없다.

이런 집단이 위대한 기업에는 상당수가 존재한다. 자발적으로 형성되어서 단시간에 현실적인 문제를 해결하는 집단이 바로 세도우 소집단이다. 이들은 보고서 작성을 위한 그룹이 아니라 혁신의 불꽃을 지속적으로 타오르게 하는 혁신의 전도사들이다.

일반적으로 우량기업에서 커다란 돌파구를 마련하는 것은 세도우 그룹의 평범한 아이디어 제안자 또는 기술자들이라고 할 수 있다. 세도우 소집단은 조직에서 주류는 아닐지라도 회사의 혁신을 생각하는 열정적인 작은 그룹들이다. 그러므로 경영자는 이러한 세도우 그룹들이 활성화되도록 지원을 아끼지 말아야 한다. 세도우 소집단의 존재야말로 기업 경쟁력을 끌어 올리는 차별화된 21세기 새로운 형태의 경영의 도구라고 할 수 있다.

군사용어로 말하면 애국심으로 가득찬 민간 특공대를 말한다. 이들은 조국을 위해 자신의 목숨을 바치는 것을 영광으로 생각하는 헌신적인 애국자들이다. 민간 특공대는 자율성이 강하고 그 사용 전술이 게릴라 전법이기 때문에 기습작전에 능하고 그 성과 또한 매우 지대하다. 적군에 비하여 그 지역의 지형지물을 가장 잘 알고 잘 이용할 수 있기 때문이다.

주로 세도우 소집단들이 나누고 생각하는 테마들은 다음과 같다.

미래 자사제품에 대한 지식을 나누는 그룹, 반복되는 불량원인을 분석하여 해결방도를 찾아내는 그룹, 개선해야 할 과제와 개선해 주길 바라는 토론이 있는 그룹, 우수한 문제해결 사례를 홍보하고 연구하는 그룹, 서로 칭찬하고 자랑하고 싶은 일을 만드는 그룹, 회사의 숨은 인재들을 찾아내어 회사에 소개해 주는 그룹, 진정한 고객 만족을 위해 스스로 고객 니즈를 찾는 그룹, 자기가 겪은 일상에서 재미있는 내용을 나누고 생활의 아이디어를 공유하는 그룹, 사내의 불편한 점을 개선하는 그룹, 취미 모임, 외국어회화 모임, 웃음 넘치는 직장 만들기 그룹 등이다.

이러한 세도우 소집단의 자발적인 활동은 감성을 자극하고 성과 공유를 통해서 조직혁신의 불을 지피는 엔진이 되리라 생각한다.

일하는 가치를 느끼는 감성적인 호칭을 사용한다

우리가 자주 사용하는 호칭에서도 기분 좋은 호칭이 있고, 그렇지 않은 것이 있다.

일본의 어느 봉제회사는 생산 공장을 '공장' 이라 부르지 않고 '스튜디오' 라고 부른다. 일하는 작업자를 텔런트라고 불러 주어 방송국에 근무하는 기분으로 일하게 하여 긍지를 갖고 좋은 품질의 제품을 생산해 내도록 한다.

필자가 잘 아는 J회사 회장님은 직원들을 부를 때 이름 뒤에 '사장' 이라고 붙인다. 모든 직원이 사장이 되었으면 좋겠다는 생각이 있기 때문이다.

글로벌 우량기업들은 조직원 개개인이 이 조직에서 있어야 할 존재로 느끼도록 인간성 존중의 차원에서 호칭에 관심을 기울인다.

월트 디즈니는 직원들을 '호스트' 라고 부르며, 맥도날드에서는 '크루' 라고 부른다. 세계적인 화장품 회사로 탈바꿈한 아모레퍼시픽에서는 직급으로 호칭하지 않고 이름에 님 자를 붙여서 호칭을 한다. 사장은 물론 신입사원에게도 마찬가지로 적용된다.

K기업에서는 '작업자, 노동자' 라는 용어 대신 자동화 시대에 맞는 '오퍼레이터' 라고 부른다. L그룹은 '노사화합' 이라는 말 대신 '근경화합' 이라는 말을 사용한다. 왜냐하면 노사화합이라는 단어의 노동자와 사용자는 대립의 이미지가 있고, 노동자의 땀 흘리는 모습이 상상되고 사용자라면 물건을 다루는 듯한 의미가 있기 때문이다. 그래서 근로자와 경영자가 화합한다는 뜻으로 '근경화합' 이라는 말을 사용하는 것이다.

호칭으로 가장 많이 힘들어 하는 사람들이 '가정주부' 라고 할 수 있다.

흔히 남편들이 '집 사람, 밥쟁이, 마누라, 전업주부, 집 지키는 여자, 솥뚜껑 운전수' 로 표현하기도 하여 하루 종일 집안일 하다가 지쳐 있는

데, 퇴근해서 돌아온 남편의 호칭 때문에 언짢아지는 경우가 많다. 그래서 EBS의 전화로 지도하는 아침영어 방송시간에는 가정주부를 '하우스 매니저(House Manager)' 라고 부른다.

　이와 같이 초우량기업에서 직원들의 호칭이 다르듯이 가정에서도 주부의 호칭을 '가정의 관리자, 가정의 경영자' 로 불러 주면 더욱 기분 좋게 가정을 잘 관리하리라 생각된다.

9

벤치마킹을 넘어
퓨처마킹에 도전한다

미래의 것을 현재로 가져와서 미리 준비한다

벤치마킹에 대해서는 우리 기업들이 잘 알고 있지만 퓨처마킹에 대해서는 생소하다. 벤치마킹은 기업이 과거나 현재에 잘하고 있는 것을 타 기업의 멤버들이 가서 배우는 것을 말한다. 그러나 말 그대로 과거의 것이나 현재의 잘하는 것을 보고 배우므로 세계 최고의 기업이나 미래를 준비하고 대응하는 기업에게는 큰 도움이 되지 못하는 것이 사실이다.

또한 벤치마킹하는 기업이 경쟁사라면 그 회사의 꽁무니만 쫓아가면서 배우는 격이므로 경쟁회사를 젖히고 나가기 위한 새로운 접근법이 필요하다.

그 접근법이 퓨처마킹이다. 미래를 그리고 그 상상한 것을 이루기 위해 준비하는 회사가 되는 것이다.

톰 피터스는 퓨처마킹이란 "현재에 살고 있지만, 10년 후의 모습을 예견하는 사람이나 기업을 보고 배우는 것"이라고 말한다.

세계무역센터의 이희돈 수석부총재는 빌 게이츠를 비롯한 세계 최고 기업경영자들이 모여서 토론하는 자리에 참석한 적이 있다고 한다. 여러 토론회에 많이 참석했던 이 부총재는 다른 토론회와 이 자리와의 다른 점이 딱 한 가지 있었다고 한다.

그 다른 점이 무엇인가 하면 대부분 10년, 20년 후의 이야기를 마치 내일 일을 토론하는 것처럼 이야기했다는 것이다. 즉 미래에 미리 가 그것을 현재로 끌어와서 이야기할 수 있는 사람들이 대부분이었다는 것이다.

미래의 것을 현재로 가져오면 여유가 있어 충분히 생각하고 대응할 수 있으므로 그렇지 못한 경쟁사를 쉽게 누를 수 있다는 것이다.

미래의 것은 우리의 꿈이요, 희망이다. 꿈과 희망은 속도 면에서도 빛보다 밝고 빠르다.

우리나라의 KTX에 해당하는 일본의 고속열차를 신간센이라 부른다.

신간센에는 각 역마다 정차하는 보통 차량이 있고, 빠른 열차를 히까리, 가장 빠른 열차를 노조미라고 부른다.

히까리란 '빛'이라는 뜻이고, 노조미는 '소망, 희망, 바람'을 의미한다. 생각의 속도가 빛보다 빠르기 때문에 가장 빠른 열차를 '노조미'라고 부른다.

빛보다 빠른 것은 머릿속에 각자 있다. 생각만 하면 소망을 가질 수 있기 때문이다. 그러나 그 빠른 것을 평생 한 번도 사용하지 않고 저 세상으로 가는 사람이 90% 이상이다.

패배의식에 젖어서 꿈을 잃어버리고 정체되어 있는 사람들이 많다는 뜻이다. 빛보다 밝고 빠른 것, 즉 각자의 '노조미'를 늘 품고 이루기 위해 노력하는 것이 퓨처마킹이다. 퓨처마킹으로 미래를 준비하는 기업이 혁신하는 기업이다.

미래를 위해 새로운 아이디어를 내는 것을 두려워하지 않고, 새로운 것으로 상사에게 도전하는 튀는 직원들이 당신 회사에는 과연 있는가? 그런 직원들이 기업의 '퓨처마크'를 만들 사람들이다. 그들은 상상을 이룬 것처럼 삶 속에서 그리며 산다.

빌 게이츠를 만나는 사람마다 "어떻게 부자가 되었는가?"라고 묻고 그 답을 듣고 싶어 한다. 그때마다 빌 게이츠는 다음과 같은 말을 반복해서 답변했다.

"나는 10대부터 미래에는 세계 모든 가정에 컴퓨터가 한 대씩 설치되는 것을 상상했고, 또 반드시 그렇게 만들고야 말겠다고 확신했다. 그리고 그 생각이 이루어진 것처럼 살다 보니 어느덧 나는 갑부가 되어 있었다."

미국의 주지사인 아놀드 슈왈츠 제네거가 오스트리아에서 캘리포니아로 이민 왔을 당시 형편이 매우 어려웠다. 그러나 가난 속에서도 비전을 가지고 있었는데 '첫 번째는 유명한 영화배우가 되겠다, 두 번째는 케네디가의 여인과 결혼하겠다, 세 번째는 2005년에 주지사가 되겠다'는 것이었다.

비전보다 1년 빨리 주지사가 된 후에 기자들이 어떻게 비전 3가지를 전부 이룰 수 있었느냐고 질문했다. 그때 그의 대답이 매우 인상적이다.

"원하는 모습을 그리면서 이미 다 이룬 것처럼 사는 것이지요! 나의 두뇌는 현실에서 느끼는 것과 상상해서 느끼는 것을 구별하지 못하므로 상상한 것을 이루어졌다고 생각하고 만족을 느끼면 그것이 원동력이 되어 원하는 일이 빨리 달성됩니다."

자신의 미래의 삶에 대하여 확실하게 퓨처마킹을 해서 성공한 사람이라고 할 수 있다.

어린이면 누구나 가보고 싶어 하는 꿈의 동산인 디즈니랜드가 처음 문을 열었을 때, 꿈의 동산을 기획한 월트 디즈니는 이 세상 사람이 아니었다.

기자들이 그의 아내에게 "함께 이 멋있는 모습을 보았으면 좋았을 텐데……"라고 아쉬워하자 "제 남편은 20년 전에 이미 이 모습을 기획하고 상상했기 때문에 보고 간 것이나 마찬가지입니다"라고 대답했다.

미리 준비하여 새로운 지평을 연다

인터넷의 급부상이나 환경보호에 대한 세계적 움직임을 생각해 보면 우리 기업이 미래에 무엇을 해야 하는지 알 수 있다.

애플은 1990년대 불법 유통을 막으려는 음반회사들의 노력에도 불구하고 시장은 꾸준히 확대되어 불법 MP3 음악파일의 교류가 활성화되고 있는 것을 주시하였다.

그래서 애플은 MP3 플레이어에 대한 수요 증가를 정확하게 예측하고, 온라인 음악 사이트 아이튠즈(iTunes)를 오픈하여 미국 내 5대 음반사와 합법적으로 음악을 판매할 수 있도록 약정 체결하였다. 오픈 첫 해 7,000만 곡 이상을 판매하여 음반시장의 70% 이상을 장악하였고, MP3의 판매에도 큰 도움을 주었다. 타사는 불법 유통으로 돈이 되지 않는다고 생각할 때에 역발상으로 언젠가는 불법이 허용되지 않음을 인지하여 성공한 사례이다.

시스코도 퓨처마킹하여 새로운 영역에서 돈을 벌고 있다.

대부분 기반이 깔려서 향후 초고속 데이터 전송에 대한 수요 증가를 기대할 수 없다고 대부분의 회사는 판단하고 투자를 꺼리고 있을 때 시스코는 발상을 전환하여 수요의 증가는 미비하더라도 향후 네트워크의 속도 문제가 심각한 과제로 부상할 것으로 예상했다. 그래서 라우터, 스위치 및 기타 네트워크 장비들이 고속의 데이터를 전송할 수 있는 시스템 구축에 투자하여 현재 인터넷 통신의 80% 이상의 장비 판매를 시스코가 담당하고 있다.

마이크로소프트사는 신입사원 면접 시 다음과 같은 질문을 한다.

"눈이 녹으면 무엇이 되느냐?"

대부분 사람들이 "물이 된다, 증기가 된다"라고 대답했는데 다 합격하지 못했고, "봄이 온다"고 대답한 사람이 합격했다고 한다. 빠르게 변하는 IT의 시장 환경을 반영하면서 근무할 수 있는 직원을 채용하기 위해서 보다 먼 미래를 생각하고 답하는 사람을 선택한 것이다.

대부분 중소기업의 간부나 임원들은 현재의 문제해결에 급급하여 1년 후의 일도 준비 못한다. 그러나 미래를 미리 준비하지 못하면 영원히 중소기업에 머물 수밖에 없다.

부산에 리노공업이라는 상장회사가 있는데 퓨처마킹을 잘하는 대표적인 기업이다. 매출은 600억 정도이고 종업원은 200여 명에 불과하지만, 경상이익률을 5년 연속 30% 이상 내고 있다. 흔히들 인건비를 절감하기 위해 중국이나 인도로 공장 이전을 생각하지만, 리노공업의 꿈은 동남아시아가 아니라 일본에 진출해 '메이드 인 재팬(Made in japan)'을 붙여서 더 비싸게 파는 것이다. 기술 수준이나 품질 면에서 일본제품과 동일하거나 더 나은 제품도 있는데, 세계 시장에서는 메이드인 코리아 마크 때문에 헐값 취급을 받기 때문이다.

리노공업의 사훈은 'mirimiri(미리미리)'이다. '모든 것을 미리 하는 사람이 이긴다'는 오너 사장의 철학이 담겨 있는 퓨처마킹 정신이다. 미리 하면 실패를 줄일 수 있고, 급하게 하면 반드시 빠지거나 모자라는 부분이 생겨 문제가 생기기 때문이다.

퓨처마킹의 대가인 리노 사장의 경영 노하우도 매우 특별하다.

첫째, 직원들이 안된다고 할 때는 "해보았느냐?"고 묻는다.

해봐도 안된다고 하면 "물어보았나?" 라고 질문한다. 자기보다 잘 아는 선배나 상사에게 더 나아가 세계 최고에게 물어보았는지 확인하는 것이다.

'내일 지구가 멸망해도 오늘 나는 한 그루의 사과나무를 심겠다' 라는 철학자 스피노자의 말은 어떤 상황에서도 미래를 준비한다는 의미이다.

'할 수 없다'는 말 속에는 '하기 싫다'는 마음이 담겨 있는 경우가 많다. 대부분 직장인들이 하기 싫을 때 해보지 않고 머릿속에서만 생각해 보고, '할 수 없다'고 말한다.

하지만 개선은 진화하는 것이기 때문에 일단 아는 것을 실천해 보아야 더 나은 아이디어를 얻을 수 있다. 경영혁신을 잘하는 기업에서는 개선안을 발표할 때 1차, 2차, 3차 개선안을 비교하여 발표하는 것을 많이 볼 수 있다. 단번에 3차 개선안을 내고 싶겠지만 절대 우리 사고의 프로세스는 단번에 진화하지 않는다.

둘째, 모든 업무는 '언제 몇 시까지?' 라는 완료 시간을 명확히 기록한다.

대부분의 기업에서는 어떤 과제에 대하여 '다음 달까지 하겠습니다' 라는 답을 많이 한다. 다음 달이면 월초도 있고 월말도 있는데 월초와 월말은 근 한 달간의 차이가 있는 것이다. 스피드 시대라는 말은 강조하면서 행동으로 연결시키지 못하는 기업이 많은데, 리노공업은 반드시 며칠 몇 시까지 한다는 것을 분명하게 말하고 표시하는 것이 습관화되어 있다.

셋째, 모든 진행상황이 눈에 보이는 관리를 한다.

연구소의 개발 진행과정도 연구소 입구에 자세하게 표시되어 있기 때문에 소장에게 물어 볼 필요도 없다. 대부분 사장들의 많은 불만 중의 하나가 연구소에서 무엇을 하는 것인지 모르겠다는 것이다. 그러나 리노공업의 연구소는 연구과제의 빠르고 늦음과 진행상의 문제를 한눈에 알 수 있고 문제가 미리 보이므로 신속하게 협력하고 지원하여 미리 해결할 수 있다. 생산 현장의 가동률이나 불량현황이 한눈에 볼 수 있으므로 눈으로 보는 관리가 잘 시행되고 있다.

넷째, 일반 직원들은 일상 업무를 책임지고, 간부들은 미래를 연구하고 노력한다.

일상의 업무진행은 사원, 대리급에서 전부 해결하고, 간부들은 1년 후, 3년 후 무엇을 먹고 살 것인가에 대해 고민하고 연구하기 때문에 5년 연속 경상이익률 30%를 내고 있는 것이다.

LG전자는 종업원의 30%는 미래를 준비하는 일을 하게 한다. 생산 현장이든 연구소든 부서와 관계없이 인원의 30%가 항상 미래를 준비하므로 희망이 있는 기업이라고 할 수 있다. 그 결과 에어컨은 세계1등을 놓치지 않고, 핸드폰도 세계 5위 안으로 부상하는 성과를 얻었다.

그러나 최근에는 스마트폰의 미래 준비를 소홀하게 하여 심각한 경영위기를 겪고 있다.

세계적인 필름 제조회사 후지필름은 일본시장 70%를 장악하는 회사였지만, 디지털 카메라가 확산되던 2000년을 기점으로 매출액이 매년 20%씩 떨어지면서 기업 최대의 위기를 맞았다. 이는 필름카메라 시대의 성공에 안주한 채 퓨처마킹을 소홀히 했기 때문이다.

개인이나 기업은 항상 최악을 상상하며 미래를 준비해야 한다.

1. 지금 내가 다니고 있는 회사가 망한다면?

2. 나는 무엇을 할 수 있는가?

3. 지금 나의 업무가 없어지면 나에게 다른 대안이 있는가?

일상 속에서 이런 역발상을 하면서 미래를 준비해 나가야 한다. 최악의 상황을 생각해 냈다면 기업이든지 개인이든지 무엇을 준비해야 할지 알 수 있기 때문이다.

대학을 졸업하고 신입사원으로 입사한 사람은 근무하는 회사의 관리자나 사장이 미래를 생각하고 일을 하느냐 현실 문제에 매달려 있느냐를 반드시 체크해야 한다.

한 달이 지나도 미래에 대한 이야기를 들어 보지 못하는 회사라면 그 회사에 과감하게 사표를 던지고 나와야 한다. 그런 회사에서 근무해 봤자 미래를 보장할 수 없기 때문이다.

묘피아 마케팅을 배제하고 충성고객을 찾는다

1960년 하버드 경영대학원 교수 테오도르 레빗이 주창한 마케팅 묘피아(marketing myopia)는 근시안적인 관점으로 전략을 세우고, 마케팅 활동을 하는 것을 의미한다. "미래에는 어떻게 할까?" 라는 것에는 관심이 없이 근시안적으로 당면한 목표 달성에만 중점을 두어 프로그램이나 제품을 개발하고 판매하는 것을 말한다.

묘피아 집단은 당장 시장에서 뜨고 있는 아이템이 있다고 하면, 미래에 어떻게 될 것인지 고려하지 않고 무작정 투자부터 한다. 퓨처마킹을 제대로 하지 않은 상태에서 산업의 트렌드나 소비자의 성향, 미래의 성장 가능성 등을 따져 보지 않고 현재의 시장 상황에 맞추어 투자해 버리는 것이다.

묘피아 마케팅의 대표적인 사례로는 포드 자동차가 있다. 한때는 세계 최초로 컨베이어에 의한 분업으로 자동차 대량생산 시스템을 확립해 근대산업 대량생산방식의 기초를 다진 업체이기도 하다.

링컨, 머큐리, 재규어, 볼보, 마쓰다, 애스턴 마틴 등 지명도 높은 7개의 자동차 브랜드를 갖고 있는 포드는 현재 200여 개 나라에서 자동차를 판매하고 있는 글로벌 자동차메이커다.

창업자 헨리 포드의 '모든 사람이 쉽게 차를 살 수 있도록 하겠다' 라는 경영철학으로 부유층의 사치품으로 상징되던 자동차를 대중적으로 자리 잡도록 만드는데 큰 기여를 했다. 철저한 소비자 중심의 철학은 105년간이나 포드가 있게 한 원동력이 되었다.

그러나 컨베이어 벨트에 의한 대량생산으로 싸게 만들기만 하면 팔릴 것이라 생각하고 같은 차종의 검정색만 대량 생산하다가, 다양성을 요구하는 고객들의 니즈에 맞추지 못해 곤경에 처하게 되었다.

'다품종 소량생산' 이라는 시대의 흐름을 읽지 못하고, 팔리지 않는 차도 대량 생산하여 재고만 급증하였다.

소비가 공급을 초과하던 시대에는 포드방식이 큰 위력을 발휘했지만, 공급이 초과하여 소비자가 차를 선택하는 환경 하에서는 재고만 쌓여서 현금유동성만 나빠지는 최악의 방식이다.

또한 연비를 고려하지 않은 대형차 위주의 생산이 석유 값의 상승과 함께 큰 실패를 초래하였다. '기름 먹는 하마'로 불리는 가정용 트럭의 판매는 2005년보다 무려 10만 대나 줄었다. 한때 포드의 가장 인기 있는 승용차였던 토러스도 경쟁 모델에 뒤처져 지난해 단종되는 아픔을 겪어야 했다.

2007년에는 103년 기업 역사상 최악의 경영실적을 기록했다. 적자 규모는 무려 127억 달러나 됐다. 차량 한 대를 팔 때마다 1,925달러씩 손해를 보고 1분마다 2,400만 달러씩 손실을 보는 최악의 불량 기업이 된 것이다.

변화하는 환경에 대처하지 못하고 미래를 준비하지 못해 어려움을 겪는 대표적인 실패 회사로서 자리매김하고 있는 포드가 미래를 미리 대비하려는 움직임을 보여 주고 있지만 내부 직원들이 미래를 생각할 수 있는 능력이 있는지가 궁금하다.

또 한 가지 묘피아 마케팅의 예는 닷컴기업들의 유료화에 대한 대비를 들 수 있다. 인터넷 붐에 편승하여 가입 회원의 수가 기업의 가치라고 말하면서, 이벤트 등을 동원하여 신규 고객 유치에 열을 올렸다.

그 결과 많은 닷컴기업들이 지나친 판촉비용과 유지비로 1~2년도 못 가서 회원 유치와 관리 및 유지비용 등으로 망하거나 곤란을 겪었다.

2002년 9월 프리챌의 하루 방문자 수는 싸이월드의 6배인 180만 명이나 되었다. 다른 닷컴 기업과 마찬가지로 프리챌이 경영개선을 위해 2002년 10월 모든 콘텐츠 유료화 선언을 했더니 회원의 40% 정도가 유료화에 참여하고 나머지가 싸이월드로 대거 이동하여 싸이월드의 하루

방문자 수가 190만에 육박할 정도로 회원 수가 늘어났다. 다른 곳에서도 콘텐츠를 유료화시키고, 하기 싫으면 나가라는 식의 비감성적 접근으로 실패했다. 이러한 사태를 미리 예견하고 싸이월드를 만든 네이버는 직접 화폐 결제가 아닌 '도토리'라는 매개물을 이용해 돈에 대한 부정적인 이미지를 없애고, 도토리를 통해서 고객의 지갑을 열게 하여 크게 성공하였다.

1위가 아닌 회사라면 1위를 철저하게 벤치마킹해서 2위가 되기 위한 새로운 전략을 수립할 수도 있겠지만, 세계 1위를 달리고 있는 제품이나 회사는 상상력에 근거한 퓨처마킹을 하지 않으면 격변기에서 살아남을 수 없고 타사의 벤치마킹만 하다가는 항상 투자자금만 날리게 된다.

닷컴기업의 대부분이 수명이 짧지만 아마존은 1994년 설립한 후에 닷컴기업의 대표자로서 그 위상을 유지하고 있다.

21세기에 들어와서 수많은 IT기업들이 소리 소문 없이 상당수 사라졌다. 그러나 인터넷 서점인 아마존닷컴은 역발상 마케팅을 통해서 어려운 터널을 통과하고 닷컴 기업으로 자리를 굳혔다.

아마존닷컴이 설립 후, 14년간 닷컴의 대표기업으로 자리를 지킨 이유는 고객에 밀착한 감동을 선사했기 때문이다. CRM시스템에 대폭 투자하여 실시간으로 리얼하게 고객을 만날 수 있는 서비스 기능을 한 단계 업그레이드하였다. 앞을 내다보고 고객 니즈가 어떻게 변화될 것인가를 철저하게 연구하여 단순히 싸게 제공하는 것이 아니라, 부가로 고객을 돕고 감동시키는 실시간 고객 데이터베이스를 구축한 것이다. 그 데이터를 바탕으로 클릭하는 순간에 고객에게 맞는 다양한 제품을 저가로 추천하고 고객의 기호에 맞는 다른 상품을 실시간으로 소개하여 고객의 충성도를 높이고 장기적인 관계 유지를 위한 변화를 꾸준히 추구해왔던 것이다.

일반적으로 인터넷 쇼핑몰의 재방문율이 평균 4% 정도지만, 아마존 닷컴의 재방문율은 15% 이상이나 된다. 이러한 재방문율이 타 인터넷 기업과 차별화되는 이유는 CRM에 지속적으로 투자하고 묘피아식이 아니라 클릭하는 고객이 향후 어떤 서비스를 기대하는가에 대한 연구를 철저히 하고 충성고객을 특별 대우하는 시스템을 구축하기 때문이다.

10

해야 할 일과 하고 싶은 일과 할 수 있는 일이 일치한다

해야 할 일을 하고 싶어 하게 한다

"아무리 노력해도 이 회사에서는 가망이 없어." "우리 회사가 성장하지 못하는 건 경기가 안 좋은 탓이야." "왜 이렇게 무능한 사람들만 있을까?" 대부분 성장하지 못하는 회사에서는 이런 말들이 자주 들린다. 적성에 맞지 않지만 먹고 살기 위해 어쩔 수 없이 일하는 사람들이 대부분이다. 그래서 지금 하고 있는 일이 얼마나 중요한 것인지 알지 못한다.

직장에서는 해야 할 일과 하고 싶은 일과 할 수 있는 일이라는 세 가지 종류의 일이 있다. 해야 할 일이란 회사의 이념과 가치관에 맞추어서 방침과 목표를 달성하기 위해 꼭 필요한 일이다.

대표이사는 해야 할 일이 얼마나 달성되었나 체크하고 결과가 나올 수 있도록 임원들을 독려하고, 임원들은 해야 할 일에 매달려서 그 일이 부하를 통해 실현되도록 리더십을 발휘한다.

우량기업에는 해야만 할 일을 상하 간 잘 알고, 그 일이 달성되도록 노력하는 사람들이 많다.

해야 할 일을 조직원들이 하고 싶어 하도록 하는 것은 관리자의 중요한 사명이다. 그러나 해야 할 일을 관리자 나름대로 해석해서 하고 싶은 일만 골라 하다 보면 TOP의 기대와 전혀 다른 결과가 나온다.

해야 할 일을 잘 해석하고 소화하여 말단사원까지 잘 전달되어 공감대가 형성되면 그것이 일상의 행동과 연결되어 그 성과가 나타난다.

그러나 해야만 할 일과 하고 싶어 하는 일이 있더라도 자신의 경험과 능력 그리고 스킬 부족으로 자신이 할 수 있는 일만 하는 경우가 대부분이다. 그러다 보면 업무의 결과는 회사가 원하는 것과 전혀 다르게 진행되어 TOP이 직접 나서서 현장을 확인하는 사태가 초래된다.

가장 이상적인 것은 해야 할 일과 하고 싶어 하는 일이 일치하고, 그 일을 수행할 수 있는 능력이나 스킬을 가지고 있으면 경영의 가치와 일치하는 성과를 창출할 수 있다. 어느 조직에서나 해야 하는 일을 하기 싫어하는 사람도 있고, 능력도 없는데 제멋대로 하다가 사고를 내는 사람도 있다.

그러므로 위에서 일방적인 지시만 해서는 경영의 성과를 달성할 수 없다. 해야 할 일과 하고 싶은 일의 차이를 메우기 위한 방법을 연구하고, 더 나아가 직원들이 할 수 있는 일과 하고 싶어 하는 일을 일치시키는 것이 매우 중요하다.

이러한 차이를 메우도록 교육 프로그램이 기획·운영되고, 상사가 직접 부하를 지도 육성하여 차이를 메워야 하는데, 특히 이 갭을 메워가고 있는 과정을 한눈에 보이게 하여 진도를 관리해야 진화하는 조직이 될 수 있다.

해야 할 일과 하고 싶은 일 그리고 할 수 있는 일이 일치되면 가장 이상적이며, 그렇게 되면 경영의 목적과 기대성과가 저절로 일치되고 더 나아가 조직원 개개인의 행복추구를 직장생활 속에서 이룩하여 즐거운 직장, 보람 있는 직장이 될 수 있다.

직장에서는 해야 할 일을 해낸 것에 대한 결과로 급여를 주는 것인데, 능력을 완벽하게 갖추고 일하는 것은 드물다. 해야 할 과제에 대해 조직원들이 힘을 합치고 서로 간의 지혜를 발휘해서 해결해 내는 것이다. 이와 같이 경험이 쌓이면 다음에 부딪치는 같은 문제에 대해서는 해야 하는 수준 이상의 능력을 발휘하게 되고 부하들도 상사를 보고 배우게 된다.

중요한 것은 해야 할 일과 할 수 있는 능력과의 차이를 메우기 위해 노력해야 한다는 점이다. 특히 연구 개발자들은 업무생산성 향상을 위해 해야 할 연구과제에 대해서 자신의 능력을 스스로 평가하고, 모자라는 부분을 이번 프로젝트를 통해 발전시키겠다고 생각하면 그 일은 성공하게 되어 있다.

사무지원부서의 업무는 거의 반복되는 일이므로 대부분 한 번 해보면 일상의 일은 잘 수행할 수 있어서 하고 싶은 일을 찾지 못하는 경우가 많다. 그러나 일하는 수준을 높이는 작업을 지속적으로 해보면 업무를 재미있게 할 수 있다.

전월 결과를 결산하는데 결과가 매월 10일에 나왔다고 하면 5일에 나오도록 하는 목표를 설정하고 그 차이를 하고 싶은 일로 선정해 도전해 보는 것이다.

구매업무를 하는 부서에서는 글로벌 구매로 현재 구입품 가격을 10% 낮게 구매하는 방법을 연구하거나, 구매스킬을 익히기 위해 국제 구매관리사 자격증에 도전하는 등 업무 수준을 높여나가면서 그 차이를 채워가다 보면 유능한 직원으로 인정받게 되고 업무의 능력도 향상되는 것이다.

이때 중요한 것은 그 갭을 채워 나가는 일을 하고 싶어 해야 하는데 이때 부서별 해야 할 일을 명확하게 하고, 해야 할 일을 달성해 나가는 프로세스를 보이게 하며, 스스로 평가해서 점수화해 나가면 하고 싶은 의욕이 높아진다. 그리고 매일 업무 시작 전에 서로 간 업무 진행상황에 대해 공유하고 격려해 주면 업무진행의 속도도 빨라지고 성과도 오르게 되어 있다.

그러나 기업 내에서는 자신이 하고 있는 일이 마음에 들지 않아서 바꾸고 싶어도 그럴 수 없고, 어떤 일을 하고 싶어 하는 부서에서 일하게 하는 것이 잘 되지 않는다.

대체적으로 인적유동성이 있도록 허락되어 있더라도 자신이 관리하는 부서의 유능한 직원을 타 부서로 보낸다는 것은 거의 불가능하다고 할 수 있다. 이동하는 사람도 기존 부서 부서장의 따가운 눈총이 두렵고, 새로운 부서로 이동하더라도 그 부서에서의 기존 직원들의 배타심에 대한 극복문제와 그곳에서도 과연 인정받고 일할 수 있을 것인가에 대한 두려움도 있기 때문이다.

이러한 과제를 잘 극복한 회사가 시스코이다. 시스코는 자신이 하고 싶어 하는 일을 하도록 하는 시스템이 정착되어 있다. 매년 10%의 인원을 새롭게 이동시켜주는 직무순환제도이다. 10%의 인원을 이동시키지 못하면 무능한 부서장으로 평가받기 때문에 미리 미리 직원들의 의견을 들어서 반영한다. 그리고 인터라넷에 공개인력시장을 만들어서 새로운 업무기회를 공개하여 참여할 수 있게 했다. 그리고 현재는 할 수 없더라도 중장기적으로 하고 싶은 업무를 미리 설계하게 하여 그 업무에 필요한 역량을 사전에 개발하게 하여 할 수 있는 능력을 최대한 증대시키며 준비하는 제도가 정비되어 있다. 그리고 자신이 미래의 업무를 준비하는 과정 중에서 해당 업무를 이해하므로 그 업무에 대한 자신의 능력과 한계를 미리 체크하게 되어 무리한 업무이면 수정하여 진로를 새롭게 설정하기도 한다.

이는 자녀교육에서도 해당된다. 부모가 자녀의 하고 싶어 하는 것이 무엇인지, 어떤 능력이 있는지 모르는 상태에서 무조건 100점을 받아오게 하고 1등만 하게 밀어붙인다면 과연 원하는 목적을 달성할 수 있을까? 우선 자녀의 능력을 제대로 확인하고, 목표와의 차이를 정확하게 파악해야 한다. 그리고 그 갭을 메우는 과정 중에서 부족한 과목을 하고 싶어 하는 마음이 스스로 우러나오게 해야 한다.

목표와 비전을 자녀 스스로 적어서 붙이게 하고 나타나는 갭을 줄이기 위해 해야 할 일을 일정표에 적어서 매일 매일 스스로 실행여부를 체크하게 하면 재미를 느끼면서 공부를 하게 된다. 그리고 실행결과를 색별(실행=청색, 미실행=적색, 진행 중=황색)로 구분하여 붙이게 하면 진도를 한눈에 알 수 있어서 자녀를 지도하기에도 좋다.

사람은 기대하는 대로 행동하기보다는 평가받는 대로 행동하려고 하기 때문에 자녀교육에서도 반드시 평가가 필요하다.

어머니는 매일 시간을 정해 놓고 매일 매일 진도 체크를 해주고 실행 여부를 점수화해서 숫자로 표현하는 것이 매우 중요하다. 측정하지 못하면 관리할 수 없다는 말이 있듯이 일정표에 있는 해당 일자의 문제집을 채점해 주고, 읽은 책에 대해서 요지를 물어봐 주고, 그날 계획에 실시하기로 한 것에 대해 피드백을 해주고 하지 못한 것에 대해서는 이유를 듣고 조언해 주는 것이다.

아버지는 한 주간 평가를 위해 가장 지도하기 쉬운 날에 시간을 정해 놓고 자녀의 1주일 공부를 체크해 준다. 주로 약속을 지킬 수 있는 한가한 일요일 8시~9시 사이가 좋다.

가족 전체가 모인 자리에서 자녀의 비전, 목표, 계획 대비 실적을 발표하게 하고 주간 점수 평균이 몇 점인지 스스로 체크하여 그 결과에 따라 사전에 합의한 대로 인센티브를 지불한다.

예를 들면 90~100점은 5,000원, 80~89점은 4,000원 등으로 정해 놓고 평가와 방식에 의해 용돈을 준다. 점수가 70점 이하일 때는 왜 실행 점수가 낮은지에 대해 발표하고, 차주에는 어떻게 개선하여 점수를 만회할 것인지에 대해 스스로 대책을 수립하여 발표하게 하면 자녀들은 용돈 받는 재미도 있겠지만 자신의 목표를 이루어가는 것에 더 큰 기쁨을 느끼게 된다.

평가제도는 해야 할 일을 하고 싶게 만드는 중요한 요소이다.

캐논은 인사 평가제도를 변경하여 특허가 많은 기업으로 탈바꿈했다.

1970년대에는 직능자격제도를 도입하여 능력에 따른 직능 승급제를 실시하였으나 능력이 경험중심으로 측정되어 결국 연공서열과 차이가 없었다. 그래서 2000년대부터는 직무성과급제를 도입하였다. 직무성과급제도란 수행하는 직무의 레벨에 따라 임금이 결정되는 것인데 역할등급제를 도입하여 기본급과 성과급이 역할등급에 따라 다르게 책정되는 것이다. 이렇게 하므로 연구 실적이 늘어나고 기술개발에 뛰어난 인재들이 장기 근속하는 습관을 만들어 냈다.

〈해야 할 일을 하고 싶어 하게 하는 7가지 질문〉

1. 직원들이 즐겁게 일하게 해주고 있는가?

2. 업무수행을 잘하기 위한 제반 서비스를 직원이 요구하기 전에 빠르게 제공하는가?

3. 직원들이 배우고 싶어 하는 것을 배울 수 있도록 기회를 제공하는가?

4. 열린 마음으로 상하 간에 대화하는가?

5. 직원이 원하는 정보를 신속하게 서비스하는 시스템이 있는가?

6. 직원의 불만을 표시하고 해소하는 제도가 있는가?

7. 직원 만족을 수시로 파악하고 결과를 반영하고 있는가?

현재 하는 일에 헌신한다

자동차 부품관련 연구소를 책임지고 있던 연구소장이 정년퇴직할 때가 되었다. 재정적인 측면에서는 늦둥이 아들도 있었기 때문에 더 일을 계속해야 할 처지였지만, 회사의 규정이 있기에 더 이상 근무할 수도 없었다.

어느 날, 사장이 불러서 이제 퇴직도 얼마 남지 않았는데 마지막으로 핵심요원을 동원해서 회사를 위해 미래에 꼭 필요한 부품을 개발해 보라고 부탁을 했다.

그동안 열심히 해도 오너가 별로 알아주지도 않았고, 이제 퇴직하면 본인과 관계도 없다고 생각해서 이미 마음은 일에서 멀어져 있었다.

그리고 그동안 혜택도 별로 받은 것이 없는 처지라서 부하들과 함께 특별한 노력 없이 적당한 부품을 개발해 냈다. 좀 더 노력했으면 더 싸고 품질 좋은 차별화된 제품을 개발할 수 있었지만, 최선을 다하지 않았다.

부품이 완성되었을 때 사장에게 개발완료 보고를 했다. 보고를 받은 사장은 연구소장에게 "오랫동안 당신이 나를 위해 일해 준 보답으로 오늘 보고회에서 개발한 제품을 직접 생산하여 납품할 권한을 주겠다"고 했다.

연구소장은 자신의 귀를 의심했다. 평생 동안 근무해도 별로 배려가 없던 사장이 준 큰 혜택에 커다란 충격을 받았다. 만약 자신이 만들어 납품해야 할 부품이라는 것을 미리 알았으면 유능한 부하들을 좀 더 독려해서 보다 경쟁력 있고 싼 제품을 개발할 수 있었는데 적당히 연구한 것을 후회했다.

직장인의 마음에는 이런 일들이 매일 일어나고 있다. 최선을 다하기보다는 근무시간 내에 적당히 할 수 있는 만큼만 하려는 경향이 있다. 최선책이 아니라 차선책으로 쉽게 일을 하려고 하다 보니 업무와 시간 낭비가 많다. 그러나 최선의 것을 선택하지 않은 결과는 반드시 부품회사의 연구소장의 예처럼 피해가 자신에게로 돌아온다.

직장인에게는 매년 승진, 승급, 인사고과 등으로 일한 결과가 반영되어서 돌아온다. 만일 내가 하고 있는 일이 미래에 내가 소유할 회사의 일이라고 처음부터 생각하고 최선을 다한다면 매 순간마다 정성을 다할 것이다. 미래는 어떤 마음으로 일하고 하루하루를 보내는가에 달려 있다.

직장생활을 놀이처럼 즐긴다

일본에서 가장 존경받는 기업인 이나모리 가즈오 회장은 직장생활이 즐거워지기 위해서는 하는 일을 좋아해야 한다고 강조한다. 그리고 자신이 하는 일을 조금 더 낫게 하고 더 잘하게 바꾸어 가면 얼마 지나지 않아 큰 변화를 이룰 수 있고, 반면 일에 대한 강한 집념과 애정이 없다면 아무리 좋은 환경에서 일해도 좋은 결과를 얻을 수 없다고 강조한다.

이나모리는 어렸을 때 결핵을 앓았고, 중학교 입학시험에 떨어졌으며, 동경대 출신도 아닌 지방대를 졸업했다. 지방대 출신이라 간신히 입사한 곳이 형편이 어려운 세라믹 생산 회사였다. 그 회사는 사정이 어려위 연구에 필요한 재정지원도 없었다. 보통 망해가는 회사에 겨우 입사하면 있을 때까지 적당하게 봉급이나 받고 기회가 되면 전직을 생각하는데 이나모리의 생각은 달랐다. 지금 내가 일하는 것은 먹고 살기 위해서가 아니라 '내가 좋아하기 때문이다' 라고 생각한 것이다. '지금 하는 일을 좋아하니까 정성 들여 하고 사랑하자' 고 마음먹은 것이다.

일을 좋아하면서 새로운 분야의 연구를 시작했다. 이나모리 가즈오를 '미스터 A.M.' 이라고 부르게 된 것도 연구에 몰두하다가 새벽 3~4시경에 퇴근하기 일쑤였기 때문이다. 그는 아무리 힘겨운 일이라도 일을 즐긴다면 의외로 좋은 결과가 나온다고 말한다. 밤 세워도 힘이 들지 않았고 남들보다 몇 배의 시간을 투자해서 집중해 보니 생각하지 못한 결과가 나왔다. 파인세라믹이라는 새로운 재료를 재료에 대해 전혀 공부한 적도 없는 그가 혼자 힘으로 개발해 냈다.

그 일을 즐긴다면 매일 똑같은 일을 해도 더 좋은 방법이 없을까 늘 고민하기 마련이다. 힘든 일을 할수록 보수가 적어지고 재미있는 일을 할수록 보수가 많아진다는 것은 재미 속에서 희망과 기쁨이 넘치기 때문에 자연히 능률과 성과가 올라 성과급도 많이 받는다는 의미와 같다.

바이러스 분야의 최고 회사를 만든 안철수 교수도 이렇게 말했다. "자신이 좋아하는 일을 선택해서 그것을 즐기다 보면 잠도 잊고 먹는 것도 잊어버린다. 그리고 내가 머리가 좋아서 훌륭하다는 말을 듣는 것이 아니라 남들보다 1시간 더 시간을 투자하니 반드시 이길 수 있는 힘이 저절로 생겼다."

'와'의 경영이 아니라 '의'의 경영을 실천한다

'와'의 경영이란 사물을 나누어 보려고 하는 사고이며 서로 간에 대비하거나 비교분석한 후에 통합하려는 사고이다.

'의'의 경영이란 처음부터 일체화시켜서 그 속에서 새로운 패러다임을 창조하는 경영을 말한다.

즉 분리, 대치, 대비의 개념이 아니라 일체, 통합 개념을 경영에 적용하여 상호 간 깊은 신뢰감을 가지고 공존, 공영의 길을 가게 하는 힘의 원동력이 '의'의 경영이라고 할 수 있다. 경영자와 노동자가 아니라 경영자의 노동자, 노동자의 경영자라는 의미이고 상사와 부하가 아니라 상사의 부하, 부하의 상사라는 의미를 경영활동에 전개한다는 의미이다.

즐기면서 일하는 직장이 되기 위해서는 분리, 대치의 개념에서 일체의 개념으로 전환하지 않으면 안된다.

세계 1등 기업들의 특징은 직원과 경영자가 비전을 향하여 한마음이 되어 있고 모회사와 협력회사가 서로 간 깊은 신뢰관계로 연결되어 공동의 이익을 나누는 공존공영의 사상이 공유되어 있다.

마음(心)에 중심(中)이 하나이면 충성 충(忠)이 되지만 마음(心)에 중심(中)이 두개이면 근심환(患)이 되듯이 '의'의 매니지먼트의 실천을 통해서 하나의 마음으로 만들어 목표를 향해 전진해야 회사를 발전시키게 되며 우환이 발생하지 않는다.

근로자와 사용자 간의 장벽, 상사와 부하 간의 불신의 장벽은 수직적인 장벽이지만, 협력사와 부서 간의 장벽은 수평적인 장벽인데 이러한 장벽들이 존재하면 의사결정의 속도가 느려지고 사업의 성장속도도 느려진다. '와' 의 경영방식 아래에서는 이러한 장벽을 제거할 수 없다.

'의' 의 경영방식이 적용되면 이분법적인 사고가 없어지며 제반 장벽을 신속하게 제거할 수 있다. '의' 의 경영방식이란 단순히 '와' 라는 글자 대신 '의' 를 사용하면 되는 것이 아니라, 이분법적인 생각에 익숙해져온 습관을 타파하고 일체화된 새로운 개념의 패러다임을 만들어야 한다. A개체와 B개체가 합쳐져서 원래 그대로 있는 것이 아니라 기존의 틀을 창조적으로 파괴하여 새로운 패러다임을 만드는 것이다.

설비 중심인 생산 현장에서 주로 하는 혁신활동이 마이머신 제도이다. 마이머신 제도는 '나와 기계' 라는 사고가 아니라 '나의 기계' 라는 사고로 설비를 다룬다는 의미이다. 기계도 가족이라는 생각을 가지고 기계에 가족사진을 붙여 놓고, 닦고 조이고 기름 치는 일을 소홀히 하지 않고 단계별로 관리수준을 지속적으로 높여가면서 개선활동을 하는 것이다.

기계를 가족처럼 생각하면서 작업을 하니까 이상이 생기면 바로 알아서 조치하므로 불량을 사전에 방지할 수 있고, 문제가 개선되어서 성능이 향상되는 것을 즐기는 직장생활이 되므로 해야 할 일과 하고 싶은 일을 일치시키는 것이라고 할 수 있다.

카스라는 계측기 업체는 모든 직원들이 전화를 받자마자 '고객은 언제나 옳습니다' 라는 멘트를 한다. 고객에 대한 '의' 의 매니지먼트를 업무 속에서 실천하려는 강한 의지의 표현이라고 할 수 있다.

GE는 QMI(Quick Market Intelligence)라는 제도를 '의' 의 매니지먼

트로 활용하고 있다. QMI란 사업책임자와 CEO가 매주 금요일 영업부분의 직원들을 직접 만나서 대화를 함으로써 고객의 요구를 빠르게 대응하는 시스템이다.

월마트도 QMI제도를 도입하여 새로운 방법이나 제품이 출시되었을 때에는 일선 영업담당자와 CEO가 정기적인 미팅을 통하여 고객 반응을 바로 바로 조사하고 문제점을 신속하게 보완하여 전국 점포에 반영한다. 그 결과 월마트는 고객의 마음을 신속하게 파악하는 '의' 의 경영을 실천하여 많은 시행착오를 줄이고 경쟁우위에 서게 되었다.

11

약점을 보완하기보다
강점을 강화한다

넘버원에서 온리 원을 지향한다

급변하는 환경에 적응하면서 경쟁대열의 선두에 서기 위해서는 남다른 경영을 할 필요가 있다. 경쟁회사가 무엇을 하고 있는가를 살피다가 따라서 하는 2류식 경영방식에서 탈피하지 않으면 이제 생존 자체가 불가능해지고 있다. 경쟁의 룰이 1, 2, 3등이 아닌 이기느냐 지느냐 하는 게임방식으로 바뀌고 있기 때문이다.

한국경제의 변화과정을 살펴보면 1980년대는 고도 성장기였고, 1990년대는 여러 환경이 달라지는 변환기였다고 볼 수 있다. 이때에는 지금까지의 고정관념의 틀이 깨지고 새로운 기업경영의 패러다임이 정착되기 시작했다. 지난날의 익숙해진 경영용어에서 벗어나 리엔지니어링, 구조조정, 현금흐름경영, 창조경영, 지식경영 등의 새로운 용어와

친해져야 했다.

새천년은 성숙·복잡기라고 할 수 있다. 아이폰과 인터넷의 활용으로 또 다른 축의 사업의 기회가 많이 생겼다.

이제는 어떻게 하든 성장사업에 끼어들어서 넘버원(Number one)이 되려는 전략은 버려야 할 때가 왔다. 온리 원(Only one) 전략에 귀를 기울여야 할 때이다.

개인의 직업관에 대해서도 지금까지의 고정관념의 틀이 깨지고 새로운 패러다임이 정착되기 시작했다.

여의도에 L그룹 회장단이 자주 가는 곳이라고 해서 더욱 유명해진 생선구이 집은 하루 전 미리 예약하지 않으면 자리를 차지할 수 없다. 그곳에서 생선을 굽는 30대 종업원이 있는데, 월급이 1,000만 원 이상이라고 한다. 과외 선생님 붙여서 서울 대학을 졸업하고 대기업에 입사해도 30대에 1,000만 원 넘는 급료를 받는다는 것은 극히 드문 일이다.

기업도 마찬가지로 남이 하는 사업에 끼어들어서 넘버원이 되려는 것은 매우 위험한 전략이다. 온리 원 전략에 힘을 기울여야 할 때이다.

온리 원 기업으로 성공하는 기업은 자기 회사만의 독자적인 핵심역량을 발휘할 수 있는 영역에 모든 힘을 집중한다. 외형 중심이 아니라 내실경영, 이익중심의 경영을 토대로 한 기업이며, 그 기업이 아니면 할 수 없는 노하우를 갖는 것이다. 따라서 대기업만이 아니라 중소기업도 얼마든지 온리 원 기업이 될 수 있는 가능성을 가지고 있다.

온리 원 기업이란 자기 회사만의 독자적인 지력(知力)을 발휘할 수 있는 영역에 모든 역량을 집중하는 것을 말한다.

대형 매장이 아닌 의류매장을 전 세계에 개설하여 인기리에 팔리고 있는 베네통은 의류에 집중한 온리 원 기업이요, 전 세계 시장의 구석구석에 매장을 장악하고 있는 맥도날드는 햄버거 하나로 온리 원 기업이 되었다.

여성의 몸매를 상징하는 병과 탄산음료 하나로 세계 소비자들의 입맛을 바꾸어 버린 코카콜라도 마찬가지이다. 비록 크지 않더라도 특정 제품의 깊이와 전문성을 강조하는 온리 원 기업들이 성장속도를 내고 있다. 볼록렌즈로 햇빛을 한곳으로 모으면 불씨도 일으킬 수 있듯이 빠르고 신속하게 기업의 핵심역량을 한곳으로 모아서 집중하는 전문 기업만이 지구촌 시대를 살아갈 수 있을 것이다.

일본의 보일러 메이커인 '미우라' 라는 회사는 24시간 서비스체제를 구축하여 단순히 보일러만 판매하는 것이 아니라 야간에 발생하는 여러 문제까지 즉시 대응하는 365일 고객대응 시스템으로 온리 원 기업으로 성장했다.

뭐든지 다해서 남이 잘된다는 것에 줄서려는 노력이나 이것저것 1등 해보겠다는 지난날의 사고를 버리고, 자신의 기업이 무엇으로 온리 원이 될 것인가를 생각하여 전략을 재정립해야 할 시점이라고 생각한다.

과감하게 버리고 핵심역량에 집중한다

동일한 환경 하에서도 기업경영의 성과가 달라지는데, 이것은 기업이 지니고 있는 자원과 능력의 차이 때문이다. 기업마다 보유하고 있는 경영자원과 능력의 결합을 통해 차별화되는 것을 기업의 '핵심역량' 이라고 한다.

애플의 아이폰은 아웃소싱으로 생산한다. 내부에서 생산까지 한다고 했다면 지나친 자본투자와 인력의 분산으로 아이폰이 탄생될 수 없었을 것이다. 개발과 마케팅에 집중하여 버릴 것은 버리고 외부를 적극적으로 활용하자 핸드폰 시장에 신규 진입하여 최고의 수익을 올리고 있다.

만들면 팔린다는 생산자 중심의 사고에서 벗어나 팔릴 만한 좋은 물건을 얼마나 싸게 만드느냐를 연구하는 EMS(Electronics Manufacturing Service) 기업이 탄생되었다.

소니는 엔화 강세를 극복하기 위해서 제품 조달을 글로벌 아웃소싱으로 전환하였다. 제조부분을 분리해서 일본 내 26개 생산 공장을 통폐합하여 3~4개의 EMS회사로 재편해 독립채산을 강화하고, 생산 공장의 일부를 아웃소싱회사에 매각하여 생산을 맡겼다.

OEM(Original Equipiment Manufacturing)방식은 자사브랜드를 가지면서 생산된 제품을 상대 브랜드로 판매하는 방식이지만, EMS에서는 브랜드 없이 생산만 책임진다. 대만의 스마트폰 회사들이 EMS방식으로 생산하여 공급하고 있다.

물건 만들기가 경쟁력을 보장해 준다는 기존의 관념을 버리고 EMS 회사에 맡기면 가격경쟁력을 확보하여 평균 10~20%의 생산코스트가 낮아진다.

핵심역량이란 지금까지 생존하게 이끌어 주고, 추가 역량을 축적시키면서 미래의 견인차가 되는 그 기업 특유의 총체적인 능력, 기술, 지식을 말한다. 특별히 잘하는 것이 없는 기업이 이제 살아남기는 정말 힘든 환경이 되고 있다.

대표적인 EMS회사인 솔렉트론도 제조메이커의 모든 것을 포기하고 생산대행 전문회사로 변신했다. '품질, 스피드, 코스트, 서비스'라는 핵심역량 4가지에 경쟁력을 가지게 되자 최근 5년간 연평균 성장률이 급격하게 신장되었다고 한다.

모든 것을 다하려고 하면 어중간한 기업이 된다. 핵심역량은 구성원들이 인식해야 하며, 그 역량을 올릴 계획이 준비되어야 하고 동시에 이것이 제도 속에 스미어 있어야 한다. 핵심역량은 경영자의 소유물이 아니라 그 회사가 가지고 있는 내재화된 힘이라고 할 수 있다. 따라서 구성원들의 공통된 인식이며 분명하게 표현할 수 있는 구체적인 것이어야 한다.

핸드폰업계의 1인자가 된 노키아는 신규 사업을 통한 매출 확대보다 핸드폰사업에 자원을 집중하였다. 그리고 이러한 비전과 전략을 공유하여 직원들의 일하는 목표와 방향성을 명확하게 해주었다. 이렇게 핵심역량을 지속적으로 발전시킨 결과, 핸드폰업계의 세계 최고의 강자가 되었다.

NEC와 GTE의 사례는 핵심역량에 의한 선택과 집중의 중요성에 대하여 잘 나타내 주고 있다. GTE는 정보통신, 컴퓨터 등에서 NEC보다 더 경쟁력이 있었다. 그러나 핵심역량과 연계가 없는 사업을 M&A를 통해 확장해가면서 오히려 밀크 카우 역할을 하는 정보통신과 컴퓨터 분

야를 소홀히 하게 되어, C&C(Computer & Communication)라는 비전을
바탕으로 디지털 기술을 개발하는 데 전사적인 역량을 집중해온 NEC
에게 선두의 자리를 내주었다.

나이키는 본사에서 상품의 기획 및 마케팅만 하고 나머지는 전부 외
부 회사에 맡겨 경영의 효율화를 추구하고, 철저하게 기준에 의해 관리
하고 평가하여 성공한 회사이다. 이처럼 핵심역량을 찾아 키우는 일은
매우 중요하므로 지속적으로 집중해서 발전시켜 나가야 한다.

강점을 선수(先手)로 사용하여 이긴다

급변하는 환경에 적응하면서 경쟁 대열의 선두에 서기 위해서는 남
다른 경영을 할 필요가 있다.

경영을 혁신하려고 하면 먼저 자사의 약점을 찾아 그 약점을 보완하
려는 것에 힘을 쏟게 된다. 그러나 단점이나 약점이 보완되었다고 해서
회사의 경쟁력이 좋아지는 데 큰 도움이 되지 않는다. 단점이 보완되면
또 다른 단점이 나타나기 때문이다.

스피드가 경쟁력의 키워드가 된 지금은 약점을 보완하고 있을 때 경
쟁사는 강점을 더 내세워 앞서 달려가 버린다. 따라서 약점을 찾아 버리
거나 보완하는 것은 뒤떨어진 경영방식이며, 강점을 찾아 더 강하게 하
는 것이 중요하다.

약점은 쉽게 눈에 보이지만 '등잔 밑이 어둡다' 는 속담처럼 강점은
눈에 좀처럼 잘 띄지 않는다. 강점을 다른 말로 표현하면 핵심역량이라

고도 할 수 있는데 자사가 가진 강점이 무엇인지도 모르고 '남이 하니까 나도 한다' 라는 방식은 백전백패의 결과를 가져온다.

대기업이 하면 뭐든지 성공한다는 생각은 착각에 지니지 않는다.

삼성이나 LG가 오디오, 정수기, 보일러 등에 진출하려고 대기업의 장점을 이용하여 많은 노력을 했지만 실패한 것은 핵심역량을 가진 작은 기업체를 이길 수 없었기 때문이다.

개인도 마찬가지이다. 자신이 가지고 있는 강점을 먼저 파악하고, 그 강점을 더 강하게 해나가면 한 분야에서 두각을 나타내 미래를 자신의 손안에 쥘 수 있는 것이다.

무술세계, 예술세계, 비즈니스세계, 학문세계 등 한 분야에서 뛰어난 사람에게는 특유의 강점을 찾아볼 수 있다. 그들은 자기의 강점 분야에 최선이 아니라 목숨을 걸어서라도 피나는 노력을 하여 남들이 따라올 수 없는 곳까지 미치어 승리의 전리품을 얻게 되는 것이다.

자신의 장점과 단점을 적어 보고 그것을 분석해 보면 자신을 객관화하는데 많은 도움이 된다.

"나에게는 어떤 장점이 있을까?" "나에게는 단점뿐이네, 장점은 없어"라고 단언해 버리는 경우가 많다. 그러나 누구에게나 잠재력이 있다. 그 경쟁력이 무엇인지 발견하지 못하고 살아가는 것뿐이다. 우선 남과 다른 자신의 장점을 즉 차별화 포인트를 찾아내야 한다. 우리는 자신을 너무 비하하는 경우가 많다. 자기 비하는 오히려 자신이 가지고 있는 강점을 희석시킬 수도 있다.

찾는 노력도 해보지 않고 시작부터 지레 겁을 먹고 포기해서는 안된다. 물론 누구나 자신의 강점을 찾아냈다고 해서 그것이 바로 성공과 연결되는 것이 아니다. 마무리까지 좋은 결과를 기대한다면, 많은 인내와 더불어 자신에 대한 신뢰를 가지고 잠재력을 개발하기 위해 시간을 투자하고 결과를 낼 때까지 지속적인 노력이 필요하다.

자신을 새롭게 변화시키겠다는 다짐과 더불어 자신을 바꾸어야겠다는, 절실히 하고자 하는 마음이 먼저 준비되어 있어야 한다.

일본의 유명한 사무라이인 미야모토 무사시는 싸움에서 이기기 위해서는 선수(先手)를 잡기 위한 중요한 3가지가 있다고 한다.

'3가지 선수' 란 싸움을 거는 선수, 공격받을 것을 준비하는 선수, 공격이 오면 맞서는 선수이다.

어떤 승부에도 이 세 가지 선수 이외에는 없다. 선수를 누가 잡느냐에 따라 승리가 결정되므로 3가지 중 어느 '선수' 를 선택하느냐는 것은 상황에 따라 매우 달라진다고 한다. 결국 이겨야 할 상대가 있으므로 상대편의 의도를 간파해서 잘 선택해야 이기는 것이다.

장점이 곧 무기이다. 장점을 바탕으로 경쟁사회에서 선수를 잡는 것이 중요한데, 미야모토 무사시가 말하는 3가지 선수를 잘 활용하는 지혜가 필요하다고 하겠다.

'바람의 파이터' 의 주인공으로 유명한 최배달은 싸울 때 자신만의 차별화된 강점이 있어야 한다고 말한다. 많은 사람들과 겨뤄 이겼지만, 비장의 무기는 최배달의 강점인 '정권치기' 하나였다는 것이다. 미국 프로레슬러 톰 라이슨과 대결했을 때도 소설이나 만화에는 여러 가지 기술이 그려져 있지만, 마무리는 강점인 정권치기로 승리했다. 마찬가지로 기업도 내재화된 강점으로 경쟁상대에게 선수 공격하는 것이 이기는 방법임을 잘 기억해야겠다.

강점을 살려서 신시장을 점령한다

새로운 시장에 진출하기 위해서는 SWOT 분석을 통해 진출하려는 시장을 철저하게 분석해 전략을 세워야 한다. 그러나 그렇게 분석한 전략이 종이에 표현한 그대로 다 실행되는 것이 아니고, 그대로 했다고 하더라도 시장에서 이기는 것도 아니다.

회사가 미리 준비한 철저한 전략이 아닌 그 전략을 실행하는 중에 역으로 발상하여 미국시장 진출에 성공한 사례가 혼다이다.

미국 오토바이 시장의 60% 이상을 점유한 괄목할 만한 성과 때문에 경영학 용어에서 '혼다효과' 라는 말이 등장할 정도이다. 혼다효과란 치밀한 전략으로 이루어진 성공이 아니라, 우연하게 이기는 요소를 발견하여 성공한 경우를 말한다.

1960년대의 혼다는 미국시장 진출 경험이 전혀 없는 작은 기업으로 자사의 강점이 무엇인지도 몰랐다. 단순히 미국시장에서는 대형 오토바이가 잘 팔리니 할리 데이비슨, 트라이엄프사와 같은 대형 오토바이로 미국시장으로 진출할 계획을 세웠다. 그러나 혼다의 대형 오토바이 판매 계획은 완전히 실패했다.

그런데 우연히 혼다 회장이 일본에서 미국으로 가져온 50cc바이크가 대형 오토바이보다 특정 사람들에게 더 인기가 있다는 것을 알게 되었다.

남편이 차로 출근하고 나면 대부분 세컨드 차(소형차)가 있지만 근처 할인 마트에 가거나 단거리를 주행할 때 가정주부들이 주로 필요로 하는 것이 자동차가 아니라 오토바이라는 것에 착안했다. 그래서 혼다는 소형 50cc바이크를 상품화하고 판매 채널을 자전거 대리점으로 해 판매하기 시작하였다.

당시 미국에서는 불량스럽고 가죽점퍼를 입은 청년들이 주로 오토바이를 이용하였기 때문에 오토바이는 거칠고 야성적인 젊은이의 상징이었다. 그러나 혼다 오토바이는 지금까지의 오토바이에 대한 개념을 새롭게 제공하여 주부들이 즐겨 찾는 소형 제품으로서의 위상을 정립해 나아갔다.

혼다 제품은 작고 운전하기 쉬우며 안전한 오토바이로 소문이 나기 시작해 특히 가정주부들에게 관심을 끌었다. 주부들이 오토바이를 타고 다니는 것을 상상하지 못하던 시기에 "혼다 오토바이는 좋은 사람을 만나게 합니다"라는 광고카피로 미국시장에서 폭발적인 인기를 얻게 되었다.

자사의 강점을 살리고 틈새전략으로 주부라는 새로운 고객을 확보하여 미국시장 정복에 성공한 사례이다.

반대로 강점을 소홀히 하여 적자를 낸 대표적인 케이스가 스타벅스이다. 스타벅스는 고유가와 미국의 서브프라임 모기지 사태로 경기가 급속도로 하락하면서 신규사업의 매출 증대도 미비하고 커피 수요가 감소하여 나스닥 상장 이후 16년 만에 2008년 2분기에 670만 달러의 적자를 냈다. 이러한 위기에서 스타벅스를 구출하기 위해서 2000년 경영 일선에서 스스로 물러난 슐츠 회장은 회사를 재건하기 위해 CEO에 재취임했다.

여러 가지 현상을 파악한 결과, 그동안 스타벅스의 슬로건인 ‘최고의 커피를 제공한다’ 는 기본 이념을 소홀히 했기 때문이었다. 싼 인스턴트커피를 즐기던 고객들에게 고급 커피를 내놓아 세계 음료시장을 제패한 처음의 이미지는 고객들을 매료시킬 만큼 강한 것이었다. 그리고 녹색 스타벅스 로고는 그곳에 가면 고객도 고급이 된다는 이미지를 형상화시켰고, 스타벅스 커피잔은 전 세계의 커피의 맛을 한 단계 상승시키는 이미지를 제공했다.

하지만 최근 수년간 급격한 성장에 자만하여 ‘고객에게 최고의 커피를 제공한다’ 는 기본에 소홀했다. 스타벅스는 커피 외의 다른 사업에 눈을 돌렸다. 엔터테인먼트 사업에 진출하여 음악과 영화를 직접 제작하고 매장에서 판매하는 등 새로운 사업영역으로 확장을 시도했다.

식품 사업에도 진출하여 아침식사를 제공했는데, 스타벅스가 스낵카페의 이미지를 주어 기존의 고급커피 이미지가 점점 약화되어갔다.

그래서 슐츠 회장은 핵심역량이며 강점인 커피에 다시 집중한다는 것이다. 아침식사 사업과 엔터테인먼트 사업을 포기하고 커피의 품질 향상에 최선을 다하겠다고 선언했다.

스타벅스 붐이 일어났을 당시 한집 건너 점포가 있을 정도였다. 한창 인기가 있을 때에는 옆의 매장이 있으므로 오히려 선전 효과가 되어 서로 간 매상을 올려 주는 상승효과가 있었지만, 경기가 나빠지자 서로의 매출을 빼앗아 먹는 꼴이 되었다.

어느 곳에나 매장이 넘치다 보니 고급커피의 희소성이 없어졌다. 고객들은 희소성을 상실한 스타벅스 커피에 비싼 돈을 지불할 이유가 없어졌다. 더구나 패스트푸드 업체들이 매장에 최신 커피 기계를 도입하여 고급 커피를 싸게 공급하는 강력한 경쟁자로 떠올랐다. 거기에 스타벅스도 샌드위치를 아침식사로 제공함으로써 맥도날드와 차별화를 두지 못했다.

결국 세계 전체 스타벅스 매장 중 65% 정도가 밀집되어 있는 미국시장에서의 매장수를 대폭 축소하고, 커피 맛의 개발에 집중하는 등 총력을 기울이고 있다.

신세계와 스타벅스가 50%씩 지분을 갖고 있는 ‘스타벅스커피 코리아’는 1999년 1호점을 개설한 이후, 240개로 점차 확대되어 매출이 매년 증가하고 있다.

이와 같이 스타벅스의 강점을 소홀히 한 결과는 사장 해고, 매장 폐쇄, 구조 조정, 이미지 추락으로 이어졌다.

그러나 현상을 정확하게 진단하고 대책을 수립한 슐츠 회장의 발 빠른 강점강화 전략은 위기에서 탈출하고 향후 스타벅스를 크게 성장시켜 줄 것으로 기대된다.

약점을 보완하려다 실패한 케이스는 폭스바겐과 델을 들 수 있다. 폭스바겐이 미국 시장에 문을 두드렸을 때는 미국에는 소형차가 없었다. 경제가 좋아 큰 차만 잘 팔리던 미국이었다. 기름도 나는 나라인데다 체격들도 크기 때문에 미국 자동차 회사들은 소형차는 팔리지 않을 것으로 생각하고 계속 큰 차들만 만들었다.

그런데 못생긴 소형차 '비틀' 이 출시되자 모두들 관심을 가졌다. 그리고 미국 시장에 선전할 때도 대형차와 비교하여 선전하지 않고 있는 그대로 '작고 못생긴 차' 라는 식으로 소비자에게 겸손하게 다가갔다.

시장에서 경쟁 상대가 없었던 것이 성공 요인 중 하나였는데 그 중에서도 성공포인트는 비틀만이 가지고 있는 장점인 작은 차와 연비를 내세웠다는 점이다. 처음에는 크게 어필되지 못했지만 오일쇼크 때문에 가솔린 값이 오르자, 많은 선전 효과를 누려 미국 시장에서 팔리기 시작했다.

그러나 폭스바겐은 성공에 자만해 소형차의 강점을 더 강하게 하지 않고 약점을 보강하기 위해 기존의 미국 자동차처럼 대형차를 만들어 출시한 뒤, 참담한 패배를 맛봐야 했다. 폭스바겐을 개조시켜 소비자들에게 혼돈을 주었고 그동안 강점을 가진 소형차 이미지까지 흔들려 폭스바겐은 치명적인 타격을 입게 되었다.

약점을 보완하다가 실패한 예이지만, 폭스바겐은 실패를 거울삼아 다시 다른 브랜드로 승부를 걸어 성공을 거두게 된다. 그 브랜드가 중형차 시장에서 성공을 거두고 있는 '아우디' 브랜드이다.

델 컴퓨터는 생산과 공급의 리드타임을 크게 단축해 다이렉트 마케팅에 성공한 회사이다. 그러나 델 컴퓨터도 초고속성장을 하던 시기에 자사의 최고 강점이었던 다이렉트 마케팅의 장점을 망각하여 실패한 4가지 사례가 있다.

첫째는 주문이 많아지자 필요한 만큼 구입하라는 규정을 깨고 수요

급증을 예견하여 메모리칩을 대량 구매한 것, 둘째는 고성능 PC가 팔릴 것으로 예견하고 사전에 미리 생산한 것, 셋째는 특정지역에 오프라인 매장을 설치한 것, 넷째는 자체적으로 고성능 서버용 칩을 제작한 것이다.

이 4가지 모두는 델 컴퓨터의 강점을 살리는 전략이 아니라 약점을 보완하기 위해 낸 아이디어였다. 그러나 모두 약점 보완을 해주기는커녕 경영에 크게 손실을 주었으며 경영효율에 전혀 상승효과를 주지 못했다. 그 후 델 컴퓨터는 다시 다이렉트 마케팅에 더욱 집중하는 계기가 되었으며 장점을 살리는데 더욱 집중하게 되었고 그 결과 매년 고속 성장하는 회사가 되었다.

수시로 SWOT분석을 통해 강점을 찾는다

SWOT분석이란, Strength(강점)과 Weakness(약점) 그리고 Opportunity(기회)와 Threat(위협)의 첫 알파벳을 딴 것인데, 강점은 경쟁기업과 비교하여 강점으로 인식되는 것은 무엇인지, 약점은 경쟁기업과 비교하여 약점으로 인식되는 것은 무엇인지, 기회는 외부환경에서 유리한 기회요인은 무엇인지, 위협은 외부환경에서 불리한 위협요인은 무엇인지를 찾아낸다. 기업 내부의 강점과 약점을, 기업 외부의 기회와 위협을 대응시켜 기업의 마케팅 전략을 수립하는 방법인데 이를 개인의 삶에도 적용해 보면 많은 도움이 된다.

우선 강점 부분을 찾아보는 것이 중요하다.

벤자민 프랭클린은 "인생의 진정한 비극은 우리가 충분한 강점을 갖고 있지 않다는데 있지 않고, 갖고 있는 강점을 충분히 활용하지 못하는데 있다"고 했다.

누구나 한두 개의 강점은 가지고 있다. 약점을 보완할 시간에 강점을 더 강하게 하면 다른 사람과 차별화되어 경쟁에서 우위성을 가질 수 있다.

필자의 강점은 바로 끈기와 추진력이다. 목표가 생기면 그것을 이루기 위해서 쉬지 않고 달려간다. 고등학교 때도 이러한 추진력은 인정을 받았다. 고2 때까지 놀기만 하여 선생님들께서 항상 '너 전문대라도 갈 수 있겠냐?' 라고 걱정스럽게 말씀하셨다. 그런데 어느 날, 어떤 대학에 입학하느냐에 따라 미래에 큰 영향을 준다는 것을 알게 되었다. 대학이 큰 의미로 다가왔고, 간다면 연·고대는 가야겠다는 다짐을 하게 되었다.

이때부터 고3, 1년 동안 그 누구보다 열심히 공부했다. 남들에 비하여 공부를 늦게 시작했음에도 불구하고 고려대학교에 입학할 수 있었던 것은 나의 장점인 추진력 덕분이라고 생각된다. 그 후 직장생활을 할 때도 일이 정해지면 밤을 새워서라도 해결하는 것 때문에 내가 맡은 부서의 실적은 항상 선두를 달렸다. 약점도 많았지만, 내가 가진 장점이 경쟁력을 주었고 삶의 성공요인이 되었다.

기회요인은 주변 환경이 나에게 제공하는 기회를 찾고, 그 기회활용 방법을 생각하는 것이다. 즉 '외부의 변화하는 환경 속에서 기회를 얼마나 잘 활용할 수 있는가' 를 고민해 보는 것이다. 인생을 살면서 누구에게나 한번쯤은 기회가 온다는 말이 있다. 다가오는 이 기회를 놓치지 않고 잘 잡는 것은 매우 중요한 일이다. 기회가 왔을 때 내가 가지고 있는 강점을 잘 활용하여 그 기회를 내 것으로 만드는 전략을 세우는 것이 SWOT분석이다.

위협요인은 환경의 변화에 따른 미래의 삶에 위협이 되는 요소들을 찾는 것이다. 필자가 가르치는 한 대학생의 위협요인을 열거해 보면 '저축한 돈이 하나도 없다, 학점이 나빠 취직이 어려울 것이다, 패배의식에 빠져 있다, 군대 문제를 해결하지 못했다, 경제가 계속 불황이다, 정치가 안정되지 못했다, 토익 점수가 나쁘다' 등이다. 이러한 위협요인을 고려하여 자신의 인생 전략을 만들어야 한다.

약점요인은 사람마다 가장 고민하는 것이다. 대부분 약점을 보완하는데 시간을 소비하는데 이것은 매우 낭비적인 일이다. 약점은 자신의 강점을 더 강하게 하면 그것에 가려서 보이지 않게 된다. 그렇기 때문에 이 약점을 고쳐서 보완하겠다는 생각을 버리고 강점을 더욱 부각시킬 수 있도록 해야 한다.

한국의 쇼트트랙 스피드스케이팅이 세계 최고가 된 것은 강점강화식 훈련법 때문이다. 어떤 선수는 보통 잘 못하는 부분을 집중 보완하는데 잘하는 부분을 더 잘하도록 지도했다. 강점을 더 강화시키니 그 한 분야에서는 세계 최고의 기량을 가지게 된 선수들이 많이 나왔다.

코너링이 좋고, 어떤 선수는 스타트가 좋고, 어떤 선수는 막판 스퍼트가 좋은 기량을 가지고 있다. 한 부분에서 최고의 기량을 가진 선수에게 각자의 방법을 서로 알려 주고 습득하게 하였더니 세계 최고의 팀이 되었다고 한다.

개인의 SWOT분석에서 강점과 약점은 자기 자신에 관한 이야기이고 나머지 기회와 위협은 자기 자신을 둘러싸고 있는 문화, 경제 등 사회 전반에 관련된 문제들로 구성된다. 즉, 자기 자신을 4개의 방식으로 바라봄으로써 현재 위치를 정확히 알고, 어떻게 나아가야 하는지에 대한 보다 체계적인 자기 분석의 일종이라고 할 수 있다.

4가지 전체를 분석하는 것도 좋겠지만, 나만의 무기인 강점을 발견하여 주어진 기회를 활용하고 위협 요인을 극복하는 노력이 필요하다. 이런 자기 분석이 제대로 되어 있지 않다면, 자신의 강점 강화는 어려워지고 나아갈 목표와 방향도 잃어버린다.

자신을 믿고 최선을 다한다

누구나 자기도 모르는 멋진 악보 하나를 안고 살아가고 있다. 그 악보가 언제 연주될지는 자기 자신 외에는 아무도 모른다. 그런데 그 악보의 멜로디가 한 번도 연주되지 못하고 매장당하거나 임종에 가까워서야 비로소 발견되는 것은 참으로 불행한 일이다.

성공한 사람과 그렇지 못한 사람의 차이는 자신이 가지고 있는 차별화된 악보, 즉 장점을 끄집어내어 연주했느냐 그렇지 못했느냐와 밀접한 관계가 있다.

사오정(사오십대 정년), 이태백(이십대 태반이 백수) 등 직장을 구하기도 힘들고 근무하는 직장에서도 조기퇴출 풍토가 만연해지면서 자신의 강점을 개발하고 부족한 부분을 보완하기 위한 직장인들의 발걸음이 바빠지고 있다. 최근 직장인 1,756명을 대상으로 한 조사에 따르면 60%는 '자기계발'을 위해 따로 교육을 받고 있다고 한다. 경쟁사회에서 생존하려면 뭔가 새로운 것에 도전하여 경쟁력을 키워야 한다는 강박증에 시달리고 있는 것이다.

그런데 안타까운 것은 대부분의 사람들이 딱히 무엇을 준비해야 할지 방향을 설정하지 못하고 있고, 현재 자신의 능력을 잘 몰라서 막막해한다는 사실이다.

어떻게 하면 경쟁력 있고 남이 인정하는 남다른 능력을 키울 수 있을까? 자기계발의 핵심은 자신이 가지고 있는 강점을 발견하고 그 강점을 더 강하게 하는 것에서 시작된다. 자신의 숨겨진 장점을 제대로 찾지 못했다면, 숨겨진 그 장점을 발견하는 작업이 첫 번째 단계이다. 사람의 생각은 놀라운 일을 만든다. 필자가 일본어 공부를 하고 싶을 때에 길을 나서면 가장 먼저 어학원 간판이 보였다. 물론 그 이전에는 어학원 간판이 그렇게 많이 있는 줄도 몰랐다.

우리의 몸은 어떤 것을 생각하고 흥미를 가지는 순간 관련된 정보수집 기능이 활발하게 되어 그 생각에 도움 되는 모든 것을 찾게 된다. 위대한 발명들도 생각하고 고민하다가 힌트가 갑자기 떠올라서 세상에 나오게 된 경우가 많다.

두 번째 단계는 이미 천부적인 강점을 개발한 사람들로부터 직간접적으로 배우는 것이다. 직장 선배에게 배워야 할 때는 그 선배의 발걸음까지 닮도록 노력해야 한다. 직접 만날 수 없는 경우에는 그 사람이 출판한 책을 찾아서 읽으면 크게 도움이 된다. 성공한 모델을 통해 배우는 것은 등대를 보고 항해하는 것과 같이 매우 안정되고 쉬운 일이다.

마지막 단계는 선배에게 받은 지도나 책에서 얻은 자신의 강점을 더욱 강하게 만들어 남다른 경쟁력을 갖추는 것이다.

누군가 나를 말할 때 한마디로 부를 수 있는 명사 또는 형용사가 있는가? 있다면 무엇인가? 다른 사람이 나를 색깔로 나타내면 어떤 색으로 표현할까?

무엇보다 중요한 것은 자신의 정신적 태도가 외적 이미지를 채색한다는 사실이다. 이미지 관리에서 긍정적 사고는 무엇보다 우선하여 중요하게 다루어져야 한다.

남을 믿지 못하는 비율보다 자기 자신을 믿지 못하는 비율이 훨씬 높다고 한다. 왜 자신을 믿지 못하는가? 너무나 잘 알기 때문에 자신을 믿지 못하는 것이다. 남편이 성공할 것이라는 확신을 아내는 잘 가지지 못한다. 남편에 대해 너무 잘 알기 때문이다.

성공한 사람들의 비결은 자기 자신과 능력을 믿는 것이다. 자신감은 자기 자신을 믿는 것에서부터 생긴다. 자신을 믿으면 두려운 상황이나 장애물에 부딪칠 때 물러서지 않고 도전한다. 또한 자신감을 가질 때 자신의 약점을 정확히 볼 줄 알게 되고, 약점을 부끄러워하지 않고 외부에 알려 그것을 꾸준히 고쳐 나갈 수 있다. 우선 자신을 믿고 자신감을 가지면 삶의 목표가 무엇인가를 분명히 알게 된다.

목표를 바라보며 나아갈 때 모든 장애물을 극복할 만한 강한 의지가 생긴다. 진정한 자신감은 실천력으로 나타나게 마련이다.

자신감을 가질 때 내 삶의 주인이 될 수 있다. 자기 자신을 믿으라. 그것이 모든 성공의 열쇠이다. 자신감을 가질 때 능력이 커지고 열정이 넘치며 마음도 넓어진다. 아울러 목표를 향한 실행력도 강해진다.

콜린 파월은 『미국의 여행』이라는 저서에서 긍정의 힘과 생각의 효과를 강조했다. '무슨 일이든 자신이 생각하고 계획한 만큼 이루어진다. 어제의 고통스런 일들은 과거의 일이다. 오늘은 모든 것이 새롭게 시작되고 좋아진다. 당신이 걱정하는 것만큼 그렇게 불행한 일은 벌어지지 않는다' 라고 한 그의 말은 좌절 앞에 선 우리에게 큰 힘이 되어 준다.

미국 심리학자가 '하루에 사람들은 몇 가지의 생각을 하는가?' 에 대해 분석해 보았더니 평균 5만 가지 이상의 생각들을 한다고 한다. 그런데 그 생각 중 95%가 과거의 지나간 일이나 걱정해도 해결되지 않는 것이라고 한다. 분석하지 않더라도 우리 선조들에게는 옛날부터 '5만 가지 잡생각을 한다' 는 말이 있었다. 생각을 할 때 자기 파괴적인 생각들을 하지 않도록 하는 것은 담배나 술을 끊는 일보다 인생에 더욱 중요하다.

에디슨은 남들의 평가나 기준보다 스스로 자신의 가능성을 더 믿었던 사람이었다.

에디슨은 1847년 2월 미국 오하이오주 밀란에서 태어났다. 그는 여덟 살 때 초등학교에 입학했지만 석 달도 못되어 선생님에게 "바보"라는 소리를 듣고 쫓겨나게 되었다. 하지만 그는 결코 낙담하지 않았다.

기차에서 신문을 팔러 다니면서도 오히려 자신이 가지고 있는 재능

인 상상력을 발전시키도록 노력했다. 상상하는 방법은 간단했다. 바꾸면 어떨까, 결합하면 어떨까, 단순화 할 수는 없을까 하면서 아이디어를 메모하고 또 시행착오를 거치면서 실험하였다.

어려움이 많이 있었지만 그런 것에는 눈도 돌리지 않았다. 자신이 가지고 있는 장점을 살리기에도 시간이 모자랄 정도로 할 일이 많았기 때문이었다.

자신의 장점을 믿고 노력해 온 결과, 스물한 살에 '투표 기록기'로 처음 발명 특허를 받기 시작해서 축음기, 백열전등, 전차, 영사기 등 1,000여 가지가 넘는 발명품을 만들어 냈다.

1931년 10월, 그가 84세로 세상을 떠났을 때 미국인들은 에디슨을 기리기 위해 1분 동안 전국의 모든 전기를 껐다고 한다. 온 나라가 어둠에 잠겼다 다시 환하게 밝아진 순간, 모두들 에디슨이 준 발명의 힘이 얼마나 값진 것인지 알 수 있었다고 한다.

사람들은 누구나 성공하기를 갈망한다. 그러나 그 성공에 따른 대가를 지불하는 데는 소극적이다. 지금까지 세계적으로 크게 성공한 사람들은 그날에 이르기까지 성공에 따른 대가를 분명하게 치렀다. 그 대가란 자기만의 장점을 피나는 노력과 열정으로 차별화하는 노력을 말하는 것이다.

12

인재를 잘 채용하고 육성한다

함께 갈 사람을 뽑고, 채용한 사람은 잘 육성한다

·기업(企業)이라는 뜻은 이익을 얻기 위하여 물건이나 서비스를 생산하고 판매하는 조직체를 의미한다. '꾀할 기(企)'는 '사람 인(人)'과 '그칠 지(止)'가 합쳐진 글자지만, '사람 인(人)' 자를 빼면 지업(止業)이 된다. 즉 기업 활동에서 사람이 빠지면 기업 활동이 중지된다는 의미를 내포한다.

그만큼 기업의 조직원이 중요하다는 뜻이다. 이렇게 중요한 역할을 하는 사람을 채용하고 관리하는 것에 매우 서툰 기업이 많다.

인재채용의 법칙 중에서 '해리의 법칙(Harry's Rule)'이라는 것이 있다. 채용면접 시 무의식적으로 자기보다 못한 사람을 고용하고 싶어 하는 경향을 말한다. 그리고 '무능력자의 법칙'이 있는데 무능한 관리자는 자기와 비슷한 무능한 직원을 고용하게 된다는 법칙을 의미한다.

철강왕 카네기의 비석에는 '자신보다 훌륭하고 똑똑한 사람을 쓸 줄 알았던 사람이 여기 잠들다' 라고 적혀 있다. 혼다 소이치로 창업자도 면접관들이 상대하기 쉬운 사람들만 채용한다면 회사에는 당신보다 나은 사람이 아무도 없다며 우수인재를 미리 확보하는 것이 중요함을 강조하였다. HP는 대학 성적이 아무리 우수하더라도 반드시 인턴을 경험하게 한 뒤에 정식 사원으로 채용한다. 그리고 인턴기간 중 업무 수행과정을 철저하게 평가하여 정식으로 채용 여부를 결정한다.

소니의 모리타 아키오 전 회장은 "채용은 매우 비싸고 중요한 쇼핑이라고 생각하고 결정해야 한다"고 강조했다. 연봉이 3,000만 원이라면 채용면접 시에 3,000만 원의 물건을 사는 것과 같다는 뜻이다. 3,000만 원 가치의 물건을 산다고 가정하면 매우 신중하게 결정하겠지만, 기업에서는 10분이나 30분 면접으로 쉽게 결정하는 경우가 많다는 것이다.

더 중요한 것은 인원을 채용할 때 회사가 설정한 비전을 향해 함께 같은 버스를 타고 동고동락할 사람인지 아닌지를 철저하게 파악하는 시간을 가져야 한다.

검증하는 수습기간을 가지지만, 수습기간 중에 일을 가르쳐 놓은 것이 아까워서 또는 같이 근무하다 보니 정이 들어서 부적합한 사람이라는 결정을 내리지 못하고 정식사원이 된 후에야 잘못 뽑았다는 후회를 하는 경우가 많다.

일류 기업은 함께 버스를 타고 갈 사람과 그렇지 않은 사람을 잘 구분하고, 가능성이 있는 사람에게 에너지를 투입하여 회사에 필요한 인재로 거듭나게 하는 과정을 중요하게 생각하여 그 일에 집중하고 있다.

한정된 경영에너지를 잘 배분하여 효과가 잘 발휘되는 곳에 에너지를 투입해야 한다. 그것이 경영성과와 연결되고 그 창출된 성과로 에너지를 확대 재생산하여 그 다음에 에너지가 필요한 곳에 투입됨으로써 기업이 존속하고 번영하는 성장과 확대 재생산이 이루어질 수 있다.

인재를 채용하고 육성하는 것은 기업에서 가장 중요한 미래투자이지만, 적합지 못한 사람에 대해 투자하는 것은 기업의 최악의 낭비이다.

글로벌 유통회사의 강자인 월마트의 인사정책은 먼저 유능한 인재를 뽑아서 월마트의 비전에 공감하도록 유지에 초점을 두고(Keeping), 미래에도 함께하는 비전을 가진 인재를 육성하며(Growing), 육성하면서 필요한 인재를 적재적소에 배치하는(Getting) 독특한 인재확보 정책을 가지고 있다. 따라서 신입 초기에는 비전에 대한 인식과 월마트의 조직생활에 잘 정착하도록 하는 교육 프로그램이 주로 운영된다.

채용 시 학연, 지연 등의 인맥이나 사장의 친인척을 뽑는 경우가 있는데 회사가 필요한 역량을 가진 사람을 엄선할 필요가 있다. 히딩크 감독은 학연, 지연 등에 휘둘리지 않고 실력 위주로 선수를 기용하여 그 결과 4강 신화를 이룩하였다.

개인이 가진 역량을 평가하여 인재를 뽑은 대표적인 인물로 링컨 대통령을 들 수 있다. 링컨은 능력을 위주로 하여 인물을 채용해서 효과를 보았다. 링컨을 촌사람이라고 조롱했던 야당의 에드윈 스탠턴을 국방장관으로 임명시키고, 같은 당 대통령 후보 경선에서 자신과 경쟁했던 윌리엄 수어드를 국무장관에 임명하였다. 의견을 달리했든, 소속이 어디든 적임자를 찾아서 임명한 결과 국정을 잘 운영시켰다.

그리고 일단 채용했으면 잘 관리하고 육성해야 한다.

신입사원이 회사에 기여하기까지의 시간이 평균 6.2개월이 걸리기 때문에 대부분 기업들이 6개월의 수습기간을 두고 있는 것이다. 그리고 중요한 것은 일단 채용했더라도 수습기간 내에 적합하지 못한 사람이라고 판단되면 과감하게 버스에서 내리게 하는 것이 서로에게 도움이 된다. 버스에서 내리는 것이 슬픔이 아니라 다른 기회를 찾을 기회를 놓쳐 버리는 것이 슬픔인 것이다.

기업이나 개인이 서로 도움 되지 않는 상태에서 직원을 그대로 방치하는 것만큼 잔인한 것은 없다. 타성에 젖어 더 이상 다른 곳에서 직업을 구할 수 없을 때 내보내면 기업은 기회 손실이요, 개인에게는 혼자만이 아니라 해당 가족 전체가 불행이다.

인재는 밤에는 바깥에 빠져 나갔다가 아침이 되면 다시 돌아오는 기업의 재산이다. 밤에 빠져나갔다가 돌아오지 않으면 회사는 그 만큼 재산의 손실을 입은 셈이다. 그런데 이 움직이는 재산을 잘 관리하면 밖에서 몇 배나 많은 재산을 불려 조직원들에게 그 능력을 마음껏 발휘하도록 날개를 달아주도록 하는 것이 인사전략이고, 인사전략 중에서 가장 신중하게 결정해야 하는 부분이 채용전략이며, 적합한 자를 채용하는 것이 기업의 미래를 좌우하는 매우 중요한 부분임을 다시 인식하는 계기가 되기를 바란다.

자사의 문화와 핵심가치에 부합하는 채용 기준을 정한다

인재의 중요성은 갈수록 강조되고 있지만 기업들은 실패를 경험한다. 대부분의 최고경영자나 HR 부서 담당자는 인재를 채용하고, 능력을 신속하고 효과적으로 개발하며, 성과를 내는 인재는 계속 보유하고 성과가 낮은 사람을 내보내는 등의 인사원칙에 쉽게 동의하면서도 실제로 그렇게 하고 있지 못함을 인정하게 된다.

채용 기준이 어느 대학을 졸업했는지, 토익점수나 학점이 얼마 이상이라는 통상적인 기준으로 직원을 선발하는 기업이 아직 많다.

그러나 성과를 내고 있는 기업은 자사의 문화와 핵심가치에 부합하는 인재를 최고로 친다. 매드포갈릭이라는 패밀리 레스토랑 회사는 말이 빠르고 열정적인 사람에게 우수한 점수를 준다. 일본의 주켄공업이라는 회사는 초소형 톱니바퀴를 만드는 회사인데 이력서를 면접 현장에서 적도록 하여 빨리 쓰는 순으로 사람을 뽑는다.

사우스웨스트항공은 펀 경영이라는 독특한 기업문화로 성공한 기업이라고 할 수 있다. 파일럿을 뽑을 때도 비행 기술이나 항공 관련 자격증 및 비행 경력보다는 유머감각이나 동료애 등에 평가 비중을 크게 하였다.

고객에 대한 서비스 만족도를 파악하기 위해 면접관이 직접 고객으로 가장하여 현장에서 실제로 평가하기도 한다. 또한 우수고객을 직접 면접에 참여시켜 고객 측면에서의 평가도 반영한다.

최근에 책으로 출간되어 세간에 알려진 일본전산이라는 일본 기업이 있다. 소형 모터 분야에서 세계 1위 기업인데, 직원 채용기준이 아주 특별하다. 목소리가 우렁차고 청소를 잘하거나 밥을 빨리 먹는 사람에게 채용점수를 많이 준다. 일반적인 채용기준에는 최고의 인재가 아닐 수 있지만 자사의 핵심가치에 맞추어 채용한 인재는 토익점수나 학점이 높은 사람이 많은 기업보다 새롭고 창의적인 아이디어로 차별화된 성과를 냈다.

톰 피터스도 '사업전략의 1순위는 인재전략'이라고 할 정도로 인재를 채용하고 육성하는 일은 기업 활동에 있어서 매우 중요하게 생각하고 연구해야 할 과제이다.

회사의 미래는 인재육성에 달려 있다

부하는 육성하면 협력해서 좋은 성과를 내지만 방치하면 거꾸로 상사를 밀어제치고 스스로의 힘으로 치고 나온다.

도요타 자동차 와타나베 사장은 취임하자마자 도요타가 50년 후에 망할 수도 있다고 선언을 했다. 기자들이 "아니 지금도 조 단위 이익을 내는데 망한다는 것이 무슨 말입니까?" 라고 묻자 "회사의 성장 속도에 비해 인재 육성 속도가 따라가지 못하고 있습니다. 자동차는 결국 사람이 만들기에 만드는 사람을 제대로 양성하지 못하면 엉터리 자동차가 나올 것이기 때문입니다" 라고 답했다.

이후 도요타는 정년을 60세에서 65세로 늘리고 베테랑인 60세 이상의 직원들을 해외공장과 국내공장의 지도요원으로 활용하여 인재육성에 최선을 다했다.

그러나 와타나베 사장의 예언대로 오너의 증손자인 도요타 아끼오가 사장이 되었을 때 인재육성의 속도가 성장의 속도에 따라가지 못해 미국에서 대량 리콜사태가 발생하였다.

포드가 GM에게 1등 자리를 내어 준 것도 다음 세대를 육성하지 않았기 때문이다.

1등 기업들은 T자형 인재를 양성한다. 한 분야에 깊이 한 우물을 파는 동시에 소통을 위해 다양성을 갖추는 인재를 말한다. 전문성을 가지면서 문제해결 능력과 타인을 지도하는 능력 그리고 폭 넓은 상식을 갖추는 것을 말한다.

부하육성을 잘하는 관리자인지 아닌지 구별하는 방법은 간단하다.

그 사람이 퇴직한 후, 그 조직이 휘청거리면 능력이 없는 관리자이고, 없어도 잘 돌아가면 훌륭한 관리자이다.

미래이력서를 만들어 성장 맵을 만든다

매년 이력서 내용이 달라지지 않고 변화가 없는 사람은 성장이 정지된 고목나무와 같다. 발전이 없고 미래의 비전이 없는 사람이다.

우리는 새해가 시작될 때마다 자격증을 딴다거나 외국어를 공부하겠다는 새로운 꿈을 설계하고 그것이 꼭 달성되기를 다짐한다. 하루 24시간과 365일을 똑같이 부여받지만, 한 해가 마무리되면 사람마다 그 결과는 크게 차이가 난다.

회사에서 최고 매출상이나 제안상을 받았다거나 신제품 개발상을 받는 등 이력서에 10줄을 추가하는 사람도 있고, 10년 동안 전혀 변하지 않은 옛날 이력서를 들고 있는 사람도 있다.

필자는 매년 책을 한 권씩 출간하여 이력서를 업그레이드시킨다. 이력서에 한 줄을 추가하기 위해서 아침잠을 포기하고 여름휴가도 포기한다.

이제 패러다임이 바뀌어 '평생직장' 이라는 말은 사용하지 않는 단어가 되었으며, 개인이 회사를 버리는 시대에서 회사가 개인을 버리는 시대가 되었다. 따라서 지금부터는 '평생직업인' 이라는 말에 익숙해져야 한다.

지금 당장 퇴사하면 어떤 회사에서라도 환영받을 수 있는 이력서를 가진 평생직업인이 되어야 한다는 것이다.

이력서 품질이 낮은 사람은 당연히 품질을 올리는 노력을 해야 하며 노력이 없으면 조만간 조정대상자의 리스트에 이름이 등재될 것이다. 타성에 젖어 반복하는 정도의 일이라면 지금 지불하는 연봉의 반으로도 더 완벽하게 할 사람이 수두룩하게 기다리고 있기 때문이다.

그러면 이력서의 품질을 높이려면 어떻게 해야 할까?

미래이력서를 쓰고 그 이력서가 달성되도록 한 걸음씩 나가는 자세가 필요하다. 고속엘리베이터는 없고 한 계단씩 올라가야 하는 계단만 있기 때문이다.

미래이력서에는 자신의 신념과 긍지가 녹아 들어가 있어야 한다. 흔히 우리들은 '가보면 되겠지' '안 보이니 할 수 없지……' 라는 식으로 미래에 대해 생각해 보는 것을 귀찮게 여긴다.

미래를 보려고 노력하는 자와 노력하지 않는 자와의 가시거리는 크다. 구름 위의 태양을 볼 수 있는 사람과 구름만 볼 수 있는 사람과의 의식은 지구와 태양의 거리만큼이나 차이가 난다.

미래이력서를 완성했다면 오늘의 행동계획을 작성하고 이를 실천해야 한다.

만약 미래이력서에 임원이나 사장이 된다는 내용이 있으면 미리 명함을 만들어 가슴에 품고 매일 보면서 그렇게 된 것처럼 행동하고 생각하자. 명함 만드는데 15,000원만 투자하면 된다. 미래이력서와 관련 없는 현재의 행동은 제스처에 불과하며 행동이 없는 미래이력서 또한 헛된 꿈에 불과하다.

명품 직장인이 되려는 사람들이 절대적으로 많다

노드스트롬이라는 미국 백화점은 고객만족도가 높기로 유명한 회사이다. 구두 가게로 시작할 때부터 경영이념은 '손님이 좋아하는 것을 하자'였다. 고객이 좋아하는 일을 하면 고객만족이 되고 고객만족이 되면 회사의 매출은 늘 수밖에 없다.

그런데 중요한 것은 그 고객을 만나는 접점의 직원 응대에 따라 만족의 정도가 크게 달라지는 것이다. 접점의 직원 또한 자신이 좋아하는 일을 하고 있다고 생각하고 서비스를 해야 하는 것이다.

이 점을 고려해서 직원들에게 경영상식도 가르치고, 고객응대 기법등도 가르치지만 점원 자신이 억지로 하면 최고의 서비스가 나올 수 없다. 또한 자기 자신이 명품의식이 없기 때문에 일에서 보람을 느끼지도 못하고 손님이 좋아하는 행동이 무엇인지 알지 못하는 경우가 많다. 명품 손님을 만나려면 직원들이 먼저 명품이 되어야 한다.

사람은 꿈을 먹고 사는 동물이다. 명품 직장인은 꿈이 명확하고, 그 꿈을 생각하면 피가 끓고 새로움을 향해 온몸을 던진다.

그 꿈은 쉽게 얻을 수 있는 작은 것이 아니기 때문에 외로움과 두려움을 이겨 낸다. 때로는 남들이 가지 않는 좁은 길을 가면서 어려움이 닥치더라도 큰 꿈을 바라보며 당당하게 환난을 극복해 낼 수 있다.

넘어지면 벌떡 일어나 넘어진 시간만큼 극복하기 위해 뛰고 시간이 나를 기다리는 것이 아니라 미리 준비하여 내가 시간을 기다리는 직장인이다.

평탄한 길이 아니라 광야를 걸으며 자신을 바라볼 줄 알고 조직원으로서의 역할과 자신의 존재를 명품으로 끌어올리는 작업이 필요하다.

분신들을 통해 양손잡이 리더가 된다

어떤 조직이나 20%는 스스로 알아서 자신의 업무를 잘 해내고, 하위 20%는 아무리 변화를 강조해도 타성에 젖은 대로 살며, 나머지 60%는 리더의 리더십에 따라 움직인다.

조직의 성패는 리더십에 따라 움직이는 60%에 해당하는 직원들의 업무 자세에 달려 있다. 어떻게 하면 이 조직원들이 일할 동기를 가지고 조직에 충성을 다하도록 만들 것인가?

리더들을 대부분 만나면 "바빠 죽겠다!" 는 말을 자주 한다. 모든 일들을 꿰차고 일일이 지침을 내려 주고, 모든 전표는 스스로 챙겨야 직성이 풀리며 '내가 이렇게 챙기지 않으면 1년 내에 회사가 거덜 난다' 고 잠도 못 자고 힘들어 한다.

리더가 정말 해야 할 일을 시간이 없어 미루어 두고 현안만 챙기다 하루가 가 버린다. 또한 60%에 해당하는 직원들은 리더를 대리라고 호칭하며, 자신들이 주인의식을 가지고 해야 할 일들을 일일이 결정 내려 주고 지시해 버리므로 바라만 보는 방관자가 되어 버린다.

'삼류 리더는 자신의 힘에 의지하고, 이류 리더는 타인의 힘을 사용하고, 일류 리더는 조직의 지혜를 활용한다' 는 말이 있다.

'의인물용, 용인물의(疑人勿用, 用人勿疑)' 라는 말은 삼성의 이병철 회장의 인사관리 원칙이다. 즉 '의심나는 사람은 쓰지 말고, 쓰는 사람은 의심하지 말라' 는 뜻인데 맡기지 못하는 것은 능력을 의심하기 때문이다.

이제 리더도 부하들의 업무에 서서 자신의 존재의미를 찾지 말고 스스로 행복해질 업무를 찾아야 한다. 한 손만 사용하던 방식에서 양손을 사용하는 양손잡이가 되어야 한다. 양손잡이가 되는 방식은 간단하다.

유능한 리더는 분신 두 사람이 있다. 분신 두 사람은 리더에 대한 '팔로어십' 이 강한 사람이다. 팔로어십이란, '영향력을 행사하는 리더십을 중심으로 함께하는 동조의 힘' 이라고 정의할 수 있다.

즉 리더의 분신과 두뇌를 일부 대신해 줄 '분신' 이 있어야 양손잡이가 될 수 있다. 양손잡이가 되면 일상적인 업무에서 벗어나 리더가 진정으로 해야 할 미래지향적인 자신만의 업무에 몰두할 수 있다.

리더가 해야 할 일을 할 수 있을 때 리더의 행복은 시작된다. 그리고 리더가 행복해져야 회사가 행복해 질 수 있다.

나의 분신 두 사람은 누구인가? 그 이름을 적어 보자.

난관을 헤쳐 나가는 배짱 있는 간부들이 많다

K전자회사에서 새로 임원이 되어 기술부문 총괄책임자가 된 사람으로부터 이런 얘기를 들었다. 자신이 부장 시절 하고 싶은 신사업·신기술에 대한 제안이 있었는데 상층부를 설득하기 어렵다고 생각하여 중도에 포기했다고 한다. 그러나 한 분야를 책임진 경영자가 되고 보니 그 당시의 제안을 관철시키지 않았기 때문에 이번에 자신이 어려움을 당해야 하는 상황에 처해 과거의 안이한 업무자세를 반성한다고 고백했다.

부장 시절에 생각했던 대로 신기술을 도입하고, 공장의 설비도 교체했다면 경쟁사를 따돌릴 수 있는 좋은 계기가 되었을 텐데, 몇 년 후에 같은 문제를 개선하려다 보니 기회손실비율이 엄청나다는 것이다.

경영자가 일상유지활동에 집착하여 미래의 전략적 방향을 놓치는 경우가 많다. 상위관리자가 될수록 새로운 사업전략, 신시장 개척, 풍토개혁 등 현재의 수준을 개혁하는 일에 주도적인 시간을 투자해야 한다.

개혁자·인노베이터로서의 역할을 제쳐두고 초급간부 시절의 유지관리업무에 쫓기다 보면 임원이 되었어도 대리나 과장의 호칭이 맞을 것이다.

개혁자가 되기 위해서는 다음과 같은 4가지 능력이 필요하다.

첫째, 새롭게 발상하는 능력이 있는가?
둘째, 그 발상을 동료나 상사에게 동의를 얻고 설득할 능력이 있는가?
셋째, 그 발상을 실천할 시간을 컨트롤 할 수 있는가?
넷째, 난관을 헤쳐 나갈 수 있는 배짱이 있는가?

특히 새로운 아이디어를 실천하는 마무리 시점에서 비용의 증가나 시간의 투자가 더 필요한 경우가 있는데 그때 밀고 나가지 못하고 주저앉는 사례가 많다.

준비하고 시작한 일이라면 어떠한 비난과 어려움이 있더라도 배짱을 가지고 어려움을 돌파하는 개혁자가 되어야 한다. 중도에서 그냥 두는 것보다 멋진 실패 사례라도 만들어 후배들에게 교훈이 되게 하겠다는 각오로 개혁의 선봉자가 되어야 한다.

승진이 빠른 사람은 대부분이 가만히 앉아 있는 사람이 아니라, 리스크에 도전해서 성공한 사람이라는 것을 기억해둘 만하다.

몸으로 체득하게 만들어 인재를 성장시킨다

도요타에는 인재육성의 여러 방법이 있지만 가장 강조하는 것이 실행을 통해 몸으로 배우고 그것이 습관화되게 하는 것이다. 습관화가 되어야 유전자가 바뀌었다고 할 수 있기 때문이다.

가이젠(改善) DNA 만들기의 대표적인 교육이 '혁신학교' 라고 할 수 있다.

도요타와 그 계열사에서 선발한 신입사원들이 혁신학교에 입교하는 경우, 아예 해당 업무에서 떠나 소속 부서에서 혁신학교로 인사 발령을 한다.

회사에서는 직원들에게 첫 1주일간 스스로 생각하는 시간을 준다. 따라서 일절 작업이나 개선에 대한 지시를 하지 않는다. 이때 대부분 할 일이 없다는 이유로 끼리끼리 모여 잡담하거나 담배를 피우면서 시간을 보내는 경우가 많다.

첫 주가 끝난 후 혁신학교 강사는 그동안 편하게 쉬었던 사원들에게 충격적 메시지를 던진다.

"당신들은 필요 없는 사람들입니다. 여러분이 없어도 도요타는 잘 운영되었습니다. 그렇다면 여러분은 없어도 되는 사람이라는 뜻입니다. 회사에서 필요 없는 사람을 고용할 필요는 없다고 봅니다. 여러분은 오늘부터 모두 그만두시오."

사원들은 이 말을 듣고 정신이 번쩍 든다.

자신이 지금 어떤 위치에 있는지, 앞으로 무엇을 해야 하는지 깨닫게 된다. 도요타에서 쫓겨나지 않으려면 곧바로 개선활동에 나서야 한다는 것을 알게 된다. 그때서야 직원들은 실제 생산 현장을 찾아 개선에 나선다. 일단 시작되면 아침 7시부터 저녁 늦게까지 개선을 위한 연구를 한다. 현장에서는 생산이 우선이므로 개선에 나선 사람이라도 근로자가 바쁘면 같이 작업을 도와 그날 맡은 작업량을 소화해야 한다.

　도요타는 책상 위에서 나오는 형식적인 개선이 아니라 현장 경험에서 우러나온 실세로 성과를 낸 개선을 요구하는 것이다.

　개선은 휴식시간이나 근무가 끝난 후 저녁 시간에 한다. 이들은 대개 주말에도 출근해 개선을 한다. 주말에 출근하라는 지시도 없고 규정도 없지만 개선에 나선 사람들에게는 주말을 즐길 여유가 없다. 왜냐하면 직원들은 일정 기간이 되면 사장 앞에서 성과 발표를 해야 하기 때문이다. 개선 방안을 제시하지 못한 사람은 회사를 그만두어야 하며 개선 방안을 제시한 사람은 그 성적에 의해 일정한 기간이 되면 관리자가 되는 승진의 기회를 얻게 된다.

　비정하고 가혹한 일이지만 모두 이 같은 개선 없이는 생존할 수 없다는 것을 깊이 인식하게 된다. 도요타의 모든 관리자 후보는 사내 혁신학교에서 실천적인 교육을 받아야 관리자로 승진할 자격이 주어진다.

　도요타는 계열사와 협력업체들도 이 같은 사내 혁신학교를 운영하도록 지도하고 있다. 대부분의 협력회사에서는 사내 개선도장을 운영하고 있다. 개선도장에 가면 지금까지 수료한 기수별 사진이 걸려 있고, 각 기수별로 개선에 임하는 자세와 다짐을 기록한 용지가 천장과 벽에 도배하듯이 붙어 있다. 이 도장에 들어서면 개선하지 않으면 안되겠다는 것을 피부로 바로 느낄 수 있다. 따라서 입소하자마자 이 분위기에 압도되어 개선의 전도사로 일할 것을 다짐하게 된다.

　도요타에서 기술은 완성차업체와 협력업체 기술력의 결합이라는 것을 알고 있기 때문에 정기적으로 지도사원을 파견해 지도하기도 한다.

　협풍회(協豊會)란 도요타의 협력사 단체 모임의 이름이다. 여기에서는 정기적으로 모임을 가지고 도요타와 제반 부품 납입에 관한 문제들을 협의한다. 특히 위원회 활동이 활발하여 위원회별로 개선활동을 전개한다.

또한 도요타와 협력사 간부들에게는 도요타가 테스트하는 어려운 관문이 기다리고 있다. 두 달에 한 번 열리는 '자주연구회'라는 개선대회에 참가해서 실천적인 개선활동에 동참해야 한다. 4개 회사, 회사별 10명, 총 40명의 관리자가 미리 선발되어 개선대회에 참가한다. 대회에 참가하는 회사의 사장도 참가자로 나선다. 자주연구회가 열리는 기간에는 도요타와 전 계열사, 협력업체들은 일절 휴가를 가지 않고 반드시 발표 대회에 참석한다. 개선대회 일정은 1박 2일이며 대회 당일 오전 9시부터 이튿날 오후까지다. 참가자들은 도요타에서 정한 주제를 갖고 정해진 특정 협력사나 라인을 대상으로 개선하고 이튿날 개선 발표를 한다.

대회 첫날 참가자들은 생산 현장에서 개선 방안을 찾는다. 하루 종일 근로자들이 작업하는 일거수일투족을 지켜보며 열심히 메모한다. 작업 시간이 끝난 후 참가자들이 각각 연구한 개선 방안을 놓고 실제로 작업을 해본다. 개선을 위한 연구와 토론은 밤늦게까지 이어진다. 시간이 짧기 때문에 대부분 한숨도 자지 못하고 개선안을 수립한다.

대회 이틀째 오후, 개선에 성공한 사람들은 어깨를 쭉 펴고 도요타와 전 계열사 임직원 수천여 명이 모인 대회장에 들어선다. 무대에는 10명의 참가자가 모두 나와 도표와 그림 등을 제시하며 개선 발표를 한다.

반면 개선에 실패한 참가자들의 얼굴은 어둡다. 이들 중 50대의 계열사 사장이 무대에 올라 도요타와 계열사 임직원들에게 인사하고 개선

발표에 나선다. 내용이 부실하면 주최 측인 도요타 혁신 담당 직원이 고함을 지른다.

"뭐하는 거야 당신들. 그러고도 용케 사장, 과장, 부장을 해먹었어? 발표 시간이 아깝다. 꺼져 버려!"

수천 명의 직원을 두고 수천억 원의 매출을 올리는 내로라하는 도요타 계열사 사장도 개선에 실패하면 인간 취급을 받지 못하는 것이 도요타의 자주연구회다.

개선에 실패한 회사는 모욕과 함께 관찰 대상으로 분류돼 여러 가지 불이익을 받게 된다. 대회 참가자들은 자존심 때문에라도 밤을 새워가며 개선을 위해 아이디어를 짜낼 수밖에 없다. 도요타에는 그야말로 냉엄한 정글의 법칙만이 존재하는 듯하다.

'마른 수건도 짠다'는 혹독한 인재 육성 교육과 생산 시스템으로 도요타는 지난해 90여 년간 세계 1등을 해온 GM자동차를 누르고 최고의 자동차 회사로 사상 최대의 경영 실적을 올렸다. 이러한 힘이 진화하는 가이젠(改善)의 DNA에서 분출되는 것을 확인할 수 있다.

세계적으로 많은 기업들이 높은 성과를 내는 도요타를 벤치마킹하고 있다. 그러나 대부분 도입에 실패하는 경우가 많이 있다. 왜냐하면 가이젠으로 무장한 정신과 끊임없이 진화하는 도요타 직원들의 능력을 그대로 가져오기가 어렵기 때문이다.

도요타는 매일 진화하고 있기 때문에 도요타 방식이 이것이라고 단정 지어 말할 수 없다. 한마디로 하면 끊임없이 진화하는 가이젠의 DNA 만들기가 도요타 방식이라고 할 수 있다. 이 진화 능력은 도요타의 가장 핵심이면서도 배우고 모방하기도 어렵다. 그래서 도요타의 벤치마킹은 어려운 것이다.

특히 도요타는 학맥이나 학벌을 중시하지 않는다. 사실 도요타 생산방식의 창시자인 오노 다이찌도 고졸 학력이고, TPS를 실천하고 타 기업에 전파하는 사람들도 고학력인 사람은 찾아보기 힘들다. 삼성에서 20년간 설비분야를 지도하는 무라다라는 도요타출신 선생도 고졸 출신이다. 고졸 출신이 세계 1등 제품을 만드는 반도체 라인을 20년간 지도할 수 있는 힘은 도요타의 가이젠 DNA를 가진 사람이기 때문이다.

특히 대졸 사원이 많았던 닛산은 르노에 인수되는 아픔을 겪었지만, 학력을 까다롭게 보지 않은 도요타가 최고의 회사가 된 데에는 학력보다는 일을 대하는 자세와 노력을 중시하는 도요타의 인사제도가 있기 때문이었다.

물론 처음부터 우수한 사람을 채용하는 것이 무엇보다도 중요하겠지만, 인재는 태어나는 것이 아니라 만들어진다는 것을 잘 인식하고 가이젠의 DNA를 어떻게 만들어 넣을 것인가를 잘 연구하여 교육해야 할 것이다.

팀워크를 살려서 '줄탁동기'의 파워를 발휘한다

팀워크를 잘 나타내는 '줄탁동기' 라는 말이 있다. '알 속에 있는 병아리가 세상에 나오기 위해서는, 알 속의 새끼가 부리로 톡톡 두드리면 그 소리를 듣고 어미 닭이 밖에서 부리로 두드려 주어야 안에서 껍질을 깨고 나오게 된다'는 의미다.

어미 닭과 병아리의 팀워크가 발휘되어야 병아리가 세상에 나올 수 있다는 뜻이다. 팀워크 활동은 지식의 횡 전개 차원에서 벗어나서 기존의 지식에 새로운 지식을 첨가해 창조적 폭풍을 일으키는 방법 중의 하나이다. 새로운 것을 창출하고 미래 지향적인 방향으로 조직을 이끌기 위해서는 팀워크의 활용이 매우 중요하다.

삼성에는 미래를 준비하는 미래전략그룹이 있다. 세계 톱 MBA출신의 인재를 20여 명 모아 글로벌 초일류를 향한 길을 예비하고 정비하는 일을 하고 있다. 그리고 미래 기술회의를 통하여 다양한 분야의 석학들과 팀워크로 토론하고, 미래의 먹거리 기술에 대해 해답을 찾는 노력도 하고 있다.

각 분야의 전문가들이 팀워크를 통해 미래를 준비하고 있는 것이다. 노키아도 핸드폰 개발을 할 때 기능별 복합조직을 만들어 플랫폼 중심으로 개발을 하고 해당 테마의 개발이 완료되면 다시 현업부서로 돌아가서 일하는 조직이었다. 이러한 팀활동으로 배터리 잔여량 표시기능과 벨소리 서비스에 대한 기능도 세계 최초로 도입할 수 있었다.

팀워크란 '팀 효과성에 적극적으로 참가하고 이를 촉진시키며, 타인의 감정과 욕구를 고려하여 행동하며 개인의 행동이 타인에게 미치는 효과를 인식하는 것'이라고 정의할 수 있다.

팀워크의 강약에 따라 운동 경기의 승패도 크게 좌우된다.

제36회 라이더컵 대회에서는 세계 1위인 타이거 우즈, 2위인 짐 퓨릭, 3위인 필 미켈슨이 전부 미국 팀이었지만 더블 스코어 차이로 미국 팀이 유럽 팀에게 패했다.

'왜 세계 1, 2, 3위 멤버가 소속된 미국 팀이 패했을까?' 에 대해 분석해 본 결과 팀워크에서 차이가 났다. 우선 골프장에 오는 방법부터 달랐다. 유럽 팀은 단체로 버스를 타고 왔지만, 미국 팀은 각자 승용차로 골프장에 도착했다.

주장인 톰 레이먼은 참가자들의 휴대전화번호도 모르고 있었다. 미국의 개인주의가 유럽의 팀워크에 패배한 것은 어쩌면 당연한 결과였다. 아무리 개인의 기량이 뛰어나다고 할지라도 협력하는 팀 앞에서는 이길 수 없다는 좋은 사례라고 할 수 있겠다.

아드보카트 전 한국축구 대표팀 감독도 선수들이 훈련이나 경기장에 올 때 개인 승용차 이용을 금지시킨 것도 개인주의를 경계하고 팀워크를 손상시키지 않기 위한 조치이다.

WBC대회에서 우리나라 팀이 이기게 된 것도 팀워크의 힘이다. 연봉으로 따지면 베네주엘라 선수들의 연봉합계액이 1,200억 원인 반면에 우리선수들 합계는 76억에 불과하였다. 즉 연봉으로 평가하는 실력은 약 15.8배 이상 차이가 나지만, 10:2로 이긴 것은 바로 우리 선수들의 팀워크와 이길 수 있다는 정신력 덕분이다.

기업체의 조직도 팀워크가 매우 중요하다. 팀이라는 것은 사람들이 단지 모여 있는 집합체가 아니다. 힘을 모으기만 하면 개개의 합보다 훨씬 큰 힘을 가진 하나의 실체가 나타난다. 이러한 시너지 효과가 나타나기 위해서는 팀 구성원들이 밀접하게 함께 일해야 한다. 또한 서로 협력하고 지원하기 위해 개인주의의 의식을 벗어 버리고, 팀의 이익을 위해 모든 노력을 경주해야 한다는 것을 의미한다.

팀 구성원들이 상호 간의 팀워크를 발휘하여 공통된 목표의 이미지를 가지고 정보를 공유화할 때 팀 효과가 나타난다.

개인이 아닌 우리 팀이라는 의식에서 나오는 아이디어는 개인의 기량을 훨씬 뛰어 넘는 파워 있고, 새로운 변화를 선도하는 것이다. 인간이 가진 무한한 잠재력을 상호 자극하여 깨우는 좋은 방법 중의 하나가 팀워크를 활용하는 것이다.

13

부가가치가 없는 것의
낭비를 철저하게 개선한다

평균화 생산방식으로 낭비를 제거한다

중소기업으로 갈수록 공장의 생산관리가 철학과 학생의 공부방식과 같다고 하는데 이를 '데칸쇼방식'이라고 한다. 대학에서는 여러 종류의 전공학과가 있지만 특히 철학과 학생은 학기 중 대부분은 '인생이 별거냐, 어차피 가는 인생 잘 놀면서 즐기면 되지'라고 하면서 평상시에는 시험공부를 전혀 하지 않는다.

그러나 시험이 얼마 남지 않게 되면 학점을 따야 하는 중압감 때문에 할 수 없이 며칠간 밤새워 당일치기로 시험 준비를 한다.

단기에 집중적으로 노력했지만, 몸은 지칠 대로 지치고 성적은 겨우 C나 D학점을 취득하는 나쁜 모습과 흡사하다고 하여 데카르트, 칸트, 쇼펜하우어를 줄여서 '데칸쇼방식'이라 이름을 붙였다.

기업에서도 부품이 필요한 것이 제때에 확보되지 않아 기다리다 월말이 되면 잔업 특근을 해서 겨우 생산 목표를 맞추는 나쁜 습관이 반복되는 경우가 많다.

이러한 낭비적인 데칸쇼방식을 없애기 위해서는 만일 월 1,000개가 필요하면 25일 가동하여 하루 40개씩 만들면 된다. 이렇게 매일 40개씩 만들면 재고를 쌓아둘 필요가 없다.

그리고 하루에 480분씩 작업하면 월말에 바쁘지 않고도 목표를 달성할 수 있다.

고객도 월말에 물건을 한꺼번에 달라고 하는 것이 아니기 때문에 팔리는 속도에 따라 평균적으로 생산하면 협력업체의 인건비와 재고비도 줄어들고, 노동 강도도 약해지며, 생산관리와 현장관리도 쉬워진다.

물류 면에 있어서도 월초에는 운반이 없다가 월말에 집중적으로 운반하면 교통 체증을 일으키는 원인이 된다. 따라서 월초부터 고르게 운반하면 계획적으로 할 수 있기 때문에 교통이나 자재낭비 등의 환경문제도 해결할 수 있다.

또한 운반할 때 제때에 필요한 만큼 공급하려면 잦은 운반을 하여 교통 체증 문제를 일으킨다는 우려도 있지만, 협력업체 간 순회물류 시스템을 적용하여 계획적으로 공급하면 트럭의 적재효율이 높아 데칸쇼방식보다 더 큰 문제 발생 우려는 없다고 볼 수 있다.

가치 없는 움직임을 가치 있는 일로 바꾼다

일반적으로 생산성 향상을 하면 노동강화가 된다고 생각되기 쉬우나, 노동밀도나 노동강화의 사고방법은 다음과 같다.

지금까지의 방법을 고수하면서 단지 작업량을 늘리는 일이라면 이는 당연히 노동강화라고 할 수 있다. 예를 들면 1시간에 10개를 만들고 있는 곳에서 작업이나 설비의 개선도 없이 15개를 만들어 내라는 것과 같다.

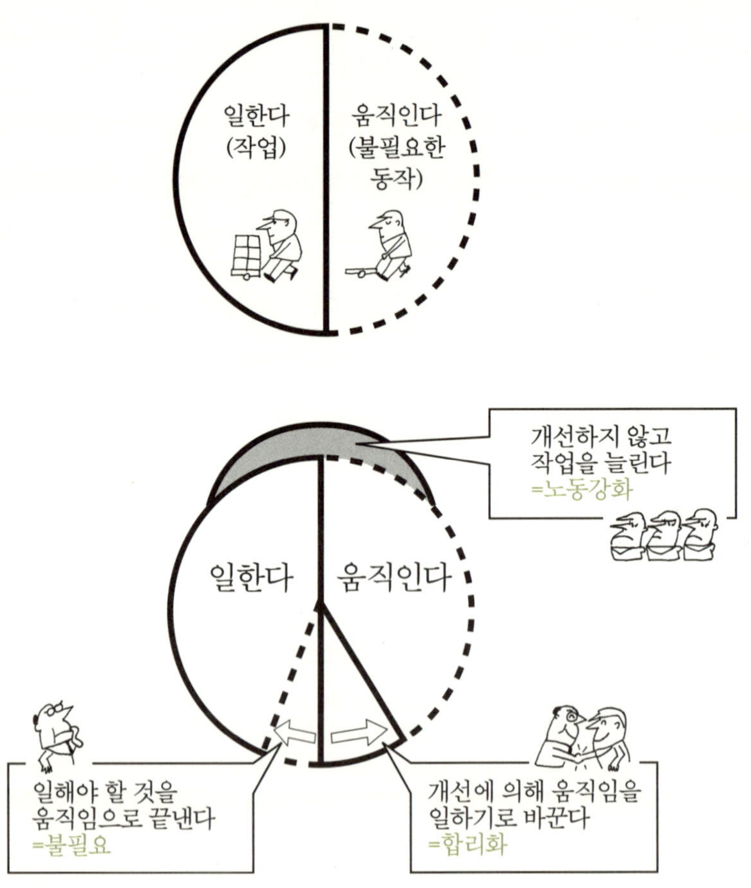

반면 공수절감에 의한 합리화란 개선에 의해 '단순한 움직임' 즉 불필요한 움직임을 부가가치 있는 노동으로 바꾸는 것을 뜻한다. 따라서 '일한다' 라고 하는 것은 부가가치를 내기 위한 동작으로 한정하여 사용되고 있다.

현장의 작업 중에서 '물건을 쥔다, 물건을 놓는다, 물건을 쌓는다, 물건을 찾는다' 라고 하는 동작은 단지 '움직인다' 라는 것이며 이것은 작업이라고 말할 수 없다.

누구나 회사에 와서 일정한 급료를 받아 가면, 일하지 않고 멍청하게 서 있는 것에 대해 부담감을 가지며 무언가 해야겠다는 마음을 가지게 되어 있다.

작업을 위해 하는 동작 중에서도 물건을 만들기 위해 꼭 필요한 동작과 그렇지 않은 동작이 있는데, 이때 불필요한 동작을 '동작의 낭비' 라고 한다.

예를 들면 볼트를 5개 조립하는데 다음 작업으로 넘어가야 할 곳이 보이지 않아 뒤쪽에 거울을 설치하여 보면서 하니 작업도 쉽고 빨라 체결시간이 반으로 줄어든 것도 개선을 통해 낭비를 줄인 결과이다.

볼트를 5개 조였다고 하더라도 조이는 방법이 느슨하면 불량이 생겨 재작업이라는 낭비가 발생한다. 그런데 볼트 5개를 2개 줄여 3개만으로도 설계의 목적을 달성하게 하거나, 아예 볼트를 없애고 원터치 방식으로 고치게 된다면 낭비를 제거하여 부가가치를 올리는 방법이다.

따라서 공수절감 활동은 불필요한 '움직임'을 배제하고 '일한다' 는 방향으로 움직이기 때문에 총체적으로 공수를 절감해 가는 것이다.

그리고 이러한 일은 이익이 되지 않는 행동을 배제하는 것이며, 이는 에너지를 유효한 작업으로 연결시키는 것이므로 인간존중과 관련이 되는 것이다. 회사에 에너지와 시간을 제공하고 있는 사람들이 유효한 일에 힘을 쏟지 않는 것만큼 어리석은 일은 없고, 가치 없는 것에 에너지가 소요되는 것은 인간 존중에 반하는 것이 된다.

인간은 자기가 하고 있는 일이 도움이 되고 있다는 가치의식을 가져야 일하고 싶고 또한 일할 기분이 난다. 공수절감 활동에서 인간존중을 무시한 노동강화라는 문제가 일어나는 것은 일하는 방법이 잘못되었거나 '움직임' 과 '일한다' 라는 의미의 오해 때문이다.

요약해 보면 노동밀도라는 것은 분자가 부가가치 있는 일하기이고, 분모가 움직임에 대한 백분율을 말한다. 노동밀도를 높여 효율성을 올릴 때에는 분자를 크게 만들 것이 아니라 분모를 작게 해야 (분모 중의 불필요한 일을 제거할 것) 하며, 노동밀도가 100%가 되면 모든 움직임이 가치 있는 것이라는 의미이다.

노동강화란 정해진 작업량에 추가로 작업을 더하게 하여 노동의 강도를 높이게 하는 것을 뜻한다. 그러나 부가가치를 올리는 작업이란 현재의 작업량에서 불필요한 작업을 개선해 없애는 것이므로 즉 정해진 작업량에는 변화가 없으므로 노동강화라고는 할 수 없다.

이렇게 낭비 작업을 없애고 부가가치 있는 일은 더 인간다운 일을 하게 되므로 인간성 존중에도 연결된다.

낭비를 제거해 돈 버는 체제를 확실하게 구축한다

도요타 생산방식은 한마디로 말하면 낭비를 철저하게 제거하여 부가가치 있는 일만 함으로써 돈 버는 체제를 확실하게 구축하는데 그 목적이 있다.

이 목적을 달성하기 위해서 다음과 같은 활동을 하고 있다.

첫째, 필요한 제품을, 필요한 만큼, 필요한 때에 생산하여(Just-In-Time, JIT) 낭비를 줄이는 것이다.

제때에 필요한 만큼 공급하는 것이 생각으로는 쉬워도 실제 매우 어려운 일이다. 우선 사고를 180도 전환하여 PUSH 생산에서 PULL 생산방식으로 바꾸어야 한다.

이를 실현하기 위해 간판(看板)을 활용하여 통제하고 있다. 간판이란 엽서 두 개를 연결한 크기의 종이에 그 상자에 들어 있는 부품에 관련된 정보를 적어 놓은 것이다. 부품이 옮겨질 각 부품상자에 간판이 부착되며 간판은 부품이 사용된 후 앞의 공정으로 보내져 앞 공정의 생산지시 간판이 된다.

납품업체의 경우는 납입처에 부품을 보낼 때 간판을 부착하여 부품이 다 사용되면, 초기에는 다시 간판이 납품업체로 보내져 발주서와 같은 역할을 했지만 이제는 전산시스템에 의해 납품지시가 되고 그 지시에 의해 납품처에서 간판을 발행하여 부품과 함께 이동한다.

간판을 이용하여 부품납입회사, 생산라인 그리고 각각의 공정이 서로 정보를 교환하는 것이다. 종래에는 주문이나 생산지시가 항상 생산을 개시하기 전에 이루어져 주문이나 생산지시라는 커뮤니케이션이 먼저 떨어지고 나서야 부품이 생산되었다. 그런데 간판방식에서는 부품의 흐름과 커뮤니케이션의 흐름이 동시적으로 진행되어 그 결과 각 공정단계에서 부품의 재고를 획기적으로 줄일 수 있었다.

둘째, 이상이 발생하면 기계나 라인을 정지(Line Stop)하게 하여 낭비를 줄인다.

불량이 생기거나 문제가 발생하면 기계가 스스로 정지되는 자동 정지장치를 생산라인의 기계에 설치했다. 이를 인변이 붙은 자동화라고 말하며, 조립라인에서 문제가 발생할 때에는 작업자들이 라인에 설치된 하얀 선을 당겨 라인을 정지시킨다.

사실 라인을 정지시키면 생산에 차질이 생기고 작업의 흐름이 끊어져 생산성 등의 여러 면에서 손실이 발생하는 것처럼 보이나, 문제가 숨지 않고 만성적이고 반복적인 원인이 해결되므로 낭비가 제거되는 것이다.

그런데도 작업자가 기계 라인을 정지시킬 수 있도록 하는 것은 겉으로 볼 때 작업자들에게 대단한 자율권을 부여한 것처럼 보이나, 대부분 라인이 서기 전에 반장이나 조장의 즉각적인 지원을 받아 문제가 해결되기 때문이다. 문제가 발생하면 바로 라인을 정지시키는 것이 아니라 30초에서 1분간의 해결하는 시간을 설정해 놓았기 때문이다.

또한 기계에 자동정지장치가 설치되어 있으면 한 명이 관리하는 기계수를 획기적으로 늘려 관리할 수 있다. 기계 한두 대에 매달리지 않아도, 문제가 생기면 자동 정지하니까 1인이 수십 대의 서로 다른 기계를 쉽게 통제하고 관리할 수 있는 것이다.

이를 보다 더 원활하게 하기 위한 제도가 다능공화이다. 이 제도의 도입으로 도요타의 작업자들은 최소 5~7개 정도의 공정을 다룰 수 있는 기능을 가지고 있고, 다능공 육성표에 의거하여 자신의 스킬이 향상되는 것을 눈으로 보면서 향상시킬 수 있다.

셋째, 철저한 품질관리로 낭비를 제거한다.

앞의 JIT사상이나 라인스톱제는 부품이나 제품이 완벽하지 않으면 많은 문제로 인해 그 사상을 실현할 수 없다. 만약에 공정 하나 하나에 문제가 생기면 도요타 방식은 작동 불가능하다. 따라서 부품의 납품과정이나 개별공정에서 철저한 품질관리가 이루어져야 한다.

그리고 모든 공정에서 이처럼 높은 수준의 품질을 유지할 수 있는 비결은 개선이 철저하게 실시되고 있기에 가능한 것이다. 개선이란 자신의 작업과 공정에 대해 끊임없이 지혜를 내어 보다 나은 개선방식을 제안하도록 장려하는 것을 말한다.

도요타에서는 제안 건수가 연간 약 90만 건에 달하며 그 중 대부분이 실행에 옮겨진다는 것이 타사와 구별된다고 할 수 있다. 이것은 미국의 포디즘이 만들어낸 컨베이어 방식의 `생각하지 않는 노동자라는 개념과는 전혀 다른 방식이다.

도요타 생산방식은 종업원의 소집단 개선활동을 통해 팀워크를 발휘하게 하여 서로 간의 유대를 강화하고, 지적능력을 활용하여 개선하게 한다.

소집단 개선활동은 매슬로우의 욕구 5단계에서 가장 높은 욕구인 자기실현의 욕구를 충족할 수 있는 방법이다.

흐름의 낭비를 제거하기 위한 도구를 개발한다

대체적으로 도구라는 것은 그것이 좋은 도구면 도구일수록 그 취지를 잘 살려 사용하면 목적을 달성하기 위한 효과적인 무기가 되는데, 잘못 사용하면 도리어 목적 달성을 저해하게 된다.

작업 현장을 효율적으로 관리하기 위한 눈으로 보는 관리 도구인 간판도 마찬가지라고 할 수 있다. 그래서 간판을 운영하기 위한 전제조건이나 간판의 룰을 잘 알 필요가 있다.

첫째, 불량품을 후 공정으로 보내지 않는다.

불량품을 만든다는 것은 팔리지 않는 것에 자재, 설비, 노력을 투입하는 것을 말한다. 이것은 가장 불필요한 것이며, 기업이 목적으로 하는 원가절감에 반하는 최대의 적이다. 그래서 불량품이 발견되면 두 번 다시 발생하지 않도록 우선적으로 재발방지 대책을 세우지 않으면 안 된다.

이와 같이 불량을 없애는 활동을 보다 철저하게 하기 위해 '불량품을 후 공정으로 보내지 않는다' 라는 첫 번째 룰이 매우 중요한 것이다. 그 이유는 첫 번째 룰을 지키면 불량품을 제조한 공정이나, 불량품의 발생을 바로 발견할 수 있기 때문이다. 불량을 그대로 방치해 두면 후 공정이 멈추든지, 불량품이 해당 공정에 되돌아와 곧 그 공정의 문제가 클로즈업되므로 관리, 감독자가 일치하여 재발방지 대책을 세우지 않을 수 없다.

그래서 이 룰을 확실하게 실시하기 위해서는 불량품이 생기면 자동적으로 기계나 작업을 멈추도록 해두는 것이다. 여기서 인(人)변이 붙은 자동화의 사고방법이 등장하게 되는 것이다. 만일 불량품이 혼입되어 있으면, 반드시 교체하지 않으면 안된다. 외주공장에서 도착한 것에 불량이 있으면 납입 카드를 바꾸어 쓰지 않고 다음 납입 시에 불량이 나온 수만큼 늘려서 가져오도록 한다. 항상 어느 공정이라도 100% 양품이 유통되는 것이 보장되지 않으면 간판 방식 자체가 무너질 것이다.

둘째, 후 공정에서 인수하러 온다.

'필요한 시기에 필요한 양만큼 후 공정이 인수하러 온다' 는 것이다. 필요치 않을 때에 필요 이상으로 물건을 만들어 후 공정에 공급하는 것은 여러 가지 낭비가 생기게 한다. 즉, 작업자들을 여분 작업으로 잔업까지 시켜야 하는 손실이 생기고, 여분의 재고를 관리하기 위해 생기는 여러 가지 손실 등의 낭비가 생긴다. 그리고 최대의 낭비는 필요하지 않은 것을 만들기 때문에 정작 필요한 것이 만들어지지 못할 수 있다는 점이다.

이와 같은 손실을 없애기 위해 두 번째 룰은 매우 중요하다. 이 룰이 확실히 지켜지기 위해서는 어떻게 하면 좋을까. 여기서 문제가 되는 것은 '불량품은 후 공정으로 보내지 않는다' 라는 첫 번째 룰을 지키면 해당 공정에서 발생하는 불량품은 그 공정에서 발견할 수 있다. 따라서 생산지시 정보를 미리 얻을 필요가 없고, 후 공정이 필요한 품질의 것을 공급할 수가 있다. 이것에 대하여 후 공정에서 부품이 필요한 시기와 양은 전 공정에서 파악할 수가 없다. 즉, 후 공정에서 그와 같은 정보가 주어져야 비로소 알 수 있는 것이다.

전 공정이 무조건 공급하면 과잉생산의 여지가 있지만 필요한 시기에 필요한 양만큼 후 공정이 전 공정으로 가지러 가는 '후 공정 인수' 방식을 사용하면 여분을 만들 수 없다.

최종 공정인 차량조립에서부터 최초 공정인 재료 출고까지의 모든 공정이 반드시 필요한 시기에 필요한 양만큼 인수하기로 한다면 모든 공정이 후 공정으로 공급해야 할 물량을 저절로 알게 된다.

'공급' 이라는 사고방식을 '인수' 라는 사고방식으로 바꾸어서 '후 공정이 인수하러 온다' 는 것이 중요한 두 번째 룰이다. 그런데 여기서 주의해야 할 것이, 후 공정이 마음대로 기분 내키는 대로 가지고 가지 않도록 룰을 구체화해야 한다는 점이다. 따라서 후 공정에서는 다음과 같은 운용원칙을 반드시 지켜야 한다.

· 간판 없이 인수하러 와서는 안된다.
· 간판의 장수 이상으로 인수해서는 안된다.
· 현물에는 반드시 간판을 붙인다.

셋째, 후 공정이 인수한 양만큼 생산하는 것이다.

물론, 자공정의 재고는 최소한으로 억제해야 한다. 그러기 위해서는 다음과 같은 운용원칙을 지켜야 세 번째 룰이 그 효력을 발휘한다.

· 간판의 장수 이상을 생산해서는 안된다.

· 간판에 나온 순서대로 생산한다.

더욱 중요한 것은 두세 번째 룰을 준수함으로써 모든 생산 공정이 마치 한 개의 컨베이어로 연결된 것과 같은 효과를 발휘한다는 것이다. 즉, 동기화가 성립한다는 것이다. 동기화 라인의 도입이 작업의 표준화나 코스트 다운에 얼마나 위대한 힘을 나타내는가를 생각할 경우 이 동기화가 갖고 있는 큰 의미를 충분히 이해할 수 있어야 한다.

넷째, 생산을 평준화한다는 것이다.

세 번째 룰을 지키기 위해서는 모든 공정이 필요한 시기에 필요한 양만큼 생산할 수 있도록 설비와 사람을 보유해야 한다. 만일 후 공정에서 시기와 양에 대하여 제멋대로 인수하면 전 공정은 사람이나 설비에 여력이 없으면 대응할 수가 없게 되고, 후 공정의 변동폭이 크면 클수록 전 공정의 여력이 더 필요로 하게 될 것이다. 또한 너무 여력이 없는 전 공정이 후 공정에 대응하려면, 여유가 있는 시기에 선행생산을 통해 재고를 가져야 한다.

그러나 '후 공정이 인수된 양만큼 생산한다'는 세 번째 룰에 충실하기 위해서는 생산이 평준화되지 않으면 안된다. 따라서 평준화 생산은 도요타 방식의 실천을 위한 토대라고도 말할 수 있는 것이다.

다섯째, 간판이 미조정의 수단으로 이용한다.

간판 기능의 하나는 '자동지시장치이며, 작업자에 대한 작업지시 정보'라고 설명을 했었다. 따라서 간판이 있는 경우에는 따로 작업 계획표나 운반 계획표와 같은 정보는 제공되지 않고 간판만이 생산이나 운반지시를 위한 정보가 되고 작업자는 간판만을 의지하며 작업을 한다. 그러므로 생산의 평준화가 특히 중요하다.

생산의 평준화가 행해지지 않으면 어떤 문제가 일어날 것인가를 생각해 보자. 예를 들어 어떤 프레스부문은 작업준비를 개시하고 나서 부품이 프레스되어 후 공정으로 공급되기까지 4시간이 걸린다고 하자. 그래서 프레스 부품의 재고가 5시간 이하가 되면 일을 하라는 지시가 나오도록 간판을 설정하였다고 가정하자. 그런데 후 공정의 생산이 배로 증가했다면, 5시간의 재고분은 2시간 30분으로 후 공정으로 인수되어 버리지만 프레스 공정에서는 부품이 준비되어 있지 않으므로, 1시간 30분(4시간-2시간 30분=1시간 30분) 간 완전한 결품 상태가 된다.

이와 같은 경우에 대응할 수 있도록 10시간 분의 재고를 가지고 있으면 생산량이 보통일 때는 불필요한 재고를 여분으로 갖는 것이 되므로 그렇게 할 수도 없다. 또한 '후 공정이 너무 많이 인수하지 않는가'라고 전 공정이 불만을 토한다든지, '이번에는 빨리 일을 걸어 주시오'라고 간판 이외의 특별한 정보를 보낸다면 혼란스럽게 된다. 따라서 간판을 운용하는 경우 '생산의 평준화'가 얼마나 중요한가를 이해할 수 있을 것이다.

간판은 생산량의 급속한 변동에 대한 조정이 되지 않으며, 미조정의 수단으로서 사용해야만 그 위력을 발휘할 수 있는 것이다.

'불량품을 후 공정으로 보내지 않는다'는 첫 번째 룰의 검토를 통하여 인(人)변의 자동화에 대한 중요성을 이해하였지만, 불량의 의미를 단지 불량부품에 한하지 않고, '불량작업'에까지 넓혀 생각하면 여섯 번째 룰은 한층 이해하기 쉬워진다. 즉, 불량작업이란 작업의 표준화와 합리화가 충분히 행해 있지 않기 때문에 작업방법이나 작업시간에 불필요, 불합리, 무리가 생기게 되고, 이것이 나아가 불량부품의 생산으로 연결되는 것이다.

이와 같은 문제를 해소하지 않으면 후 공정에 대한 공급을 보증하면서 가급적 싸게 만들 수 없다. 공정의 안정화, 합리화에 대한 노력을 통하여 인변의 자동화 실현을 꾀하여 가는 것이 필요하며 '생산의 평준화'도 이와 같은 보증이 있어야 비로소 그 가치를 충분히 발휘할 수 있는 것이다.

이상 설명한 6가지 룰을 모두 지키기 위해서는 대단한 노력이 필요하다. 그러나 이와 같은 룰을 지키지 않고 간판을 도입하면 결코 그 효과를 발휘하지 못하고 원가절감 활동도 추진되지 않는다. 원가절감을 진행하기 위한 현장관리 도구로서 간판의 효용을 인정하는 한 어떠한 곤란도 극복하고 룰을 지켜가는 노력이 필요하다.

보이지 않는 낭비를 줄인다

현대자동차의 해외공장 건설에 따른 정보수집과 일본 우수공장을 벤치마킹하기 위해 임원 5명과 일본 규슈에 있는 도요타 공장을 방문한 적이 있다.

지금까지의 도요타 생산방식은 1시간 내에 공급할 수 있는 거리에 협력회사를 두고, 필요한 때에 필요한 만큼 정시에 공급하는 효율적인 물류시스템이었다. 이러한 기존의 관념을 깨고 5시간이나 떨어진 곳인 규슈에 공장을 만든 것이 이해가 되지 않았었는데 방문을 통해 해답을 찾았다.

또한 대부분 제조업들이 원가 압박으로 중국이나 동남아시아에 진출했는데, 일본 내에 다시 새로운 공장을 만든 특별한 이유도 알게 되었다.

알고 보니, 이 변화들은 도요타에서 프로세스 혁신을 통해 고정비를 변동비화하여 원가경쟁력을 대폭적으로 높일 수 있었기 때문이었다.

아이찌현에 있는 도요타 공장보다 50%나 적은 인건비로 더 많은 양을 생산할 수 있는 곳이 도요타 규슈 공장이었다. 규수지역이 지역적으로 인건비가 싼 점도 그 이유이지만, 더 중요한 것은 작업을 간소화하거나 표준화하여 일부 라인을 사내 외주화하고 숙련 작업자만 할 수 있던 작업을 계약직이나 아르바이트가 하더라도 품질에 영향을 주지 않도록 작업방법을 설계하여 생산량 변동에 따라 유연하게 대응할 수 있는 체제를 구축한 점이었다.

마쓰시다 그룹도 그룹 차원의 인재파견회사를 만들어 그룹의 사원들을 풀제화하고, 업종별 경기변동에 따른 여유 인력을 탄력적으로 운용하여 인건비의 변동비화를 적극 추진하여 장기불황의 어려움을 극복하고 있다고 한다.

최근에는 각 기업에서 물류부분을 분리해서 독립된 회사로 운영을 많이 하고 있다. 물류기술이 있는 회사는 타사물량도 취급하여 3자 물류로 수익을 확보하기도 한다.

한국에서 고정비의 변동비화 차원에서 시작하여 대표적으로 성공한 물류회사는 CJ GLS라는 회사이다.

피자헛의 경우에는 매출의 50%가 주말에 발생한다고 한다. 따라서 재료도 주말에 많이 사용해야 되므로 신선도 유지를 위해 근무체계도 기존 회사와 달라야 한다. 따라서 기존의 인사조직시스템으로는 대응이 되지 않으므로 아웃소싱을 하거나 독립시키는 방식 또한 고정비를 변동비화하는 방법으로 비용을 효율화한다.

우리 기업들도 주 5일 근무에 따른 근로시간 단축, 환경관련 비용 증가, 동남아 기업들의 경쟁력 향상 등으로 원가압박을 어떻게 해결하느냐에 전전긍긍하고 있다.

원가절감을 할 수 있는 여러 가지 방법이 있지만 도요타나 마쓰시다 사례처럼 고정비의 변동비화에 대한 연구가 가장 큰 효과를 주리라 생각한다.

의사결정에 낭비가 없다

개인의 삶도 매일 매일 의사결정의 연속이다. '아침에 일어나서 어떤 옷을 입고 어떤 넥타이를 맬 것인가' 도 하루 출발점에 자신이 결정해야 할 과제이다. 자기 전에 미리 결정해 준비해 두면 아침시간이 여유롭다.

'자녀를 1명만 출산할 것인지 3명 나아서 정부지원금 혜택을 누릴 것인지' 에 대한 것도 신혼부부가 결정해야 할 중요한 결단이다. '대학과 전공을 선택하는 것 그리고 배우자를 결정하는 것' 은 인생에 매우 중요한 결정 요소이다.

직장인들이 간부가 되면 하는 일 대부분이 의사 결정을 하는 업무이다. 부하가 검토해서 올린 보고서 A, B, C안 중에서 선택하거나 더 나은 아이디어를 추가해서 의사결정을 한다.

결정이라는 단어 앞에는 항상 속도의 개념이 따라다닌다. 빠른 의사결정은 시장을 선점하게 되고 새로운 기회를 창출시킨다. 먼저 결정한 것이 나중에 결정한 것을 대부분 지배하게 되어 있다.

최근에는 아이폰이라는 신개념의 핸드폰에 대한 개발 결정이 시장을 선점하게 되어 애플이 핸드폰 시장에서 새로운 강자로 등장하였다.

반면 국내 모회사에서는 CEO가 미래시장에 스마트폰이 별로 호응이 없을 것이라고 판단해 개발을 중지했다가 핸드폰 시장에서 소외당하는 결과를 초래해서 적자를 면치 못하는 불행한 현상이 발생했다. 먼저 현명한 결정을 내린 회사가 시장을 선점하고 지배하고 이익을 선점한다는 것을 아이폰의 사례에서 발견할 수 있다.

모 그룹은 회장이 중요한 의사결정을 할 때는 비서실, 경제연구소, 신문사에 결정해야 할 과제에 대하여 각각 검토를 시킨다. 3곳의 의견이 전부 다를 때에는 결정을 미루고, 3곳이 전부 좋다고 하는 것도 결정을 미루고, 2곳은 찬성하고 1곳이 반대하는 안건에 대하여는 반대를 극복하는 해결책을 만든 후에 실시 여부를 결정한다고 한다.

왜 전문적으로 분석하여 3곳이 모두 찬성하는 안도 결정을 미룰까? 3곳이 전부 좋다고 하는 안은 경쟁사도 이미 검토했을 가능성이 높기 때문이다. 경쟁사에서 먼저 착수했으면 선수 전략이 아니라 후수 전략이 될 우려가 있기에 재차 검토를 한 후에 신중하게 결정한다는 것이다.

특히 최고경영층일수록 외롭고 고독한 결정을 내려야 할 때가 많다. 아무리 잘 검토된 안이라도 일단 결정하게 되면 결정한 그 자체가 결정한 사람을 지배하기 때문이다.

박정희 대통령은 경부고속도로가 나라를 발전시키는 경제의 대동맥임을 인식하게 되자 많은 지식인들이 나라를 망하게 하는 일이라고 연일 반대데모를 하였지만 의지를 가지고 강행하였다.

삼성의 반도체 사업의 진출도 대부분 임원이 투자만 하다가 선두기업에게 당하기만 하게 된다고 반대하였다. 그러나 미래 산업의 쌀은 반도체임을 확신한 회장이 결단을 한 결과 오늘의 삼성이 있게 하는 계기가 되었다.

소니의 워크맨을 시장에 출시하느냐 마느냐를 놓고 의사결정을 할 때도 대부분 부하들이 걸어다니면서 음악 감상은 하지 않을 것이라고 반대를 했지만, 모리타 회장은 오히려 다니면서 음악 감상하는 것이 새로움을 줄 수 있다고 판단해서 생산을 결정한 결과 소니의 미래 자금원이 되었다.

경험이 많고 직위가 높을수록 좋은 결정을 할 확률이 높다. 이러한 의사 결정 프로세스를 매뉴얼화해 놓으면 신입사원도 정해진 매뉴얼대로 따라하여 시행착오 없이 좋은 결정을 할 수 있다.

잘못된 의사 결정이 될 때 기업의 제반 자원이 낭비된다. 이제는 의사 결정의 낭비제거에 대한 연구가 절실하게 필요한 시기이다.

시간 낭비를 없애고 밀도 있게 일한다

나의 적은 나와 제일 가까이 있으며 나의 몸을 다스리고 세우는 것이 가장 어려운 과제이다. 자신이 바로 서지 못하면 어떠한 것도 이룰 수가 없다. 자신을 다스린다는 것은 자신의 습관을 다스린다는 것이며 습관의 노예가 되어 있는 예속된 시간을 다스리는 것이다.

남녀노소 관계없이 공평하게 24시간이라는 하루가 주어진다. 24시간 중에서 30% 정도가 잠자는 시간이다. 하루에 한 시간씩 낭비되는 시간을 없앤다면 1년이면 365시간, 약 15일을 더 사는 것이 되며 70년이면 1,050일 약 3년을 남보다 많이 사는 결과가 된다.

대부분 직장인들은 '시간이 없다' 라는 말을 많이 한다. 시간이 없는 사람에게 새로운 일은 주어지지 않는다. 왜냐하면 일에 쫓기는 사람일수록 일의 결과가 나쁘기 때문이다. 따라서 바쁘다는 사람은 1등 기업에서 근무할 수 없다.

일을 수행하는데 시간이 관리되어야 여유로움을 즐길 수 있다. 바쁜 직장인들을 살펴보면 중요하지만 급하지 않은 일에 시간을 많이 투자하고 있다. 미리 준비하고 생각한 일이라면 시간을 절약해서 업무를 효율적으로 수행할 수 있다. 그래서 아침형 인간은 온종일 시간적 여유가 있다. 월초에 계획을 세워 업무의 공수를 분배하는 사람은 월말에 여유를 즐길 수가 있는 것이다.

1등 기업의 직장인들은 시간의 중요성을 알고, 미래에 중요하지만 급하지 않은 일에 많은 시간을 투자하고 있다.

출근을 해서 제일 먼저 하는 업무가 메일 확인이다. 메일에 답해야 할 것, 재미로 봐야 할 것, 보관해서 재 발송해야 할 것 등으로 구분해서 관리해야 한다.

메일을 열어 보는 순간, 업무처리의 기준에 따라 메일을 구분해 놓아야 한다. 메일을 철저하게 정리 정돈하지 않으면 다시 열어서 처음부터 봐야 하는 경우가 많다.

그리고 시간이 제일 많이 소요되는 것이 회의 시간이다. 회사에 따라서는 하루 종일 회의만 하다가 퇴근하는 간부들도 많이 있다. 회의 시간의 효율적 진행은 회사의 업무생산성을 올리는데 크게 기여하는 부분이다.

외부와 관련되어서 하는 일이나 회의를 통해서 하는 일 이외의 시간이 자신의 업무를 수행하는 시간이다. 자신의 업무를 수행할 때 중요한 것은 반드시 마감시간을 설정하라는 것이다. 오늘 중에 하면 된다고 안일하게 생각하다 보면 반드시 내일로 미루어진다.

시간 관리는 일종의 습관이다. 작은 습관 하나만 바꿔도 업무의 질을 훨씬 향상시킬 수 있다. 성공하는 직장인의 대부분은 시간 관리에 능숙하여 시간에 통제받는 것이 아니라 시간을 통제하면서 업무를 진행한다. 따라서 시간 관리는 명품 직장인이 되기 위해 꼭 배워야 할 스킬이다.

14

고객만족을 위해
고객의 소리를 잘 듣는다

고객 불평을 귀한 선물로 생각한다

어떤 회사의 제품에 100명이 불만을 느끼면 4%만 회사에 불만을 제기하고, 96%는 말없이 타사제품을 선호하게 된다고 하는 결과가 미국의 여론조사기관에서 발표된 적이 있다.

불만을 제기하는 4명은 100명의 대표자격이라고 할 수 있다. 그러나 불만을 처리하는 부서에서 불만 고객이 4명뿐이라고 판단하고 그 4명은 습관적 불평분자이며 까다로운 고객이라고 무시하거나 소홀하게 대하게 되면 귀한 선물을 버리는 것과 같다는 것이다.

고객 불만은 개선의 아이디어가 되며 미래에 잃을 수도 있는 고객을 사전에 예방할 수 있는 귀한 보물이다. 고객 불만에 대해 신속하게 대처하여 1등 기업이 된 사례도 있다. LG홈쇼핑은 고객 불만이 가장 많은

2가지에 대해서 개선책을 시행하였다. '첫 번째는 반품한계 일수가 짧아서 제품을 받고 제대로 파악하는 시간이 짧다, 두 번째는 직장을 퇴근해서 주문한 물건을 받고 문의 사항이나 불만요인에 대해 전화 걸려고 하면 이미 퇴근시간이 지나서 상담할 수 없다'는 것이었다.

이러한 고객 불만을 해소하기 위해서 슬로건을 '믿을 수 있는 홈쇼핑'으로 정하고 30일 반품 보장, 24시간 상담제를 도입하여 고객만족도를 향상시켰다. 그 결과 추격해 오는 CJ오쇼핑을 따돌리고 업계 1위를 지속적으로 유지할 수 있었다.

슈튜레오나드 슈퍼마켓은 고객접점에서의 2가지 규칙이 있다. 규칙 1은 '나의 고객은 항상 옳다'이고, 규칙 2는 '고객과 트러블이 있다면 다시 규칙 1을 읽어 보라'이다. 고객과 일어나는 여러 관계에서 우선 옳다고 생각하고 귀담아 잘 듣고 고객 위주로 업무를 처리하라는 의미이다.

이러한 고객의 소리를 잘 반영해서 성공한 회사가 있다.

한 대 평균 가격이 50만 원 이상이나 되는 세계 1위 영국 유모차 브랜드 '맥클라렌(MACLAREN)'은 40여 년 동안 디자인을 변화시키지 않고 전통적으로 2단 햇빛 가리개가 달린 유모차만 고집스럽게 생산해 온 회사이다. 그런데 이 회사가 3단 차양막이 달린 신제품을 선보였다.

고집스런 맥클라렌의 설계기술자들이 발상을 전환하게 된 계기가 한국 아줌마 부대의 힘이라고 한다. 맥클라렌을 구입한 엄마들이 인터넷 동호회에서 불만사항을 모아 전달한 것이 계기가 되어 그 불만내용을 설계에 반영한 것이 3단 차양막이라고 한다. 3단 차양막은 출시되자마자 글로벌 히트 상품이 되었다.

자사의 전통만 내세우고 고객의 불만을 신속하게 반영하지 않았으면 선두자리를 내어 줄 수도 있는 시기에 신제품으로 위기를 잘 넘겼다.

고객 응대 서비스로 성공한 모델 사업장은 노드스트롬 백화점이 대표적이다. 낡은 타이어를 반품하려 한 고객이 찾아왔는데 구입한 영수증도 없었다. 그러나 종업원은 29달러를 내주었다. 사실은 타이어는 판매도 하지 않는 제품이었지만 '수익 걱정하지 말고 고객서비스에 집중하라' 는 회사의 방침에 따라 행동한 조치였다.

이 사실이 나중에 각종 신문에 알려지면서 29달러로 수백만 불의 가치에 달하는 이미지 좋은 회사 홍보를 무료로 하게 되었다.

'측정되지 않으면 관리되지 않고 관리할 수 없으면 개선할 수 없다' 는 말이 있듯이 고객의 소리를 지표화해서 관리하고 개선하는 것은 매우 중요한 과제이다.

예를 들면 한국축구에 대한 국민들의 불만을 생각해 보면 '문전 처리가 미숙하다, 잘 뛰지 못한다' 등이다. 이러한 불만을 이야기할 때 측정을 고려해서 말하지 않는다. 단지 향후 고쳤으면 하고 바라는 것을 말할 뿐이다. 그러나 이러한 불만을 고치기 위해서는 측정되는 용어로 바꾸어야 한다. 문전 처리가 미숙하다는 말은 골 결정력이 부족하고 유능한 공격수가 부족하다는 의미이다. 이러한 문제를 측정되는 용어로 나타내 보면 유효 슈팅율과 공격수의 경기당 득점율로 관리할 수 있다. 이와 같이 지표화되면 지표를 높이는 방법에 대해 아이디어를 낼 수 있고 개선의 정도를 평가하면서 관리할 수 있다.

흔히 기업들이 잘 생각하지 못하는 비용이 있는데, 고객만족 비용과 고객신뢰 비용이다. 그러나 이 두 가지 비용은 지불한다고 고객만족이나 고객신뢰가 올라가는 것은 아니다. 해당 기업의 제품이나 서비스의 질에 의해서 나타나는 결과이다. 특히 종업원 한 사람 한 사람이 고객과 만나는 고객접점에서의 대화나 불만 고객의 응대 등이 영향을 많이 미치게 된다.

경영학자 톰 피터스는 고객(CLIENT)이라는 영어 단어는 반드시 대문자로 표현하는데 고객에 대한 존경의 표시로 대문자로 나타낸다고 한다. 불만 고객과 유대관계를 잘 가지면 다시 돌아오는 고객이 되며 회사의 신제품 개발에 좋은 정보를 선물로 받을 수 있다. 그리고 불만이 해소된 고객의 입 소문으로 회사의 신뢰도를 올릴 수 있다.

고객 불만을 잘 들어 주고 항상 감사하고 존경하는 마음으로 대화하고 고객의 기대를 넘어서는 서비스로 충성고객을 많이 만들어가야겠다.

고객 행복 추구에 최우선을 둔다

고객 행복을 기업들이 외치고 있지만 고객이 원하는 것을 제공하기 위해 최선을 다하고 있는지에 대해서는 의문이다.

일본 유통업계의 효시인 세븐일레븐은 고객이 원하는 내용을 신속하게 서비스에 추가해서 고객만족에 성공한 사례라고 할 수 있다. 맞벌이 부부들이 증가함에 따라서 가사일이나 개인 은행업무 및 우체국업무까지 스스로 처리해야 하므로 한곳에서 이러한 업무를 처리할 수 있으면 좋겠다는 니즈가 많았다. 그래서 현금 자동 인출기와 복사기, FAX기를 설치하여 간이 사무실 역할을 하게 하였으며, 택배업무 및 제반 고지서 납부업무시스템도 설치하여 물건을 사면서 한곳에서 개인 업무도 완료하게 하였다. 그리고 리얼타임으로 고객판매 정보를 입수하여 판매 현황에 따라 구매를 해 불필요한 재고를 줄이고 팔리는 상품을 신속하게 비치하도록 하였다. 이러한 스피드한 고객밀착 서비스 결과 근 10년 동안 성장을 지속하는 기업이 되었으며 경상이익률도 20% 이상 유지하고 있다.

고객이 기업의 제품과 서비스를 통해 얻고자 하는 것이 무엇인지를 아는 것은 매우 중요한 일이다. 제품이나 서비스를 제공받았을 때 과연 고객이 행복해하는지에 대해 항상 고객의 소리에 귀를 기울이고 있어야 한다.

고객이 불편해하는 문제점을 개선해 주면 고객은 행복의 대가를 지불하려고 노력한다. 그 대표적인 사례가 LG전자의 휘센 에어컨이다. 고객이 에어컨 사용 시 염려하는 것 중 제일 큰 것이 전기세가 많이 나온다는 것이다. LG전자는 이러한 소비자의 욕구를 파악하여 50% 이상의 절전효과가 있는 에어컨을 개발하였다. 그 결과 가정용 에어컨 시장에서 세계 1등 제품으로 인정받고 있다.

사내식당이 없는 서울 도심의 직장인들은 점심시간에 맛집을 선호한다. 대부분 식당을 고를 때 기준은 사람들이 길게 줄을 서 있거나 주차장에 차가 많이 주차되어 있는 것이다. 이런 고객의 마음을 알고 미리 주차장에 승용차를 몇 대 주차해 놓는 음식점 주인도 있다고 한다. 고객들이 줄 서서 먹는 곳에는 값이 저렴하지 않아도 식사 후에는 대부분 만족하며 즐겁게 비용을 지불한다. 자신이 만족한 결과에 대해 돈을 지불하는 것이다.

이렇게 한 끼 식사도 자신을 만족시키는 곳을 열심히 찾아다니면서 정작 자신이 하는 일에 대해서는 고객이 누구인지 그리고 자신의 고객이 만족하는지 관심이 없다.

생산 공장에서는 나의 다음 공정이 고객이고, 간접 부서에서는 업무의 내용을 전달받는 부서나 보고를 받는 상사가 고객이지만 고객을 행복하게 하는 것에는 무관심하다.

국내에서 제일 잘나가는 안경체인점의 오너는 체인점 사장들을 교육시킬 때 돈을 벌고 싶은지, 고객을 만족시키고 싶은지에 대해 맨 먼저 질문을 한다. 대부분 돈을 벌고 싶다고 이야기하지만 그 생각을 바꾸지 않으면 사업을 포기하라고 충고한다. 고객을 행복하게 한 대가로 돈을 번다고 생각하고 어떻게 하면 고객이 행복할까를 계속 생각하며 개선하다 보면 자신도 모르는 사이에 돈은 들어와 있다고 한다.

직장인도 마찬가지로 봉급이 적다고 불평하지 말고 자신의 고객인 상사나 동료를 행복하게 하면 자동적으로 승진, 승급이 빨라진다고 한다. 돈을 따라가면 돈이 도망가지만 고객을 따라가면 돈이 따라온다는 사실에 대해 체인점 오너는 경험을 통하여 잘 알고 있기 때문이다.

고객의 관점에서 고객의 필요와 욕구를 찾아야 하고 고객이 중심이 되고 고객의 행복을 찾아 주는 경영으로 변화하기를 요구한다.

고객 행복 추구에서 보다 더 중요한 것은 기존의 고객을 유지하는 일이다. 신규고객을 개척하는 데는 많은 비용이 들어가기 때문이다. 그러므로 얼마나 많은 기존 고객이 지속적으로 유지되는지가 기업의 생존에 매우 중요하다.

기존 고객은 자신이 사용하는 제품에 대해 좋은 점을 다른 사람에게 선전하고 경쟁업체의 것에 대해서 무관심하며 더 나아가 애용하는 회사의 다른 제품이나 서비스에 대해 쉽게 만족 신호를 보내기 때문이다.

매장에 고객이 방문했을 때도 다음과 같은 고객 니즈를 신속하게 파악해야 한다.

첫째, 정말 필요해서 구매하러 왔는지 빨리 파악해야 한다.

고객에 따라서는 상품의 정보를 수집하기 위해 오는 사람도 있고, 단순하게 아이쇼핑하러 온 고객도 있기 때문에 고객의 목적을 신속하게 구별할 줄 알아야 한다.

둘째, 고객이 왜 구매하려고 하는지 구매동기나 이유를 알아야 한다.

즉 자신이 사용하기 위해서인지, 선물하기 위해서인지 또 다른 용도가 있는지를 알아내야 한다.

셋째, 기대하는 제품의 디자인이나 원하는 제품 특성이 어떤 것인지를 알아내야 한다.

넷째, 고객의 주머니 사정이 어떤가를 알아야 한다.

원하는 제품에 얼마를 지급할 생각이 있는지 정말 돈을 가지고 있는지 등에 대해서 파악되고 위의 4가지 정보를 알아내면 이미 60% 이상 구매로 연결시킬 수 있다. 고객의 용도와 기대하는 것과 주머니 사정을 알면 고객의 니즈에 맞는 살 수 있는 제품을 추천해 줄 수 있기 때문이다.

이러한 과정을 무시하고 제품의 장점만을 내세워 우선 설명부터 하게 되면 시간 낭비의 영업이 될 확률이 높다. 그래서 우선 말하기보다 고객의 소리 듣기에 치중해야 한다. 듣는 기술을 익히게 된다면 고객의 본심을 파악하고 그 본심을 만족시키는 제품을 구매하게 할 수 있다.

불황일수록 기존 고객서비스에 충실한다

불황 속에서 경쟁은 점점 격화되고 있고 팔려는 노력을 해 보지만 전체적인 수요가 줄어들어서 매출과 수익성이 낮아져 고민하는 기업이 늘고 있다.

그래도 뭔가 새롭고 획기적인 차별화 제품을 만들기 위해 머리를 싸매고 고민해 보지만 쉽지 않은 것이 사실이다.

그래서 최근에는 '역발상' 이라는 책이나 용어가 유행하고 있고 파격적인 뭔가를 열심히 찾고 있지만, 찾았다고 하더라도 쉽게 투자하지 못하는 것이 기업의 현실이다.

그러나 더 큰 위기는 큰 것을 찾아 헤매다가 지금 우리에게 매출을 올려주고 있는 현재의 고객서비스에 소홀히 한다는 것이다.

K은행의 산업단지 안에 있는 지점은 매출이 줄어서 경비절감 차원에

서 창구 직원을 한 명 감원하였다. 그러나 점심시간에 고객 대기 시간이 길어져 옆의 타 지점으로 옮기는 고객이 많이 발생했다. 직장인들이 주로 점심시간에 업무를 처리하다 보니 시간 안에 직장으로 돌아가야 하기 때문이다. 오히려 직원 한 명에 해당하는 봉급 이상의 수익이 옆의 은행지점으로 이동해 간 경우이다.

최근에 청소부를 구조 조정하여 비용을 줄인 강남의 K호텔에서는 객실의 청소가 미흡해서 불결함을 느낀 단골 고객이 다른 호텔로 떠나는 사례도 있다.

그리고 렌터카 회사가 공항 출입구에서 차를 반납받았는데 서비스 요원수가 줄어서 주차장의 렌터카 카운터에서 반납하게 한 회사가 있다. 부산에서 서울로 월 3~4회 출장 오는 사업가는 근 10년간 이용하던 렌터카 회사를 경쟁회사로 바꾸어 버렸다. 차 반납 시에 무거운 짐을 끌고 다시 공항카운터로 가는 것이 불편했기 때문이다.

불황일수록 고객들은 기업의 어려운 현실을 이해해 주기보다는 오히려 경쟁이 치열해져서 더 좋은 대접을 받기를 원한다.

그리고 서비스를 제공하는 업체도 고객이 점점 줄어들어 서비스를 더 늘려야 할 형편이지만, 비용절감의 과제에 부딪쳐 서비스를 확대하지 못한다.

그러나 우량기업일수록 불황 때는 사내의 제반 비용은 줄이지만, 고객서비스에 관계되는 비용은 더 늘리고 서비스의 강도를 높여야 한다. 불황기에는 서비스를 조금만 개선해도 경쟁사의 고객을 끌어들일 수 있기 때문이다. 따라서 '어려울수록 기본으로 돌아가야 한다' 는 말을 기억해야 한다.

그리고 일단 자사의 신규 고객이 되었으면 고객관계경영(CRM, Customer Relationship Management)으로 지속적인 관계형성과 고객에게 밀착한 서비스 제공에 최선을 다하는 것이 충성고객을 유지하는 최선의 방법이다.

고객의 건강상태까지 잘 파악한다

시장의 소비자만이 아니라 자신의 업무를 보고받는 상사나 지시를 받는 부하도 고객이다. 그리고 생산 현장에서는 다음 공정이 고객이다.

고객의 얼굴이나 몸 상태를 보면 성격이나 식성까지 미리 알 수 있다. 고객에게 식사 접대를 할 때도 고객의 체질에 대해서 잘 파악하면 고객이 만족하고 건강에도 좋은 메뉴를 추천할 수 있다.

심장이 좋지 않은 사람은 눈에 핏발이 서 있는 때가 많다. 이런 사람은 볼이 붉고 화를 잘 내고 쉽게 흥분하는 편이다. 그리고 식은땀을 많이 흘리고 목이 말라 물을 홀짝 홀짝 자주 마신다. 이런 사람에게 클레임이 걸렸을 때는 고분고분하게 가만히 들어주면 저절로 조용해진다. 식사 대접을 할 때는 열을 식히는 냉면이나 회 종류 등의 차가운 메뉴가 좋다.

간이 문제가 있는 사람은 잠잘 때 이를 갈고 잠꼬대를 많이 한다. 한숨을 잘 쉬고 눈 밑이 다소 검거나 회색이다. 이런 사람은 단백질을 흡수해야 하므로 채식이나 살코기 종류가 좋다.

폐가 약하면 얼굴에 기름기가 없고 허옇다. 그리고 재채기나 기침을 자주 하며 코가 자주 막힌다. 또한 조그마한 결점이 있어도 따지면서 좀처럼 그냥 넘어가지 않는다. 따라서 이런 고객은 작은 실수에 민감하므로 미리 체크하여 조심해야 한다. 식사는 낙지볶음이나 매운탕 등의 매운 메뉴로 하면 건강에도 좋고 본인 스스로도 좋아하는 음식이다.

위에 문제가 있으면 트림을 자주 하고 얼굴색이 다소 누런빛이며 성격이 까칠하다. 위에 문제가 있으면 먹지 않고 굶으면 위 스스로 자연치유를 한다. 그러나 일을 하는 사람은 에너지 흡수가 필요하므로 맛있는 죽 집으로 안내하고, 한방 위장약을 선물하면 좋아한다.

신장이 좋지 않으면 하품을 자주 하며 머리카락에 힘이 없고 머리카락 수가 많지 않다. 겁이 많고 조심스러운 성격이므로 부탁할 때는 작은 것부터 시작해야 한다. 음식은 된장찌개가 최고이고, 젓갈류가 맛있는 음식점을 소개하면 좋아한다. 이런 사람은 식사 접대보다 머리 나는 발모제를 선물하면 제일 좋아한다.

고객은 크리스털 유리잔과 같다고 한다. 겉으로는 화려하고 반짝이지만 깨지기 쉽고 관심 있게 취급하지 않으면 도난당할 우려도 있기 때문이다.

따라서 고객의 건강 상태나 고객이 좋아하는 식사까지 관심을 가지고 관리하면 그 고객은 다른 고객까지 소개를 해주게 된다.

고객 밀착으로 미래를 바라보고 철저히 서비스한다

경영의 대가 톰 피터스는 고객과 밀착서비스를 해야 한다고 강조했다. 말로만 하는 것이 아니라 고객의 반응에 신속하게 대응하고 이를 적극적으로 실천하는 기업이 초우량 기업이 된다는 것이다. 즉 눈앞의 이익에만 사로잡히지 말고 고객이 원하는 가치 있는 제품을 제공하기 위한 고객서비스에 성심성의를 다하라는 말이다.

고객 밀착서비스를 위해서는 기본적으로 아래 5가지는 실천되어야 한다.

첫째, 구매한 고객을 감동시키는 지혜를 내야 한다.

물건을 살 때보다 산 고객들이 브랜드를 잊지 못하도록 관계를 유지하는 노력이 고객 밀착서비스이다.

편지 한 통을 보낼 때도 통상적인 봉투에 넣어 보내는 것이 아니라 기억에 남을 만한 특이한 봉투를 디자인하고 감동을 주는 내용을 첨가하여 쓰레기통에 들어가는 봉투가 아니라 두고 보관하고 싶은 편지를 보내는 것이 고객 밀착이다.

마산에서 육일 약국을 경영하는 김성오 약사는 한 번 약을 지어간 사람의 이름을 반드시 기억한다. 하루에도 몇 번씩 고객 이름을 부르며 외우도록 노력한다. 약제실에 고객 이름과 얼굴 특징을 적어 놓고 증상을 물을 때는 이름이 잘 기억나지 않더라도, 약제실에서 약을 지을 때는 이름을 찾아내어 직접 고객의 이름을 부르며 약을 전한다.

이름을 부르며 약을 건네주면 김 약사님은 천재라고 칭찬하며 자신의 이름을 기억해 주는 것에 매우 기분 좋아한다.

그리고 다른 약국을 이용하는 주변사람들을 천재약사의 천재성을 테스트해 보라고 하며 데려오기도 한다. 100명의 고객리스트에 있는 이름을 기억하고 있는지 체크해 보자.

둘째, 임원부터 솔선하여 고객서비스를 최우선으로 한다.

최고경영자의 비서로 전화 받고 잔심부름 하는 여직원을 채용하는 것이 아니라 실력 있는 영업 사원을 채용하여 회장의 권한을 이용하여 고객의 불만을 단시간 내에 처리하는 일을 담당시킨다. 현대자동차가 미국시장조사에서 서비스 품질수준이 대폭 올라간 것도 품질부서를 회장 직속으로 했기 때문이다. 경영진은 한 달에 한 번 이상 반드시 고객과 만나거나 통화를 직접 해본다. 그리고 고객서비스 문제만큼은 계층구조를 뛰어넘어 직접 개입한다.

셋째, 고객에게 고용된 것이라 생각한다.

고객이 급료를 주므로 고용주가 당연히 고객이라고 생각해야 한다. 그래서 고객의 소리를 중요하게 생각하는 것은 당연하다. 따라서 육일약국은 고객은 앉아서 말하게 하고, 약사는 서서 고객의 말을 듣는다.

넷째, 고객의 눈은 항상 다른 곳을 향하고 있다는 것을 잊지 마라.

단골 고객이 타사로 가버렸을 때 그 대책을 수립하는 회의가 임원의 최고 관심사가 되어야 한다. 고객이 타사로 갈 때 말없이 가버리는 것이

50% 이상이다. 말이 없다고 불만이 없다고 좋아할 것이 못 된다. 육일약국이 있는 동네 사람들이 이사 갈 때는 이사 오는 사람에게 육일약국의 서비스가 최고라는 점을 반드시 말해 준다고 한다.

다섯째, 내부 직원의 관리가 바로 고객관리이다.

고객과 가장 가까이 있는 종업원은 기업을 대표하는 사장과 같다. 따라서 종업원과의 관계는 고객과의 관계와 동일하게 생각하고 철저한 종업원관리가 바로 고객관리와 연결된다.

고객관리에 대한 4-10의 법칙이 있는데 첫째, 고객을 발굴하고 유지하는 데는 10달러가 들고 둘째, 그 고객을 잃는 데는 10초 밖에 걸리지 않으며 셋째, 그 불만 고객은 10명 이상에게 불만을 전하며 마지막으로, 그 고객이 다시 돌아오는 데는 10년이 걸린다는 법칙이다.

구맹주산(拘猛酒酸)이라는 말이 있다. '사나운 개가 주막에 있으면 술이 팔리지 않아 술이 식초가 된다' 는 말인데 고객 접점관리가 중요하다는 말이다. 투우사가 검으로 투우와 마지막 승부를 결정지을 때의 순간을 MOT(MOMENT OF TRUTH)라고 말하는데, 직원이 고객과 접하는 처음 15초 동안의 짧은 순간이 회사의 이미지나 제품에 대한 인식의 정도가 좌우된다는 의미이다. 수시로 역할 연습을 하여 고객입장에서 생각해 보는 훈련이 필요하다.

고객 접점에 있는 직원에게 "당신은 친절하십니까?" 라고 질문하면 선뜻 "예"라는 답이 나오지 않는다. 그러나 당신은 "친절한 사람을 좋아하십니까?" 라고 질문하면 즉시 "예"라고 답한다. 고객은 처음 접하는 직원의 이미지가 곧 회사의 이미지를 반영하므로 MOT에 대한 훈련이 매우 중요하다.

종업원에게 제공하는 교육제도나 서비스는 제품과 마찬가지로 수명이 있는데, 제품의 수명보다 훨씬 짧으므로 항상 새로운 제도나 혁신 시스템이 기획되어야 한다.

<고객행복 실현에 대한 질문>

1. 고객을 아주 편하게 해주고 있는가?

2. 제반 서비스를 고객이 요구하기 전에 빠르게 제공하는가?

3. 고객이 사고 싶어 하는 것을 보다 저렴하게 제공하는가?

4. 성실함과 친절함으로 고객을 응대하고 대우하는가?

5. 고객이 원하는 정보를 신속하게 서비스하는가?

6. 불만 고객을 최상의 손님으로 생각하고 환영하는가?

7. 고객 만족을 수시로 파악하고 반성하고 있는가?

고객 니즈에 대한 실체를 명확하게 파악한다

크리스텐슨 교수는 자신이 주장하는 '파괴적인 혁신' 이라는 이론에 한국 기업들이 관심을 가져야 한다고 강조했다. 그는 '적을 알고 나를 알면 백전백승' 이라는 말처럼 기업은 자사 제품의 경쟁상대를 정확하게 아는 것이 매우 중요하다고 주장한다. 그러나 대부분 기업들은 시장분석, 환경분석, 경쟁사분석 등 여러 가지 제품의 확대 전략을 내놓지만 고객의 니즈를 정확하게 파악하지 못했거나, 고객의 요구 사항을 추상적으로 이해해서 실패하는 경우가 많다.

크리스텐슨 교수는 "제품을 사는 소비자들이 무엇을 해소하기 위해 또는 어떤 가치를 가진 제품을 사는냐"에 몰입하라고 조언한다.

면도라는 단어는 남자를 생각하게 하는 단어이다. 여자들도 겨드랑이 털을 제거할 때 면도기가 필요하지만 대개 뽑아버리므로 면도라는 개념과는 다르다. 그리고 전기면도기는 일회용 면도기에 비해 고가이기 때문에 남자들이 쉽게 사지 못한다. 남자들은 자신이 사용하는 물건에 큰 돈 들이기를 좋아하지 않기 때문이다. 필립스는 면도는 남자가 하지만, 면도기를 사는 고객은 여자라는 것을 알아냈다. 그래서 개발할 때 여자가 보고 고를 때 좋아하는 컬러와 디자인을 최대한 반영하였다. 그 결과 남자친구나 남편, 아버지, 할아버지에게 여성들이 사서 선물하는 '선물용'으로 판매량의 반 이상이 차지한다.

크리스텐슨 교수는 소비자에 집중하지 못해서 실패한 대표적인 사례가 밀크셰이크라고 언급했다.

맥도널드는 정체되어 있는 밀크셰이크의 매출증대를 위해 품질을 개선하기로 하고 새로운 시도를 했다.

경쟁제품인 KFC의 비스킷과 버거킹의 아이스크림 맛을 비교 분석하고, 또 밀크셰이크의 소비 주체가 초등학생들이라는 점에 착안하여 초등학생들의 입맛에 알맞게 밀크셰이크의 품질을 크게 개선했다.

그러나 개선된 제품이 출시되자 시장에서 기대했던 만큼 매출의 변화를 일으키지 못했다.

판매 현장에서 직접 다시 파악해 보았더니 밀크셰이크를 사러 오는 손님이 초등학생이 아니라는 것을 알게 되었다. 자세히 분석해 보니 아침 출근시간에 승용차를 타고 가게로 와서 밀크셰이크만 구입해서 바로 가버리는 손님이 대부분이었다. 주로 샐러리맨들이 아침 시간에 찾는다는 것을 확인할 수 있었다.

아침시간에 오는 직장인들이 밀크셰이크를 구입하는 목적을 파악해 보니 전혀 다른 새로운 니즈를 확인할 수 있었다. 출근시간의 지루함을 달래고 무언가 먹어야 오전에는 견딜 수 있다는 생각과 한 손으로 운전하고 한 손의 허전함을 달래 주기 위하여 밀크셰이크를 구입하는 것이었다.

이러한 고객의 니즈를 충족하기 위해서는 바쁜 출근시간에는 줄서기를 싫어하므로 자동차를 탄 채로 짧은 시간 내에 제품을 구입할 수 있도록 하거나 밀크셰이크 자판기를 설치하는 것도 도움이 될 것이다.

그리고 초등학생의 입에 맞게 할 것이 아니라 직장인의 지루함을 달래고 입이 심심하지 않도록 씹히는 건더기도 넣고 아침식사가 될 수 있도록 되도록 걸쭉하게 만들어야 할 것이다.

조사 · 분석 결과에 따라 제철 과일을 넣어 씹는 즐거움과 계절마다 변화를 주어 같은 맛의 지루함에서도 벗어날 수 있도록 해주었다.

이와 같이 소비자의 니즈에 철저하게 몰입하여 분석하고 파악해 보지 않으면 잘못된 분석결과를 가지고 대응책을 수립해 고객확보에 실패하게 된다. 고객의 니즈에 몰입하여 그 니즈를 만족하도록 하면 매출 증대는 저절로 따라오기 때문에 고객의 니즈에 대한 실체를 정확하게 파악해야 한다.

15

이상과 정상을 한눈에 알 수 있는
가시관리가 되어 있다

아날로그 경영에서 디지털 경영으로 전환한다

경영의 결과는 반드시 숫자로 나타난다. 매출액, 영업이익, 순이익 등의 숫자로 경영 상태를 표시할 수 있다. 생산 현장에서도 불량률, 설비가동률, 직행률 등으로 현장의 수준을 숫자로 나타낼 수 있다. 이와 같이 숫자로 분명하게 나타내고 관리하는 것을 '디지털 경영'이라고 한다. 그래서 "측정되지 않는 것은 관리할 수 없기 때문에 경영이 아니다"라고 말하기도 한다.

그러나 사실은 경영에 있어서 숫자로 표시되지 않는 디지털적인 것이 많이 있다. 종업원의 마음, 고객의 만족도, 조직 간의 갈등 등이 숫자로 나타나지 않는 아날로그적 요소이다.

'배부르다, 뜨겁다' 등이 아날로그적 요소인데, 우리 몸 속에 있는 자율신경계가 배가 부르면 못 먹게 하고 뜨거우면 손을 대지 않게 하는 조치를 취한다.

기업경영에 있어서도 자율신경계가 작동되어서 문제가 생길 때 즉시 대응을 해야 하는데 이상이 있는 순간 모르고 지나쳐 후수관리가 되어 손을 쓸 수 없게 되는 경우가 많다.

관리가 되기 위해서는 기준이나 룰이 정해져 있어야 한다. 재고의 경우에는 적정재고량이 정해져 있어야 하고, 현금의 흐름에도 위기의 기준이 있어야 한다. 실내의 온도를 관리할 때도 온도계에 적정 온도가 숫자로 표시되어야 관리할 수 있다.

특히 우리나라 사람들은 디지털로 표시하기보다는 아날로그적 표현을 좋아한다.

담배 심부름을 시킬 때도 "한 갑 사와, 두 갑 사와"라고 개수를 정확하게 말하지 않고 "한두서너 갑 사와"라고 한다.

한두서너 갑이면 한 갑에서부터 4갑까지 차이가 나는데도 사오는 사람 또한 아무 질문 없이 가서 사온다. 이때 담배는 돈에 맞춰 사오는 경우가 많다.

우리에게 외국 사람들이 많이 고쳤으면 좋겠다고 언급하는 말이 '적당히'와 '괜찮아요'라는 말이다. 이러한 말들은 아날로그적이기 때문이다.

경영에 있어서는 이런 아날로그적인 표현으로 커뮤니케이션을 하면 여기저기서 문제가 터지게 마련이다. 고객이 원하는 하루 생산량이 정해져 있는데도 디지털 사고로 오늘은 불량이 많이 나서 적당히 이 정도만 생산하자고 하면, 원하는 때에 원하는 것만큼 고객에게 전달하지 못해 고객 불만으로 연결된다.

그러나 아날로그적인 요소도 노력하면 디지털화할 수 있다. 종업원의 마음이나 고객만족도 등도 설문조사를 통해서 수치로 나타낼 수 있다. 또한 그 결과를 타사와 수치로 비교하여 부족한 점을 보완할 수도 있다.

도요타에서는 모든 문제가 실시간으로 나타나도록 하는 디지털화 도구들을 개발하는데 많은 노력을 기울이고 있다. 그 대표적인 관리도구가 안돈, 간판, 풀프루프 장치 등이다.

삼성전자 LED조립라인에는 실시간으로 작업자의 생산 결과가 순위로 나타나고 부품 결품이나 불량 등의 문제가 바로 화면에 나타나기 때문에 관련부서 전부에 내용이 공유되고 조치 결과도 바로 바로 공유된다.

측정되어 나타나지 않으면 관리를 할 수 없기 때문에 철저하게 아날로그 현상을 디지털화하는 노력을 게을리 하지 않고 있다.

열린 관리로 문제를 눈에 바로 보이게 한다

이상과 정상의 가시화, 계획과 실행 간 차이의 가시화, 근본원인의 가시화 효과나 성과의 가시화, 기준이나 표준의 가시화, 고객 니즈의 가시화, 사장 방침의 가시화, 시장개척의 가시화 등이 있다.

이상이 있을 때 그 문제가 바로 눈에 보이는 관리가 돼 있다면 즉시 그 문제를 개선할 수 있으나, 문제가 나타나지 않고 숨어버리면 좀처럼 그 문제가 개선되지 않고 만성적이고 고질적으로 남게 된다.

경영에 있어서 관리의 급소가 되는 부분이 닫혀져 있어서 이상이 있어도 눈에 보이지 않아, 소 잃고 외양간 고치는 식의 관리 방식은 닫힌 관리라고 할 수 있다.

말로 설명하지 않아도 모든 것이 한눈에 보이도록 하는 관리체계가 필요하며 이상이 있으면 즉각적으로 반응하는 사람의 자율신경계처럼 경영의 자율신경계를 만들어 넣는 것이 열린 관리이다.

열린 관리란 사정을 모르는 신입사원이나 타 업무 담당직원이라도 업무현황표를 보면 한눈에 알 수 있고, 문제가 생기면 바로 보이게 하는 관리 방식이다.

도요타 자동차는 간판이라는 제도를 도입해 간판만 보면 물건의 흐름과 이상 상태를 알 수 있다. 안돈시스템(이상 감지판)을 공정에 설치하여 문제가 생기면 바로 이상 감지판에 불이 들어옴과 동시에 그 문제의 종류에 따라 벨소리도 다르게 하여 멀리 있어도 소리만 들어도 무슨 이상이 있는지 즉시 알게 되어 있다.

열린 관리란 예방관리이며 더 나빠지기 전에 신속하게 개선할 수 있는 선수관리 방식이다. 특히 조직풍토를 좌우하는 기업멤버의 가치관, 규범, 태도, 감정, 의식 등은 좀처럼 눈에 보이게 하기 어려운데 이런 부분은 제안제도, 신문고제도, 열린 소리제도, 핫라인대화 시스템 등을 도입하여, 최고경영자에게 직접 제안하기 어려운 이야기나 회사방침에 대한 의견이 자유롭게 제시되도록 하는 제도가 필요하다.

닫힌 관리는 문제가 쉽게 보이지 않으며, 여러 종류의 부실을 창출한다. IT기술은 열린 관리를 보다 더 앞당기도록 요구하고 있다.

빠른 것이 느린 것을 잡아먹는 시대이므로, 보다 신속한 대응을 위한 열린 관리 시스템을 정착시키는 일이 매우 중요한 경영과제이다. 또한 블랙박스화된 개인의 지적자산 또는 눈에 보이게 하는 지식관리시스템도 매우 필요한 때이다.

도요타 방식이 첫 번째로 추구하는 것이 철저하게 낭비를 배제하는 데 있다고 몇 차례나 설명하였는데, 이 낭비를 발견하고 '이것이 불필요한 것이다' 라고 인식하기는 대단히 어렵다.

그러나 낭비를 눈에 보이게 하면 곧바로 해결책을 찾는 데 그다지 어렵지 않다. 그래서 이 낭비가 여러 사람들의 눈에도 보이고 분명히 알도록 하기 위해 탄생된 것이 '눈으로 보는 관리'이다.

눈으로 보는 관리는 사람 인(人)변이 붙은 자동화의 개념에서 나왔다. '사람 인변이 붙은 자동화' 란 기계에 인간의 지혜를 더한 것이다.

이미 앞서 설명을 했었지만, 도요타식 자동직기는 경사(經絲)가 끊어지거나 횡사(橫絲)가 없어지거나 하면, 기계가 바로 정지하는 구조로 되어 있다.

문제가 있으면 자동으로 정지하는 시스템은 도요타 창시자인 사키치가 자신의 어머니가 실이 끊어지는지를 감시하느라 기계 곁을 떠나지 못하는 것을 보고 마음 아파 고안해낸 것이었다. 그랬더니 기계 가동 중에도 어머니가 다른 일을 볼 수 있었고, 기계 정지 후에 조치해도 불량을 만들어 내지 않음으로써 도요타 생산방식에서 말하는 '베를 짜면서 밥도 할 수 있는' 다능화 작업이 가능하게 된 것이다.

도요타에서는 이 생각을 기계만이 아니라 작업자가 있는 라인에도, 일상 업무 속에서도 확대하고 있다. 즉, 이상이 발생되면 작업자가 라인을 정지시키는 것을 철저히 하고 있다. 라인정지시스템은 '지혜 있는 자동화' 에 의해 불량품의 발생을 방지하고, 과잉생산을 억제할 수 있으며, 또한 생산 현장의 이상을 자동적으로 체크할 수 있는 장점이 있다.

'지혜 있는 자동화' 에는 이상이 있으면 라인 또는 기계를 멈추는 데 그 의미가 있다. 기계를 세우면 그 즉시 왜 기계가 멈추었으며 누구의 잘못인가 등 책임 한계가 그 자리에서 분명히 드러나고 원인 규명이 쉽게 이루어진다. 이렇게 함으로써 점점 고장과 불량이 줄어 장기적으로 볼 때 회사에 훨씬 이익이 된다는 논리다.

이상의 '현재화' 개념이 도요타 생산방식의 핵심 개념이다. 이 사고 방식의 기본은 문제가 발생한 순간 바로 알 수 있도록 자율신경계를 생산 현장에 집어넣는 것을 말한다. 품질 측면에서 본다면 불량이 발생하면 바로 불량을 표면화시키고, 생산량으로 말한다면 계획에 대하여 늦고 빠름의 진행상태가 눈으로 보아 바로 알 수 있도록 하는 것이다. 기계나 라인만이 아니라 물건 두는 방법, 재공량, 간판 돌리는 방법, 작업 방법 등 모든 면에 적용할 수 있는 사고방식이다. 도요타 생산방식을 도입한 생산 현장은 '눈으로 보는 관리' 가 철저하게 적용되어 있는 것이다.

공장 안에는 생산라인 위로 플라스틱으로 만든 직육면체의 불이 들어오는 등이 있는데 이것을 안돈(행등, 行燈)이라 한다. 옛날에는 어두운 길을 갈 때 안내하는 등이었다. 바람이 불면 불이 꺼지므로 직육면체 모양으로 창틀처럼 만들어 문풍지로 붙여서 들고 다닐 수 있게 했다.

이 개념을 적용한 것이 잔칫집 앞에 달았던 초롱불이나 야구장의 점수판 등이다. 야구경기를 관람할 때도 전광판만 보면 경기의 진행 상태를 한눈에 알 수 있듯이 생산 현장에도 생산의 진행 상태를 바로 알 수 있게 하기 위해 만든 것이 안돈이다.

안돈에는 호출안돈, 이상안돈, 가동안돈, 진도안돈이라는 4가지 종류가 있다. 호출안돈은 특별한 용무로 감독자를 호출하거나 부품보충을 요구하는 안돈을 말한다. 이상안돈은 불량발생이나 택트타임의 준수가 어려울 때 사용하는 안돈이다. 가동안돈은 기계의 가동상태를 나타내며 가동, 고장, 준비교체, 계획정지 등을 표시한다. 진도안돈은 생산계획 수량과 실 생산 현황을 실시간으로 알려 주는 안돈을 말한다.

현장에 있는 안돈은 각 작업위치 위에 놓여 있다. 사전에 프로그램화된 생산 흐름에 방해가 되는 문제가 발생하면 라인의 작업자가 안돈의 불을 켜도록 되어 있다.

이러한 안돈 시스템은 눈으로 보는 관리를 가능하게 한다. 생산 과정의 진행 상황을 문자 그대로 '눈으로 볼 수 있도록 하는(Visible)' 수법이며, 현장에서 발생할 수 있는 모든 문제를 그대로 '눈으로 볼 수 있도록 하는' 수법이다.

안돈만 보면 현장에서 발생할 수 있는 모든 문제들이 파악된다.

예를 들어 주문된 수량에 대해 '중간부품'의 재고 스톡이 지나치게 많은지 아니면 적은지 확인할 수 있고, 기계 고장이나 그 밖에 다양한 원인으로 흐름이 늦어지거나 정지되는 것도 확인할 수 있다. 어쨌든 생산 과정을 어떤 상태라도 좋다는 식으로 방치하지 않게 된다. 안돈은 눈으로 보는 관리의 한 수단이다. 결국 안돈 시스템은 눈으로 보는 관리를 가능하게 함으로써 관리자나 작업자로 하여금 생산 과정에 대한 의무감을 높이고 스스로 품질관리를 담당하도록 하는 수단이 된다.

미국 그랜드 캐니언에 갔을 때, 관광버스 운전사가 버스 앞에 수동식 나무판 장난감시계를 걸어 놓고 눈으로 보는 관리 도구로 활용하고 있었다. 오후 1시에 버스가 도착했는데, 장난감시계를 1시 20분에 맞추고 탑승객들에게 보여 주었다.

말이 통하지 않는 관광객들에게 1시 20분까지 구경을 마치고 돌아오도록 시간을 알려 주고 있는 것이다. 이처럼 눈으로 보는 관리란 말이 필요 없는, 보면 알 수 있는 관리다.

사람의 실수를 방지하는 장치를 활용한다

일본의 대학병원에서 약제투입 실수로 입원환자가 사망했다. 인공호흡기의 멸균 정제물 용기와 에탄올 용기가 비슷해서 잘못 투여한 것이다. 이러한 실수를 방지하는 장치를 만들지 않으면 다음에도 같은 사고가 발생할 수 있다.

실수방지 장치를 일본회사에서는 '보카요케' 라고 부른다. 불량품의 발생을 막기 위하여 기계장치에 자동 정지장치나 경보장치를 붙이는 것을 말한다. 이는 작업의 실수를 예방하고 실제로 실수가 거의 일어나지 않도록 하는 경고장치가 작업 공정 그 자체 내에 도입되는 것이다. 앞에서 언급한 사람 인(人)변의 자동화를 구체화하는 것이라고 볼 수 있다.

일하면서 아무리 조심해도 실수하는 경우가 있다. 그래서 불량품, 작업 실수, 부상 및 그 밖의 부적격 사항에 대해 일일이 신경 쓰지 않아도 자연히 제거되는 장치를 만들어 부적격을 발견하도록 했다.

생산 공정 내에서 100% 우량품을 만들기 위해서는 치공구나 장비설치용 공구에 여러 가지 고안 장치를 하여 불량품의 발생을 미연에 방지하는 구조가 필요하다.

여러 가지 다양한 것이 있지만 일반적으로 기계 및 공정에 이상이 발생할 때 곧바로 정지되는 장치가 있다. 실수방지 장치는 자동화의 보조 수단인 것이다.

실수방지 장치의 예로는 다음과 같은 것이 있다.

· 작업 실수가 있으면 물품이 치공구에 부착되지 않는 구조

· 물품에 문제가 있으면 기계가 가공을 시작하지 않는 구조

· 작업 실수가 있으면 기계가 가공을 시작하지 않는 구조

· 작업 실수, 동작 실수가 자동으로 수정되어 가공을 진행시키는 구조

· 전 공정에 문제가 있으면 공정이 살펴서 불량생산을 멈추게 하는 구조

· 작업 중 잊은 것이 있으면 다음 공정이 시작되지 않는 구조

그러나 실수방지 장치는 기계 및 제조 방법 그 자체를 변경하는 것이 아니다. 작업 방법 자체에는 손을 대지 않고 제조 및 조립 수순만을 변경하는 것이 대부분이다. 이는 과학적 관리법을 만들어낸 시스템의 창시자 테일러의 동작 분석, 시간 분석과 비슷하다고 할 수 있다. 그러나 테일러가 작업에 있어서 가장 효율적인 작업 방식을 추구하였다면, 실수방지 장치는 불량률을 가장 낮게 할 수 있는 작업 방식을 추구한다.

즉, 테일러즘에서는 작업의 속도를 높이기 위한 작업 방식이 최선으로 선택된다면, 실수방지 장치에서는 제조된 제품의 품질을 최대한으로 보장할 수 있는 작업 방식이 선택된다. 기계 작동 시 오류의 소지를 아예 없앤 것도 실수방지 장치이다. 오류방지 시스템은 공장 여기저기에서 찾아볼 수 있다. 센서에 의한 불량 확인, 불량과 양품의 선별 장치, 준비시간을 줄이기 위한 조치, 에어가이드 설치 등 별것 아닌 것 같은 장치들의 기능이 알고 보면 품질에 직결되는 실수방지 장치이다. 사람의 실수가 나올 것 같은 곳에는 이를 방지할 수 있는 별도의 실수방지 장치를 부착하면 가시관리가 되는 것이다.

클레임을 사전에 방지하는 라인정지시스템이 있다

고성장 시대에서는 라인을 계속 가동하여 증산에 힘을 쏟다 보니 생산목표를 달성하기 위해 조그마한 문제는 그냥 덮어버리고 작업을 계속해 왔다. 그 결과 고객의 클레임이 증가하고 A/S요원의 수가 늘어나게 되었다.

그러나 불량을 다음 공정에 보내지 않고, 문제가 생기면 라인을 바로 스톱시키는 시스템으로 전환되면 고객 클레임을 줄일 수 있게 되어 있다.

라인 스톱을 하는 방법은 한 사람 한 사람의 작업자 옆에 스톱 버튼이나 흰 끈을 달아 놓고 표준작업대로 작업을 하다가 자기의 작업영역 내에서 문제가 발생하여 작업이 끝나지 않으면 스톱 버튼을 눌러 라인을 멈추는 것이다.

이것은 부품의 부착 공정에서 해당 부품이 나빠 부착할 수 없는 등의 문제가 발생하면 작업이 늦어지기 때문에 라인을 멈추고 이러한 문제의 원인을 철저하게 규명한 후 개선해 나간다. 이와 같이 함으로써 같은 실수를 반복하는 일이 없어지고 장기적으로 생각하면 라인을 멈추는 쪽이 훨씬 득이 된다.

조립라인에서 문제가 발생하여 도움을 요청할 때는 라인에 늘어져 있는 흰색 선을 당기면 황색등이 켜지면서 깜박거린다. 그리고 일정한 시간이 지나도 해결되지 않으면 적색등이 자동으로 들어오면서 라인이 정지한다. 이것으로 중요한 정보가 즉시 감독자에게 전달된다. 생산 흐름이 치명적인 해를 입지 않도록 하는 데 필요한 안전장치인 것이다.

문제점을 철저히 배제하기 위해서는 라인이 정지되는 것을 두려워해서는 안된다고 신입사원에게 교육시킬 필요가 있으며, 라인정지시스템은 부조화 상태를 신속히 제거하기 위한 중요한 수단이다. 라인이 멈추면 각 라인의 머리 위에 있는 전광판같은 표시판에 그 라인의 어느 공정에 문제가 있어서 멈추었는지가 표시된다. 이것이 표시등(안돈)이다.

예를 들어 어떤 라인이 ①~⑫까지의 공정으로 편성되어 있는데, ④ 공정에서 어떤 원인으로 라인 스톱을 하였다고 하면, 표시등의 ④에 점등이 되어 가까이에 있는 감독자가 곧 그곳으로 달려가 원인의 탐구와 기술적 해결을 하게 된다. 정해진 시간 안에 문제가 해결되면 라인이 정지되지 않지만 그 시간이 지나서도 해결되지 않으면 라인이 정지된다. 이와 같이 스톱 버튼과 표시등의 병용은 공정에서 품질을 완벽하게 보증하는 시스템이며 라인의 상태를 한눈으로 알 수 있다.

가시관리의 수준을 지속적으로 높여 나간다

관리라는 말은 어느 기업에서나 자주 사용하는 단어이다. 그러나 관리가 무엇인지를 물으면 잘 답하지 못한다. 관리에 대해 쉽게 이해하려면 카우보이가 소의 무리를 데리고 몇 백 킬로미터나 떨어진 곳으로 이동하는 것을 잘 보면 된다. 영화에서처럼 몇 천 마리나 되는 소 무리를 카우보이 몇 명이 이동시키고 있는, 그 방법을 알아볼 필요가 있다. 보통 때 카우보이는 아무것도 하지 않고 가지만 소의 무리가 코스를 벗어나려고 하면, 선두의 소가 있는 곳으로 말을 달려서 궤도수정을 한다. 또는 몇 마리의 소가 무리를 벗어나면 달려가서 소를 채찍으로 때려 무리로 돌아가게 한다.

만일 한 마리의 소에 한 사람씩 카우보이를 붙여서 모든 소가 곧장 나아가도록 규제한다고 하면 몇 백 킬로미터나 되는 사막을 이동할 수 없을 것이다. 너무나 기간이 많이 소요되어 소는 카우보이의 식량이 되어 버려 '카우보이는 도착했으나 소가 없었다' 는 말이 나올 수 있다.

요컨대 관리란, 잘되어 가고 있는 것은 보지 않아도 좋은 것이다. 무언가 이상이 있으면 그것을 재빨리 발견하여 고치는 것이 중요하다. 앞서 말한 눈으로 보는 관리는 바로 문제를 중심으로 관리하기 때문에 가능한데, 이것을 '이상관리' 라고 부르고 있다. 이상관리가 잘되어 있으면 관리능력 또는 관리범위를 증대시킬 수 있다. 한 사람의 작업원이 많은 자동기를 담당하거나, 한 사람의 조장이나 반장이 몇 개의 라인을 볼 수 있으며, 부품관리 부서는 취급 점수가 굉장히 많아도 쉽게 대처할 수가 있다.

눈으로 보는 관리는 이와 같이 정상인가 이상인가를 바로 알 수 있으므로 이상의 원인을 알았으면 즉시 조치해서 개선해야 한다. 따라서 기계를 설계할 때는 이상이 발생하면 누구나 볼 수 있게 해야 하고 이상과 정상이 명확하게 구분될 수 있게 해야 하며, 또 그 이상에 대한 대책의 진행 상태를 알 수 있게 해야 한다. 카우보이가 말 위에 앉아서 한눈에 소의 움직임을 알 수 있듯이 가능하면 멀리서도 보이게 하고 소리로도 알리는 방법을 연구하면 좋다.

우리나라 공장에서도 가시관리 방식을 도입하여 이러한 현황판이 대부분 현장에 설치되어 있으나 고장이 나서 사용하지 않는 것도 있고, 생산 실적은 표시되어 있으나 생산 진도 표시가 없어 진행의 빠르고 늦음을 알 수 없는 의미 없는 도구들도 현장에 많이 걸려 있다.

설비가 고장 나면 그 원인이 무엇인지 알 수 있게 해야 하고, 현재 그 설비가 수리 중인지 계획정지인지 언제까지 수리되고 언제까지 정지될

예정인지 등의 진행상태가 나타나야 한다. 다시 말하면 누구라도 한 번 봐서 이상인지 정상인지 알 수 있는 작업장으로 만들지 않으면 안된다.

불량이 나면 바로 알게 하고 생산 진도가 계획에 의해 제대로 진행되고 있는지, 늦어지고 있는지를 곧바로 알 수 있도록 해두어야 한다.

이렇게 하면 몇 사람의 카우보이가 소 무리를 잘 몰아가듯이 문제를 곧바로 알 수 있다. 문제가 눈에 보이면 사람은 개선하는 지혜를 내게 되어 있다.

가시관리는 판옵티콘에 비유될 수 있다. 제레미 벤담은 그의 유명한 『파놉티콘(Panopticon, 원형형무소)』이라는 작품에서 모범적인 형무소를 만들기 위한 설계도를 제시하고 있다. 판옵티콘은 하나의 감시대에서 전체를 한눈에 파악할 수 있게 설계되어 있다. 이 형무소 설계도의 근원은 벤담이 감시할 공장 건축을 위해 만들었던 설계도였다고 한다.

눈으로 보는 관리가 될 수 있도록 하기 위해 각 현장에서는 구체적으로 다음과 같은 것을 알 수 있도록 해야 한다.

· 제품, 부품 놓는 곳을 정하고, 이것을 표시하고, 간판에 소재번지를 기입한다. 이것에 의해 재고관리, 작업순서, 진척상황, 운반 작업 등에 대한 이상을 즉시 알게 한다.

· 라인 스톱 표시판을 설치하여 라인 가동상황, 설비 불량갯수, 대책상황 등을 알게 한다.

· 생산 현황판을 라인의 머리에 건다. 지금 어떤 작업이 진행 중인지, 다음에 걸리는 작업 준비는 끝났는지, 이 라인에 부하가 많은지, 잔

업이 필요한지 등을 알 수 있다.

· 표준작업표를 만들어 사이클 타임, 순서, 표준 등을 바로 알 수 있게 한다.

이와 같이 모든 현장에서 눈으로 보는 관리가 가능하게 되면 인(人)변의 자동화 개념도 살릴 수 있어 정상일 때는 기계가 움직이고 이상일 때는 인간이 이상 처리를 한다는 방법이 가능하게 된다.

눈으로 보는 관리는 두 가지 측면으로 나누어 생각할 수 있는데, 첫 번째는 제품이 되어가는 흐름이 정상인지 아닌지를 알게 하는 것이고, 두 번째는 제품으로 변형되어가는 과정을 알 수 있게 하는 것이다.

제품이 되어가는 흐름을 알 수 있기 위해서는 수주 정보를 통해 자재가 입고되는 내용과 주간, 일별, 시간별 생산 진행상황, 출하의 진척 정도를 알 수 있게 해야 한다. 특히 물류를 담당하는 사람이 페이스메이커로 움직이고 있으므로 물류 현황판에 가보면 현재 모든 물류의 흐름을 실시간으로 한눈에 파악할 수 있게 되어 있다.

잔업을 할 때도 설비 이상이나 품절 등으로 생산량이 그날 목표에 미달하면 전광판에 4시 이전에 30분 단위로 잔업시간이 자동적으로 표시된다. 우리나라 기업들은 작업자 개개인에게 잔업을 부탁하고 사정하는데, 도요타에서는 작업자 스스로가 목표달성이 되지 않을 것이라는 것을 알게 되면 미리 전화를 걸어 약속시간을 잔업시간만큼 연장하거나 취소한다.

긴급 사태로 예고되지 않은 잔업이지만 거의 모든 작업자가 잔업에 참여한다. 생산목표 달성이 자신의 가장 중요한 의무라고 생각하기 때문이다. 해당 공정은 표시한 대로 잔업하여 반드시 생산 목표를 달성해낸다. 만약 잔업할 수 없는 작업자가 있으면, 반장이(10명의 작업자를 관리하므로) 대신 일한다. 반장으로 인원 충원이 되지 않으면 2, 3명의 반장을 관리하고 있는 조장이 작업에 참여한다. 반장이나 조장은 담당 공정의 모든 작업을 소화할 수 있으므로 전천후 작업자라고 할 수 있다. 반장이나 조장이 동원되고도 작업진행이 불가능하면 부 단위의 개선팀이 2~4명 있어 이들이 작업을 보충하게 된다.

잔업도 이와 같이 눈으로 보는 관리도구인 안돈을 사용하여 신속하게 대응하지만, 일상적인 작업에도 계획된 출근율이 92% 정도이므로 10% 정도의 모자라는 공수를 반장, 조장, 개선팀에서 해결하는 것이다.

반장, 조장, 개선팀의 모자에 색깔이나 구분 표시가 되어 있으므로 현장에 가보면 이들의 작업 참여 정도에 따라 출근 상태를 곧바로 알 수 있다.

제품의 변형과정 속에서도 불량 발생이나 설비의 가동상태, 조립의 진행상태를 한눈에 알 수 있도록 하기 위해 불량개량 장치, 설비가동 비가동시간 장치 등을 설치해둔다.

눈으로 보는 관리의 도구가 설계되면 전 작업장이 동일한 시스템을 적용해야 혼란도 없애고, 일사불란한 관리를 할 수 있다. A작업장의 기계정지 표시가 황색인데 B작업장은 적색이 기계고장으로 되어 있으면 관리자가 관리의 유용한 도구로 활용할 수 없다. 눈으로 보는 관리의 도구는 관리자를 위한 것임을 명확히 인식할 필요가 있다.

16

창조적 발상으로
가치를 극대화시킨다

거꾸로 뒤집어 생각하는 습관이 있다

세계적인 경영학자 피터 드러커는 "3년에 한 번씩은 내가 가진 생각을 재검토하고 재정의하여 변하는 환경에 적합하지 않은 모든 것은 깨끗이 정리해야 한다"고 강조했다. 쇼윈도의 마네킹도 계절이 바뀌면 옷을 갈아입고 산도 가을이 되면 붉은 잎으로 갈아입듯 사람이 가진 습관이나 생각도 재검토하고 폐기해야 한다는 의미다.

현재의 연장선상에 더 이상 미래가 존재하지 않으며 과거의 성공이 미래의 성공을 가져다주지 않는 시대이므로 과거의 연장선에서 생각하는 데카르트식 분석적 사고와도 결별해야 한다. 과거를 과감하게 버리는 새로운 발상이 필요한 시점이다.

경기가 어려울 때는 발상을 새롭게 하려는 시도를 하지만, 회복의 신호가 여기저기서 나타나면 또 다시 옛날의 향수를 잊지 못해 현재의 낡은 패러다임을 굳게 잡고 놓지 못하는 기업이 많이 있다. 그러나 이제 과거의 연장선상에서 기존 방식대로는 더 이상 경쟁의 대열에 설 수 없다. 가솔린엔진의 연비경쟁에 자동차회사들이 경쟁하고 있을 때 도요타는 하이브리드라는 경쟁의 축을 새로 만드는 다른 발상을 해서 세계 시장을 지배하고 있다.

평범한 직장인이 갑자기 부자가 된 사람을 찾아가서 그 비결을 물었다. 그 부자의 가르침은 아주 간단한 것이었다.

"오줌을 눌 때 한쪽 다리를 개처럼 들면 됩니다."

"사람이 개처럼 그렇게 할 수 있을까요?"

"바로 그 생각을 버리면 성공합니다. 사람다운 짓 하려고 폼 잡다가 바닥을 기지 못하면 돈이 보이지 않습니다."

남들이 흔히 하는 생각을 180도 바꾸는 것이 돈이 되게 하는 기술이라고 강조하고 있는 재미있는 대화이다.

역발상의 최대 장점은 지금까지 경쟁사가 생각하지 못한 새로운 방향으로의 시도이기 때문에 시장에서 경쟁자가 없다는 것이다. 그리고 새로움을 추구하고, 반복되는 지루함에서 탈피를 추구하는 소비자의 일탈심리를 최대한 만족시켜 블루오션의 시장을 개척할 수 있는 좋은 방식이다.

역발상이란 남들이 가지 않은 길을 가보는 것이다. 남들이 가지 않기 때문에 기회와 기대가 함께 존재한다. 다른 사람들이 관심 없는 영역을 치고 들어가서 '최초' 라는 깃발을 꽂는 정복자의 마음을 갖는 것이 역발상이다.

남들이 가기를 꺼려하고 가지 않고 있을 때 나만이라도 가고 싶어 하는 길이 있다면 그 길을 향해서 과감하게 출발해 보는 것이다. 아무도 관심이 없는 그 길을 개척해내면 역발상으로 성공했다는 인정패를 받을 자격이 있다.

그래서 역발상은 개선의 레벨이 아니라 혁신의 레벨로 접근하는데 필요한 발상법이라고 할 수 있다. 아무리 아이디어가 없는 과제라도 역으로 생각해 보면 새로운 방법들을 찾을 수 있다.

역발상에는 2가지가 있는데 하나는 이제까지 없던 것을 만들어 내기 위해 거꾸로 생각하는 것이고, 또 하나는 기존에 있던 것을 고치거나 새롭게 하기 위해, 아이디어의 폭을 넓히기 위해서 역으로 생각해 보는 것이다.

역발상을 잘하기 위한 4가지 방법과 이를 적용하여 성공한 사례를 통해 자신의 업무에도 적용하여 우리 회사의 역발상 성공사례를 만들어 보자.

첫째, 과거의 연장선을 과감하게 잘라 버린다.

배의 속도를 높이기 위해 돛의 수를 늘리거나 돛의 크기를 크게 하여 바람의 저항을 많이 받아 보자는 것은 차별화되는 방법이 아니다.

그보다는 과감하게 돛을 다 떼어버리고 증기기관을 달아 보자는 발상을 하고 나아가 핵연료를 사용하는 과거의 연장선상에서 벗어나 접근하는 발상이 역발상이다.

일본의 역 근처에 있는 음식점의 주차장에 자전거를 주차해 놓고 가버리는 사람이 많아서 정작 그 음식점의 손님은 주차공간이 부족하여 주차하기 어려운 문제가 발생하였다.

'자전거 주차금지' 라는 간판을 붙여서 주의를 주어도 여전히 불법주차는 계속되었다.

주인은 아이디어를 내서 '주차금지' 라는 간판 대신 '여기 주차한 자전거는 버리는 자전거이므로 마음대로 가져가도 좋다' 라고 붙여 놓았더니 불법주차하는 일이 사라져 버렸다. 내 입장이 아니라 상대편의 입장에서 생각해 보니 문제가 쉽게 해결된 것이다.

자동판매기에 동전을 넣었는데 음료가 나오지 않자 고장신고번호에 전화를 걸었는데 주인이 좀처럼 나타나지 않았다. 지나가는 사람이 "자판기가 고장 나서 동전이 쏟아지고 있다"고 해보라고 해서 다시 걸었더니 주인이 5분도 지나지 않아 나타났다는 이야기도 주인의 입장에서 생각해 보니 문제가 풀린 예라고 할 수 있다.

'물류센터는 싼 땅에 지어야 한다' 는 고정관념을 버리고 신선한 제품을 신속하게 제공하기 위해 도쿄 시내의 비싼 땅에 물류센터를 세워 성공한 회사가 니폰레스토랑이다.

경쟁사들이 물류센터를 외곽에 두어서 유지비용은 줄였지만 교통문제로 배송에 문제가 생겨 곤혹스러워하는 것과 달리 짧은 거리에서 신선도가 유지되면서 곧바로 배송하기 때문에 고객만족도를 훨씬 높일 수 있었다. 도시 외곽의 정체가 심해지고 유류 값이 오르고 교통난에 따른 기회손실비용까지 계산하면 물류센터는 도심 외곽에 지어야 한다는 고정관념을 타파한 효과가 더 컸다.

넷째, 규정이나 법을 뛰어넘는 발상을 하라.

젊은이들의 문화카페인 민들레 영토를 만든 지승용 목사는 영업허가를 받지 않고도 성공적으로 사업을 시작하게 된 것이 역발상의 힘이다.

지승용 목사는 카페를 차리기 위해 80여 명이나 되는 사람을 만났지만 돈을 빌릴 수 없자 돈을 벌어서 종자돈을 마련하기로 했다. 그래서 아이디어를 낸 것이 30년 동안 먹어도 질리지 않은 음식 떡볶이의 재료 가래떡을 팔기로 했다. 가래떡을 통하여 향수와 추억을 파는 업이라고 전제하고 사업을 시작했다.

우선 대상과 장소를 역발상으로 접근했다. 고객을 강남의 중년 부인으로 하고 고급아파트 앞에서 좌판대를 설치하여 판매하였다. 그리고 의복도 역발상으로 접근하였다. 양복에 넥타이를 매고 말쑥한 차림으로 가래떡을 파는 모습을 보고는 '사업하다가 부도난 분인가 보다, 불쌍하다, 우리가 좀 도와주자' 라는 분위기를 연출하였다.

또한 호칭의 역발상을 추구하였다. 가판대 앞을 지나가는 분들을 손님이라 부르지 않고, 부드러운 목소리로 친근하게 들리는 "어머니"로 호칭을 불렀다. 어머니라는 호칭은 자녀를 아낌없이 사랑하듯 베풀고 싶어지게 만든다.

그리고 제품의 역발상을 시도했다. 강남의 아주머니들에게 판매하는 것이 비싸거나 고급스러운 것이 아니라 가래떡이었고, 방금 떡집에서 가져온 것이라는 것을 강조하기 위해 김이 모락모락 나게 하여 판매하였다.

가래떡을 팔아서 번 돈으로 카페를 차리려고 점포를 계약했지만 무허가 건물이라서 허가가 나지 않았다. 절망의 순간, 커피를 파는 것이 아니라 공간을 팔겠다는 역발상을 했다. 즉, 커피 값을 받지 않고 문화를 즐기는데 필요한 입장료를 받는 것이다.

법으로 따지면 문제해결이 불가능하지만, 오픈 당시 민들레 영토는 대화와 독서를 할 수 있는 문화공간을 제공하고 커피와 음료를 무료로 제공한다는 아이디어로 성공할 수 있었다.

역발상은 개인과 기업, 나아가 국가와 세계를 위기에서 구할 수 있지만 그러나 쉽게 떠오르지는 않는다.

끊임없는 사고(思考) 즉, 몰입 끝에 나온 산물이므로 수많은 실패와 사고의 시행착오에서 나오는 것이다. 그리고 새로움에 도전하는데 시행착오를 줄이고 변화의 중심에 서서 글로벌 경쟁력을 갖기 위해서는 무엇보다도 역발상이 몸에 배일 정도로 체질화된 인재들이 많이 나와야 한다.

호기심을 자극해서 가치를 재발견한다

프랑스 정부에서는 신종 개량 감자를 개발하여 농민들에게 배부하였으나 농민들이 아예 무관심하였다. 그 이유를 알아보니 몇 년 전에 정부에서 제공하는 개량 감자를 심었지만, 대부분의 감자 농가에서 수확량이 기존 감자보다 크게 줄어들어서 손해를 본 적이 있기 때문이었다. 정부는 그 당시 배부한 감자의 실패 사례를 철저하게 분석하여 수확량도 많고 병충해도 강한 감자를 다시 개량해 낸 것이다. 그러나 농민들에게 신뢰를 잃은 정부는 여러 가지 홍보를 해 보았지만, 좀처럼 농민들이 심으려고 하지 않았다.

그해 갓 들어온 신입 공무원이 신종감자의 보급을 위해 새로운 아이디어를 냈다. 전국 감자 농가 지역마다 감자 재배지를 만들어 울타리를 치고 완전 무장한 군인들이 24시간 지키게 했다.

군인들이 철저하게 지키니 농민들은 울타리 안에 무엇이 있는지 궁금해 하기 시작했다. 그리고 자세히 살펴보고 군인들에게 물어보기도 하여 감자가 심어져 있는 것을 알게 되었다.

정부에서 주는 감자는 실패하는 감자라고 생각했는데 군인들이 저렇게 지키는 것을 보면 정말 좋은 감자일 거라고 생각이 바뀌기 시작했다.

농민들이 관심을 가지기 시작하고 감자의 중요성을 인식하는 시점에 군인들이 가끔 경계를 소홀히 하였다. 그러자 호기심이 가득했던 농민들이 군인들 모르게 감자를 파가기 시작했다. 그러자 군인들이 아예 휴가 간다고 며칠씩 비우기도 했다.

농민들은 재배단지에서 훔쳐온 감자가 알도 크고 먹어 보니 맛도 있음을 알게 되었다. 농부들이 그 다음 해부터 훔쳐서 가져온 개량된 감자를 심어 순식간에 전 농가에 보급되었다.

무장한 군인들이 감자를 지킴으로써 감자의 가치를 재발견하게 되고 스스로 가지고 싶게 만들어서 순식간에 감자를 전국에 보급한 것은 젊은 신입 공무원이 낸 역발상의 좋은 사례라고 할 수 있다. 프랑스 정부는 가치 있는 감자를 개발해 놓고서도 그 가치를 농부들이 알아주지 않았지만, 멋진 발상의 전환으로 문제를 해결하였다.

제록스의 연구원들도 가치 있는 제품을 개발했지만 경영자들이 그 가치를 알아주지 못해서 타사에게만 큰 이익을 안겨 준 사례도 있다. 1973년 경에는 입력장치로 천공 카드나 키보드를 사용하였다. 제록스(Xerox)사의 연구소에서는 천공카드나 키보드 방식을 개선하여 세계 최초의 그래픽 방식 PC를 개발했다. 그 당시에는 감히 생각도 못할 기발하고 혁신적인 제품이었다.

그러나 제록스는 기업용 중·대형 컴퓨터 개발을 주로 하던 회사였기 때문에 획기적인 것을 발명해 놓고도 경영자들이 그 가치를 알지 못하고 기업용 워크스테이션 개발만 집중하고 있었다.

시제품이 나왔지만 그 용도와 가치를 인정해 주는 경영자가 없어서 실패한 프로젝트로 관리되었다.

그러나 애플의 창업자 스티브 잡스는 이 기술이 미래의 PC 산업을 크게 바꿀 것이라는 것을 알고 그것을 새롭게 응용하여 몇 년 뒤에는 매킨토시라는 PC를 개발하여 애플의 발전에 크게 공헌하였다. 또한 마이크로소프트의 빌 게이츠도 이 기술을 활용해서 '윈도우'라는 새로운 컴퓨터 운영체제를 만들어 세계 최고의 갑부가 되는 계기가 되었다.

지금은 다소 부족하지만 미래에는 커다란 가치를 줄 것을 미리 예견하고 제품이나 기술을 꾸준히 개발하고 발전시키는 선견력이 있는 경영자나 기업이 미래를 주도할 수 있다.

희소성을 강조해서 가치를 높인다

오피스텔에 거주하는 미혼 여성이 그동안 소형냉장고를 사용하다가 중형으로 바꾸기로 했다. 그래서 사용하지 않는 오래된 아이보리색의 소형냉장고를 인터넷을 통해 판매하고자 했다.

궁리 끝에 냉장고 주인은 인터넷에 다음과 같이 광고를 내어 폐기비용도 내지 않고, 오히려 돈을 받고 팔 수 있었다.

"금전운을 가져다 주는 침실용 냉장고를 팝니다. 밤에 목이 마르면 침실에서 바로 맥주를! 동쪽에 침실이 있으신 한 분에게만 팔아요. 단 1대 뿐입니다"

아이보리 색을 금의 이미지로 표현하고 냉장고가 2대가 있어도 좋다는 뜻으로 침실용이라는 것을 강조했다. 그리고 갑자기 맥주 마시고 싶을 때 침실에서 바로 마실 수 있는 것을 강조하였고, 한 분에게 1대만 판다는 것을 강조하여 희소성을 표현했다. 그리고 풍수지리를 따지는 사람에게 어필하고자 동쪽에 침실(해가 떠오르는 희망의 이미지)이 있는 분에게 판다고 했다.

인터넷에 올린 후 1시간 만에 10명의 후보자가 나타나 최고 가격을 제시한 사람에게 쉽게 처분할 수 있었다.

우리가 물건을 팔 때도 발상을 바꾸면 쉽게 가치를 올려 팔 수 있다. 가치를 올리는 표현은 여러 가지가 있지만 언제까지 판다는 기한이 한정되어 있으면 고객들은 그 기한 내에 사고 싶어 한다. 그리고 희소성을 강조하거나 판매 인원을 한정한다거나 수량을 한정시킬 때 고객은 사고 싶어 하고 관심을 가진다.

그리고 특별우대라고 하거나 사실은 평일에 파는 정가이면서도 반액이라고 표시하면 더욱 관심을 갖는다.

이와 같이 고객을 끌어들이는 문구들은 여러 가지가 있다.

영어학원에서는 '영어는 전직 기회를 넓힌다. 영어 못하면 전직도 못한다' 라고 플랜카드를 내걸어 영어공부를 하라는 것이 아니라 당신의 전직을 위해서 배우라는 의미를 주고 있다.

일본의 샤브샤브 식당에는 '일본에서 두 번째로 맛있는 요리입니다. 첫 번째 맛있는 요리는 손님의 추억 속에 있어요' 라는 글이 걸려 있다. 두 번째라고 강조하지만 실제로는 일본 최고임을 겸손하게 내세우는 문구이다.

그리고 가판대에서 많이 사용하는 문구도 재미있다. '비밀인데요, 회사가 도산하기 직전이라서 직접 반값으로 판매를 합니다' '재료값이 올라 만들어 팔면 회사가 적자입니다. 이 제품은 더 이상 생산하지 않습니다' 라는 표현들은 더 이상 살 기회가 없고 이번뿐임을 강조하여 고객을 조급하게 하여 구매심리를 자극하는 문구들이다.

일식당의 문구도 재미있는 표현이 있다.

'이 생선은 양식입니다. 양식 전문박사 5명이 365일 심혈을 기울여 길러낸 생선입니다.'

보통 자연산임을 강조하는데 양식 전문박사를 등장시켜 자연산보다 더 가치가 있는 것처럼 인식하게 하는 효과를 주고 있다.

그리고 가격을 세분화시켜 싸 보이게 하는 문구도 있다.

'하루 커피 한잔으로 사는 평면 TV'

커피 한잔 3,000원이면 한 달이면 90,000원이, 1년이면 108만 원이 되므로 평면 TV를 충분히 살 수 있는 돈이 된다.

희소성이나 한정성 등을 나타내어 가치를 올리는 방법으로 높은 가격으로 판매하는 방법들에 대한 연구도 필요하다. 실제로 귀한 상품을 개발하고도 팔지 못해 창고에서 잠자는 제품들이 많이 있기 때문이다.

발상의 전환으로 불행을 행운으로 바꾼다

일본 아오모리현은 연간 47만 톤 정도의 사과를 생산하는, 일본에서 유명한 사과단지이다. 대단위 사과단지에 수확기를 앞두고 태풍이 와서 대부분의 사과가 떨어져 버렸다. 사과 농사를 지은 농민들이 실의에 빠져 있을 때 평소 생각을 깊게 하던 농부가 새로운 아이디어를 냈다.

떨어지지 않은 사과들을 고급스럽게 포장하여 떨어지지 않는 사과라는 브랜드로 10배 높은 가격으로 출시하였다. 이 사과는 출시되자마자 없어서 못 팔 정도로 순식간에 팔려 버렸다. 대입 수험생들의 어머니들이 자식에게 먹이기 위해서 사갔던 것이다. 태풍에도 떨어지지 않았던 사과를 먹으면 원하는 대학에 떨어지지 않고 꼭 합격할 것이라는 믿음을 주는 사과로 인식하였기 때문이다.

미국의 미네소타주에서도 비슷한 사건이 있었다. 그곳에는 태풍이

온 것이 아니라 10년 만에 큰 우박이 쏟아져 사과의 대부분이 우박에 맞아 검은 상처를 입었다.

농장 주인은 검은 상처가 난 사과를 잘 포장하여 대박 사과라고 이름을 붙였다. 그리고 10년 만에 우박이 쏟아져 그 우박을 맞은 사과는 10년 만에 대박 맞을 운을 가져온다고 소개했다. 그래서 사람들이 상처 나지 않은 사과보다 우박점인 검은 점이 많은 사과를 더 비싸게 사 먹었다. 우박점이 많을수록 행운이 많은 대박점으로 인식하고 기분 좋게 사서 먹었다는 것이다.

이와 같이 발상의 전환으로 국면을 전환하여 기쁨으로 바꾼 사례는 많이 있다. 프랑스에서도 이러한 사례가 있었다.

레오나르도 다 빈치의 명화 모나리자가 파리 루브르 박물관에서 전시되던 중 도난을 당했다. 박물관 관계자들은 실의에 빠져 빈자리이지만 모나리자 그림이 걸렸던 곳이라고 크게 표시를 하고 그림이 다시 돌아오기를 바란다는 글귀를 붙여 놓았다.

그런데 그 후에 놀랄 만한 일이 일어났다. 모나리자 그림을 사랑하는 사람들이 박물관에 몰려와 빈자리를 보며 하루 빨리 그림이 돌아오기를 빌면서 안타까워하고 슬퍼하였다. 이러한 모습이 전국 TV에 방영되자 텅 빈 벽을 보기 위해서 사람들이 몰려들기 시작했다.

참으로 놀라운 사실은 모나리자가 없어지고 나서 2년 동안의 박물관 입장료 수입이 지난 12년 동안 박물관의 입장료의 2배가 넘었다는 것이다. '생각을 바꾸면 불행도 행복이 될 수 있다' 는 발상 전환의 대표적인 사례들이다.

　그리고 발상을 전환하면 동화책도 새롭게 해석할 수 있다. 이솝 우화는 17세기부터 구전되어 오던 이야기인데 동물들에게 사람과 꼭 같이 행동을 하게 함으로써 동화처럼 재미를 느끼면서 깨닫게 하는 이야기 형식으로 내용이 구성되어 있다.

　그 중에서 특히 잘 알려진 토끼와 거북이 이야기는 초등학교 교과서에도 수록되어 있어서 누구나 잘 알고 있다. 토끼와 거북이가 경주하는데 빨리 간 토끼가 낮잠을 자다가 거북이에게 추월을 당해 결국에는 거북이가 승리한다는 내용의 우화이다.

　초등학교 때 배운 교훈은 '끈기 있게 노력하는 자가 이긴다' '훌륭한 능력도 나태해지면 능력이 못한 사람보다 못하다' 등이다. 그러나 거북이가 자는 토끼를 보고도 깨우지 않고 그냥 지나쳤기에 '남의 실수 속에서 얻어지는 승리는 진정한 승리가 아니다' 라는 의견도 있다.

　그러면 토끼가 잠을 자는 실수를 하지 않더라도 거북이가 이길 수 있는 방법이 없을까? 발상을 전환해 보면 이기는 방법을 찾을 수 있다.

　첫째, 환경적인 측면에서 보면 달리는 장소가 산이어서 토끼가 이길 수밖에 없는 게임이다. 그러므로 거북이는 다른 제안을 해야 할 필요가 있다. 공정한 게임이 되기 위해서는 육지에서 한 번, 바다 속에서 한 번 경주를 해야 한다고 주장하는 것이다.

　토끼가 산에서 산다고 거북이도 산에서 달려서 경쟁하는 것은 어리석은 것이다. 마찬가지로 기업도 남들이 항상 하던 식으로 따라가다 보면 남의 실수만 기다리는 후수경영이 되고 만다.

　만약 바다 속에서 달리기를 한다면 시작하고 몇 분 지나지 않아 토끼는 익사하고 거북이는 영원한 승자가 될 것이다.

둘째, 최신 의술을 이용하여 거북이의 발을 노루발로 이식시켜 빠르게 달리게 하는 것이다.

셋째, 평생 계속 달리기를 제안하여 토끼가 항상 앞에 가지만 수명은 거북이가 길어서 결국은 승리하는 것이다.

넷째, 토끼가 올라가는 것은 빠르지만 뒷다리가 길어서 내려오는 것은 잘 못하므로 토끼의 결점을 이용하여 산 정상에서 출발하여 산 아래 계곡에 도착하는 코스를 선택하는 것이다. 그리고 거북이는 구르는 훈련을 하여 굴러서 내려오면 이길 수 있다.

이와 같이 질 수밖에 없는 불가능 속에서 계속 이기는 아이디어를 내고 그것이 시장에서 환영을 받아야 기업이 존속과 번영을 할 수 있는 것이다. 글로벌 경쟁에서 이긴다는 것은 매우 중요하다. 경쟁에서 이겨야 획득한 전리품으로 나누어 가질 수 있기 때문이다.

문화를 파는 발상의 전환으로 가치를 올린다

가치를 올리는 방법이 여러 가지가 있지만, 기업의 문화를 팔아서 회사의 수명이 100년 동안 지속되는 기업이 있다. 그 기업이 할리 데이비슨(Harley Davidson)이라는 제조업체이다.

어떻게 고객들이 할리 데이비슨의 CI를 문신까지 새기도록 만드는가? 코카콜라나 GM 등의 브랜드는 할리 데이비슨보다 훨씬 잘 알려져 있지만 그 브랜드를 몸에 문신으로 새긴 사람들이 왜 없을까?

할리 데이비슨 문신을 한 고객들은 자랑스럽게 보여 주며 우월감과 자신감으로 가득 차 있다. 데이비슨 3형제와 윌리엄 할리가 이 회사를 세운 후, 할리 데이비슨의 시가총액이 GM의 시가총액을 넘어섰다. 차 700만 대를 판매하는 것보다 할리 데이비슨 35만 대를 파는 가치가 더 높은 이유는 어디에 있는 것일까?

할리 데이비슨의 10년 동안의 매출성장률은 14.7%, 당기순이익의 성장률은 매년 24.1%이다. 노조의 무리한 요구에 대부분의 미국 제조업이 몰락하고 있는데 어떻게 해서 이렇게 수익을 내고 있는 것일까?

그 비결은 '우리는 우리와 함께 하는 고객에게 모터사이클과 브랜드 그리고 서비스를 제공함으로써 모터사이클링이라는 특별한 경험을 통해 우리 모두의 꿈을 실현해 나간다' 라는 미션을 실현시키기 위해 고객과 함께 최선을 다했다는 데에 있다.

제품만 파는 것이 아니라 기업의 문화를 함께 파는 기업으로 성공한 사례이다.

타사의 모터사이클은 같은 모델이면 대부분 다 똑같지만 할리는 한 대 한 대가 모두 다 다르다. 그 이유는 고객이 구입하고 나서 할리의 문화를 자신의 모터사이클에 심기 때문이다. 그 결과로 할리는 액세서리로 매출 20%를 올려 본체보다 오히려 수익성 면에서는 부가가치를 많이 낸다.

할리 데이비슨의 고객들은 사이클을 살 때보다 구입한 후에 돈을 더 많이 쓰게 되어 있다. 회사의 100주년을 기념하기 위해서 밀워키에서 100주년 파티를 열었을 때도 100만 명의 사람들이 자비를 들여 모여들었다.

할리를 가지고 있지 않은 사람들이 보면 미친 짓이다. 그러나 할리를 가진 사람은 당연히 해야 할 일을 했다고 자랑스럽게 말하고 당연하게 인식한다.

고객에게 오토바이는 '갖고 싶은' 상품의 개념이 아니라, '타고 싶은' 경험을 함께 살린다는 것이기 때문에 할리의 문화에 자비로 참가하고 그것을 즐기는 고객들이 창출된 것이다.

1903년에 설립되어 급격하게 회사를 키워가던 할리 데이비슨은 1970년대부터 유럽 기업과 일본 기업의 품질과 저가를 앞세운 시장 공략에서 패하여 회사가 넘어갈 위기에 처해 AMF에 합병되기도 했다.

그러나 할리 데이비슨 라이더들이 힘을 모아 투자하여 1980년대 다시 회사를 독립시켜 할리만의 독특한 문화활동을 하기 시작하였다.

'독수리는 홀로 난다(The Eagle Soars Alone)'는 캐치프레이즈로 할리의 문화를 심어서 옛 명성을 회복하기 위해 노력했다. 특히 할리를 사랑하는 마니아 그룹인 '할리오너스 그룹' 즉 '호그(HOG, Harley Owners Group)'를 만들어 할리 데이비슨을 살리기 위해 온갖 심혈을 기울였다. 회사가 망하려고 할 때 그 제품 이용자들이 직접 나서서 회생의 깃발을 들고 몰락을 막은 것은 할리 데이비슨이 대표적인 사례이다.

돼지새끼를 HOG라고 하지만 이들에게 HOG는 '할리의 주인 그룹'이라는 뜻있는 표식이다. 그래서 모터사이클 대회에서 1위를 하면 돼지새끼에게 젖을 먹이는 전통을 만들기도 했다. 그리고 자신들이 아끼는 할리 데이비슨이 어려움에 처하게 되자 모터사이클 투어링 행사인

'HOG랠리'를 개최하는 등 열성적인 활동을 벌여 마침내 회사의 이미지를 회생시켰다.

그로 인해 할리의 경영진은 HOG의 존재가치를 알게 되고, 모든 기업경영과 문화의 일환으로 HOG와 함께 갈 것을 결정하였다. 그리고 할리는 회원들이 내는 아이디어를 제품 개발에 적극 반영했다.

할리 소유자들이 자신들만의 문화를 표출하기 위해서 기본 모델에 이들이 선호하는 액세서리를 호환되게 부착할 수 있도록 다양하게 설계하였다.

뿐만 아니라 이러한 액세서리를 쉽게 구할 수 있게 하였다. 현재 1,000개 HOG에 45만 명이 가입해 있으며, 이들은 할리 문화를 구현하면서 구전 마케팅을 충실히 수행하고 있다.

할리라는 제품은 단순히 제품이 아니라 한 시대를 표현하는 가치와 문화를 만들어 나가는 브랜드이며 HOG를 중심으로 충성도 높은 고객을 확보하게 해주었고, 이를 통해 할리의 수익이 꾸준히 성장하여 오늘에 이르게 되었다.

그리고 단순하게 오토바이를 파는 기업에서 '할리 문화'를 파는 기업으로 변신하였다. 모터사이클이 아니더라도 브랜드 이미지가 주는 자유, 독립, 파워를 넣은 다른 제품을 원한다는 사실을 발견했다. 그래서 모터사이클 전문 의류인 할리 데이비슨 모터클로스(Harley Davidson Motorclothes)라는 의류 사업에도 진출하고 유아 의류, 셔츠, 여성용 패션까지 아이템을 확장하였다. 할리의 유명세에 힘입어 동시에 수백 종의 상품에 할리 데이비슨 로고가 사용되기 시작했다.

이제 할리는 모터사이클을 파는 기업에서 할리 문화를 팔아서 가치를 올리는 기업으로 확실하게 변모하여 세계적인 기업으로서의 위상을 확실하게 확보하였다.

창조적 습관을 키우는 7가지 방법을 실천한다

첫째, 미래의 수종 사업을 위해 선견력과 과감한 결단력이 있는 창조적 경영자를 키워야 한다.

창조적 경영자란 미래의 수종 사업이나 상품을 미리 준비하는 리더를 말한다. 현재는 좋지만 20년 후 석유가 바닥났을 때 무엇으로 먹고 살 것인가를 예견하고, 위기를 예상해 준비하는 경영자를 말한다.

일본 기업들이 반도체 불황으로 설비투자를 주저하고 있을 때 삼성전자의 창조적 리더는 미래를 예견하고 신규라인을 증설하여 반도체 수요가 급증하자 13년간의 누적적자를 전부 해소할 수 있었다. 일본의 반도체 사업은 창조적인 면에서는 선발이지만 경영 측면에서는 미래에 대한 선견력과 결단력이 모자라 반도체 싸움에서 진 것이다.

둘째, 김밥사상을 제품이나 공정에 집어넣어 창조적 제품을 만들어야 한다.

한정식처럼 단지 한 끼 먹기 위해 진수성찬을 준비하는 것은 기업경영이 아니다. 미래를 위해 항상 더 나은 기능과 성능을 갖도록 생략하고, 결합하고, 축소하고 재배열하여 김밥처럼 하나로 모든 기능을 달성하는 방법을 연구하고 개발하는 것이 기업경영에서는 필요하다.

대표적으로 성공한 사례가 제2퓨전메모리인 원(One)D램이다. 원D램은 기능이 다른 모바일 D램 2개를 하나로 합쳤다. 휴대전화의 통신기능을 하는 D램과 동영상 등 멀티미디어 기능을 담당하는 D램을 결합한 제품이다. 데이터 처리 속도를 포함하여 휴대전화의 성능이 5배나 향상되는 효과를 볼 수 있다.

제조 공정에서도 김밥사상을 실천하여 크게 성과를 보고 있는데 이를 흔히 셀 생산방식이라고도 한다.

롯데캐논 안산공장은 셀방식을 업그레이드하여 기종장(機種長, Cell Company Organization)방식을 만들었다. 그 결과 인당 생산능력이 6%나 향상되었으며 재고는 75%나 절감되었다. 또한 중국 캐논 공장보다 생산원가를 20% 낮출 수 있게 되어 일본 본사 물량을 흡수할 수 있었다.

셋째, 창조경영을 강력하게 추진하는 데는 경영층의 BM(Benchmarking)이 특효약이다.

장기 불황 속에서도 도요타가 매년 이익을 조 단위로 내며 승승장구하자 국내 기업들의 사장단, 임원들이 단체로 일본 도요타 자동차에 BM을 하였다.

그리고 삼성그룹 신 경영의 출발점이 된 1993년 6월 7일 프랑크푸르트선언과 2006년 9월 미국 뉴욕을 기점으로 런던-두바이-요코하마로 이어진 40여 일간의 출장 기간 중 임원들을 현지로 불러서 실 사례를 들어가면서 창조경영을 강조한 것도 이건희 회장이 경영자의 의식 변화를 BM방식으로 지도한 것이다.

넷째, 노마디즘(Nomadism)을 가진 리더와 인재육성에 투자를 아끼지 말아야 한다.

노마디즘은 버려진 불모지를 새로운 생성의 땅으로 바꿔가는 것으로 한 자리에 앉아서도 특정한 가치와 삶의 방식에 매달리지 않고 끊임없이 자신을 바꾸어 가는 창조적인 행위를 뜻한다. 직원들이 변화가 좋고 자신에게 도움 된다는 것을 확실하게 느끼게 해야 하며, 농경인 사고에서 유목민 사고로 바꾸어 끊임없이 창조적 여행을 즐기는 리더와 직원들이 많이 탄생하도록 투자를 아끼지 말아야 한다.

그렇다면 기업에서 창의적 인재를 어떻게 육성할 것인가?

무엇보다 그 조직을 이끌어가는 창의적인 리더가 존재해야 한다. 창의적인 리더는 창의적인 인재를 알아보고 키우며 조직에, 창의적인 문화를 조성한다.

학점이나 토플점수 등으로 창의적 인재를 발굴하기는 쉽지 않다. 최고경영자나 인사부서가 창의적인 인재를 알아보는 눈과 시스템을 가지고 있는가가 첫 번째 조건이다. 조직 내에 창의적인 인재가 없다면 외부에서 영입하는 적극적인 채용시스템을 가동해야 한다. 또한 창의적인 인재들이 잘 근무하고 능력을 발휘하도록 기업문화를 만들자는 것이 필요하다.

복장 자율화나 출근 자유화, 사무실의 녹색화 등의 겉보기 수준에 국한되어 있는 경우를 종종 본다. 이러한 외형적 변화보다 조직이 바라는 창의적 인재의 특성을 규명하여 이를 채용, 평가, 승진, 이동 등 인사제도에 반영하고 교육과 조직개발 업무 프로세스 등과 연계하는 것이 중요하다.

창의성은 기존의 관념과 관행을 버리고 그 틀에서 벗어나 새롭게 관찰하고, 성찰하고, 느끼고, 깨닫고, 서로 다른 것들의 충돌을 통해 개발될 수 있다.

경영자는 조직원들이 일상 업무 속에서 창의적으로 생각하고 실행할 수 있는 기회와 권한을 제공해야 한다. 또한 후임자들이 이를 공유하고 새롭게 적용하는 과정에서 새로운 가치를 창출할 수 있도록 도와줘야 한다. 결국 창의적 인재 육성은 리더들이 과연 창의적인가 하는 질문에서 시작되어야 할 것이다.

다섯째, 생각하는 힘을 키워야 한다.

1623년 프랑스 중부 끌레르몽이라는 지방에서 출생한 파스칼은 '사람은 생각하는 갈대' 라는 말을 남기고 39세에 사망하였다. 사람은 갈대처럼 연약한 존재이지만 생각하는 힘이 있기에 위대하다는 의미이다.

강아지가 주인을 즐겁게 하기 위해 오늘은 "망망" 이라고 짖었다가 내일은 "멍멍" 이라고 생각하면서 짖지 않는다. 고양이도 아이들에게는 "야옹" 하다가 어른에게는 "야아옹" 이라고 하겠다는 생각을 하지 못한다. 이는 강아지나 고양이는 생각하는 능력이 없기 때문이다.

그러나 신은 '생각' 이라는 선물을 인간에게 주었다. 로뎅도 생각하면서 살자는 뜻에서 '생각하는 사람' 이라는 훌륭한 작품을 남겼다.

한국축구가 4강에 오른 요인이 여러 가지가 있지만 그 중 중요한 한 가지가 생각하는 축구를 하도록 히딩크(He Think) 감독이 지도했기 때문이란다. 상대방을 생각하면서 움직이고 생각하며 공을 전달하도록 하는 훈련을 많이 한 결과라고 한다.

도요타 생산방식의 창시자인 오노다이이치 선생은 현장 순회 중 낭비가 보이면 바닥에 동그랗게 원을 그리고 담당반장을 불러서 그 원 안에 세워 낭비가 보일 때까지 보고 생각하게 한다고 한다.

'궁하면 통한다' 라는 말도 생각을 깊게 하면 아이디어가 생긴다는 말이다.

바이러스의 권위자인 안철수 사장은 어떤 문제에 부딪치면 남보다 더 많이 생각하기 위해 시간을 두세 곱절 투자할 각오를 한다고 한다. 평범한 두뇌를 지닌 덕에 남을 이길 수 있는 최선의 방법이 많이 생각하는 시간을 갖는 것임을 알았기 때문이다.

그러나 많은 사람들이 생각 없이 행동하고 생각 없이 말한다. 생각하는 축구가 세계를 놀라게 했듯이 갈대처럼 연약한 인간의 약함을 극복하는 특효약이 생각의 힘임을 인식하는 관리자나 경영자가 많아져야 한다.

여섯째, 사업화를 고려한 창조적 발상이어야 한다.

그동안 탄생했던 위대한 발명가들이 대부분 경제적으로 어려웠다는 사실에 충격을 받는다. 창조는 할 수 있었지만 경영을 할 줄 몰랐기 때문이다. 에디슨 또한 위대한 발명가였지만 경영할 줄 몰랐기에 생활이 어려웠다. 축음기를 발명하고서도 사업적 가치가 없다고 여겨 사업화에 관심이 없었다. 실제로 훌륭한 제품들이 창고에서 잠자는 경우도 많다.

발명은 필요의 어머니가 아니라 필요가 발명의 어머니가 되어야 하는데 필요도 없는 것에 투자하여 시간만 낭비하는 경우도 많다. 소니의 베타방식의 보급 실패도 창조에는 성공했지만 경영에 실패한 경우이다. 도요타 창시자 도요타 사키치는 신제품을 개발하고 연구하는 것에는 능력이 있었지만 경영에는 서툴러 이사부로라는 경영 전문가를 데릴사위로 모시고 와 경영하도록 했다.

대부분의 그룹 총수들이 신년사에서 창조경영을 강조하지만 사업화에 성공하는 창조적인 산물은 극히 드물다. 그러나 조직원들이 끊임없이 창조력을 개발시키고 새로움에 도전하지 않으면 1등이라는 브랜드는 한순간에 추락할 수 있다. 안팎에서 밀려오는 변화의 물결을 창조와 혁신으로 극복해야 미래를 보장받는 기업에서 성과급의 기쁨을 누리는 직장인이 될 수 있다.

일곱째, 몰입하는 습관을 키워야 한다.

고민이나 걱정이 있을 때 생각을 많이 한다. 그러나 그동안 생각 없이 살다가 갑자기 생각하다 보면 훈련이 되지 않아서 걱정이나 고민의 해결 방안을 잘 찾지 못한다. 남다른 해결 방안을 찾으려면 몰입해야 한다. 최근에 '몰입' 이라는 단어가 유행하고 있는데 몰입한다는 것은 어떤 과제에 대해서 생각을 계속 집중하는 것을 말한다.

쉬운 말로 하면 자나 깨나 그 과제를 생각하는 것을 몰입했다고 할 수 있다. 서울대학교 황농문 교수는 몰입을 통해서 학계에서 도저히 해결되지 않는 여러 가지 문제들을 해결할 수 있었는데, 주로 자기 전에 생각하고 다음날 아침에 일어나면 뇌가 밤새워 작동해서 해결 아이디어를 제공해 주었다고 강연에서 이야기했다. 김규환 명장은 2년 6개월간 기계 앞에서 자면서 생각하여 온도치수 가공 조건표를 만들어 국가에서 주는 최고의 기술인 칭호인 명장이 되었다.

IBM은 생각하는 사람이 대우받게 해서 성공한 기업이다. 빌 게이츠의 탁월한 경영능력도 1년에 두 번 있는 Think Week에 의한 결과라고도 말한다. 직위가 올라갈수록 생각하는 시간을 가져야 하는데 상사들이 일상 업무처리에 급급한 기업은 미래를 준비하지 못한다.

생각하면서 살면 생각대로 살지만, 생각하지 않고 되는 대로 살면 그 기업도 되는 대로 운영된다.

17

스피드를 축으로
속도전쟁에서 반드시 이긴다

머물면 망한다는 의식으로 스피드경영을 추구한다

큰 것이 경쟁력 있고 힘을 가지던 시대는 지나가고 스피드가 경쟁력인 시대가 왔다. 경영의 속도가 배증되면 성과는 4배로 급증한다고 한다. 속도의 중요성을 아는 기업은 이기고 속도의 중요성을 제대로 인식하지 못하는 기업은 뒤처지게 된다.

속도전쟁에서 성공 가도를 달리다가 패한 대표적인 사례가 컴팩이라는 회사이다.

컴팩은 속도전쟁을 통해서 IBM이 컴퓨터판매 사업을 포기하기 전까지 만들 정도로 스피드에 있어서는 놀랄 만했다. 인텔이 속도가 더 나은 부품을 시장에 내면 새로운 칩을 사용한 새로운 컴퓨터를 시장에 제일 먼저 출시하는 전략으로 고객의 사랑을 한몸에 받았다.

IBM도 새로운 칩을 장착하고 다른 기능도 개선하여 신제품을 시장에 출시하지만, 속도전에서 강점을 가지고 있는 컴팩에 밀려서 시장에서 타격을 많이 입었다.

그러나 컴팩은 2000년대에 들어서서는 스피드를 상실한 전혀 다른 기업이 되었다. 컴팩은 인터넷이 기업에 영향을 미치는 환경적인 변화를 제대로 이해하지 못하고 현재의 승리감에 도취해서 변화를 받아들이려고 하지 않았다. 특히 마케팅과 영업방식에서 기존의 방식에서 벗어나지 못하고 인터넷의 새로운 기술을 활용해 속도전의 효과를 높이는 방식을 도입하기를 거부했다. 결국 기존의 방식을 고집하다가 제일 빠른 기업이 느림보 기업으로 퇴화하게 되었다.

반면에 속도의 달콤한 맛을 체험한 델컴퓨터는 새로운 환경을 활용하여 속도전을 펼칠 수 있는 수평조직으로 직제를 대폭 개선하였다. 판매방식을 중간 매매상을 배제하고, 직접 판매와 인터넷 판매에 집중하여 고객밀착형으로 바꾸고 제조 리드타임이 4일 걸리던 것을 4시간으로 혁신하여 속도전으로 새롭게 부상하였다. 그러나 컴퓨터 업계의 기린아로 불렸던 델도 경쟁의 축이 다른 스마트폰과 태블릿PC의 등장으로 시장을 잃어가고 있고, 대만, 중국 등에서 생산된 저가 제품으로 코스트 경쟁이 심화되었으며, 기존 경쟁자들도 같은 방식의 스피드로 고객을 공략하여 시장 리더의 지위를 뺏기고 말았다.

특히 대부분의 회사에서 놓치는 부분이 신제품을 개발해서 시장에 출시할 때 속도전쟁에서 중요한 제조 리드타임을 초기에 설계한 대로 지키지 못하는 점이다.

신제품의 기획 단계에서 설계한 택트 타임대로 생산 못하는 경우가 자주 발생하는 이유는, 문제를 해결해서 처음 설계한 대로 택트를 맞추기 위해 노력하기보다는 생산하는데 급급하기 때문이다.

기업이건 개인이건, '빠르다는 것'이 경쟁력이요 힘이 되는 시대에 우리는 경쟁하며 살아가고 있다.

GE 전 회장 잭 웰치는 변화를 예측하려고 노력하기보다 변화에 빨리 대응하는 것에 힘을 기울여야 한다고 강조했다. '덩치 큰 기업이 항상 작은 기업을 이기지는 못하지만, 스피드 있는 기업은 항상 느린 기업을 이긴다' 는 전제 하에 GE는 전 세계에 진출해 있는 GE 관련 기업들의 경영지표가 실시간으로 파악된다. 경영 변화에 신속하게 대응하기 위해서 항공기의 조정석에 있는 여러 계기판을 보듯이 디지털 조종석을 가지고 있어서 신속한 의사결정을 할 수 있는 시스템을 가지고 있다.

일본의 유명한 의류업체인 유니클로는 스피드경영을 위해 사무실에 4가지가 없다.

첫째, 직원의 개인 책상이 없다.

공동으로 사용하는 테이블만 있다. 출근하면 자신의 사물함에서 사무용품을 준비해서 그날 주로 함께 일해야 할 사람의 옆에 앉는다. 업무 내용에 맞추어 장소와 사람을 선택하는 방식이다.

둘째, 회의실에 의자가 없다.

회의 시간보다 5분 일찍 참석하는 것이 습관화되어 있다. 유니클로에서는 이것을 5분 전 정신이라고도 한다. 모든 일을 5분 전에 종료하고 5분 전에 착수하면 다른 회사보다 5분은 항상 앞선다는 논리이다. 또한 회의시간도 핵심요소지만 협의하고 사전에 철저하게 준비해서 참가하기 때문에 대개 10분 내에 종료되는 회의가 많다. 그리고 회의를 서서 하기 때문에 보다 더 자유로운 분위기와 발상을 하게 된다.

깊이 있게 생각하면서 해야 할 때는 집중 업무실에서 업무를 한다. 집중업무실에는 휴대폰도 가지고 가지 않는다.

따라서 남아서 일해야 한다면 국부 조명을 이용해야 한다. 정해진 시간 내에 스피드하게 업무를 처리하라는 취지이다.

애플은 '아이폰4'를 출시하는 과정에서 엔지니어가 샘플을 분실하는 경우가 발생하였다. 이때 스티브 잡스는 위기를 기회로 삼아서 경쟁 회사보다 더 빠르게 완성하라고 지시했다. 먼저 출시해서 시장을 선점하고 다시 앞으로 나아가자고 직원들을 독려했다. 스티브 잡스는 한 직원의 실수를 속도가 돈이라는 것을 직원들에게 주지시키는 계기로 삼고 싶어 했다.

럭비공이 어디로 튈 것인가 이론적으로 고민하거나 분석하지 말고, 땅에 맞고 튀는 순간 잡으면 된다는 것처럼 변화 속에서 기회를 잡는 기업이 이기는 기업이다.

최근 100년은 과거 1000년과 같고, 1개월은 과거 1년과 같이 변화의 속도가 달라지고 있다.

빌 게이츠는 '인터넷 출현으로 비즈니스의 속도가 생각의 속도만큼 빨라지고, 여기에 대응하기 위해서는 디지털 신경망을 구축해야 경쟁력을 향상시킬 수 있다' 고 강조했다.

변화에 신속히 대응하고 적응하는 기업만이 살아남는 시대가 되었다. 21세기는 레이스시대 즉 1, 2, 3등이 상 받는 시대가 아니라, 패자부활전이 없는 승패게임의 시대이며 정보와 지식, 속도가 키워드가 되는 시대이다.

농경사회는 20%의 지주가 80%의 소작인 위에 군림했는데, 지식사회는 20%의 지식지주가 80%의 지식소작인 위에 군림한다고 한다. 기업뿐만 아니라 개인도 바뀌지 않으면 생존이 어려운 시대이다. 나는 소작인인지, 지주의 위치에 있는지 한번 체크해 보아야 한다.

마음의 문은 안쪽에 자물쇠가 있어 자기 자신이 열지 않으면 열리지 않는다고 한다. 속도가 지배하는 사회로 급속히 이행되고 있음을 모두 인정하고 있지만, 속도를 경쟁력의 최우선적 목록에 넣기를 주저하는 경우가 많다. 변화는 꼭 필요하지만 남이 먼저 뛰어들기를 바라고 기다리기 때문이다.

마냥 기다리다 보면 20세기 시꺼먼 그을음이 있는 굴뚝 속에서 스스로를 위로하는 고개 숙인 사람이 되어 있을 것이다.

상품기획 단계에서부터 고객 니즈를 반영한다

변화에 적응하지 못하는 기업들의 특징을 살펴보면 현상타파보다 현상유지에 집착하고, 충고를 받아들이지 않고 경험이나 아집으로 관리하며 무엇을 먼저 해야 할지 모른다. 그리고 해야 할 일을 장기적 시야로 보지 못하고, 자기부정만 하기 때문에 실패가 두려워 브레이크 역할만 한다.

K제과 회사의 1990년대 초반의 제품을 만드는 철학은 달고, 크고, 싸게 만드는 것이었다. 그러나 1990년대 후반에 들어 매출이 점점 줄고 적자가 나기 시작하였다. 생활 여건이 나아지자 소비자들이 단 것을 싫어하고 작지만 맛있는 것을 추구하는 것을 알게 되었지만, 회장의 철학에 반기를 들고 말하는 직원들이 없었다. 결국 회장이 관리일선에서 퇴직하고 아들이 사장이 되자 상품기획 단계에서부터 제조 철학을 아버지와는 정반대로 하여 달지 않고, 작고, 비싼 것으로 만드니 매출도 늘고 흑자로 전환되었다고 한다.

유니클로에는 의류 가격에 따라 기본적인 디자인에 새롭게 옵션을 추가하여 다른 제품처럼 보이지만 생산 측면에서는 크게 다르지 않아 고객이 원하는 제품을 신속하게 생산하는 체계가 되어 있다. 야나이 사장은 실패도 빨리 해서 그 원인을 신속하게 알고 대응하여 실패조차 신속하게 처리하는 것이 '스피드경영'이라고 강조한다.

예를 들면 K연구소에서 종이처럼 말아서 사용할 수 있는 신개념의 노트북을 생산하는데 기획 당시 택트 타임(Tact Time)이 1분이었는데, 생산 기술 면에서 여러 가지 벽에 부딪쳐 2배로 택트를 늘리지 않으면 생산이 불가능하였다. 택트가 2배로 늘어나면 원하는 수량을 맞추기 위해서는 라인이 2배로 증가되고 그에 따른 설비 투자비가 2배로 늘어나야 했지만 투자비의 재검토 없이 만드는데 급급하였다.

제품의 기획과 만드는 과정에서 조건이 다르면 초기 계획을 재검토하여 사업의 타당성을 다시 재점검해야 하는 것은 경영에서 매우 중요한 점검항목이다. 그러나 대부분 회사에서는 상품을 기획할 때 설정한 전제 조건에 대한 재검토 단계를 빠뜨리고 빨리 생산하여 시장에 출시하는 것에만 매달린다.

그래서 겨우 만들어도 시장에 출시하지만 초기의 계획대로 사업의 목적이 달성되지 못하는 경우가 발생한다. 고객의 니즈에 대한 반응이 느리게 되고 제조비용도 증대되어서 판매는 되어도 이익이 나지 않게 되기 때문이다.

스페인의 글로벌 의류기업 자라(ZARA)는 회사는 트렌드 정찰자라는 디자이너들을 고용해서 백화점이나 시장 등을 순회하면서 즉시 소비자의 니즈를 확인하는 시스템을 가지고 있다. 그리고 파악된 니즈를 즉시 상품화해서 전 세계 매장에 주 2회씩 신상품을 공급한다. 그리고 3주가 지나면 전 진열제품이 신상품으로 교체된다. 자라는 아무리 인기 있는 디자인이라도 35만 벌 이상은 만들지 않기 때문에 소비자들은 한정된 제품임을 알고 나오자마자 구입하려고 줄을 선다. 시장의 요구에 즉시 대응하여 제품을 공급하므로 출시되자마자 팔리게 되고 재고에 대한 걱정이 없어져서 스피드로 글로벌 의류회사로 성장한 사례이다.

스피드테크를 중요한 경영 기술로 인식한다

시간을 효율적으로 활용하는 기술을 시테크라고 부르고, 기(氣)를 이해하고 강화시키는 기술을 기테크라고 한다. 현대를 스피드 시대라고 하는데 스피드를 낼 수 있는 기술을 '스피드테크' 라고 부르고 싶다. '큰 것이 작은 것을 먹는 시대가 아니라 민첩한 기업이 둔감한 기업을 먹는다'는 논리도 스피드테크의 중요성을 강조한 말이다.

스피드는 거리를 가깝게 하고 삶의 리듬을 빠르게 한다. 기업경영에 있어서 스피드 즉, '보다 빠르게' 라는 말이 경쟁력의 키워드가 됐다. 스피드경영은 경쟁우위, 고객만족, 부가가치 창출의 3가지 요소를 한꺼번에 손에 넣는 방법이며 선수경영의 중요한 포인트다.

어떤 가전회사가 신제품을 개발하기 위해 금형을 만드는데 결재를 30명이 하고 있다는 사실을, 개발을 늦게 시작한 경쟁회사의 제품이 시장을 선점하고 나서야 알 수 있었다. 국내에서 1~2위를 점하는 시계판매회사에 사무혁신 지도를 위해 방문한 적이 있는데 영업과장 책상에 10㎝ 높이의 보고서와 결재판이 놓여 있었다. 영업부장은 보고서와 결재판 높이가 자신의 존재와 권위를 나타낸다고 생각하며 항상 같은 높이를 유지하지 않으면 불안해서 어쩔 줄 몰라 한다는 것이다. 스피드경영은 이러한 관료주의를 몰아내는 '백신' 역할을 한다.

몇 해 전 한국 기업이 인수한 동유럽의 자동차 회사를 지도하기 위해 폴란드, 헝가리, 루마니아를 방문한 적이 있다. 이때 박물관에 전시된 옛날 무사의 투구를 보니 무게가 2.9kg이나 되고, 말에도 무거운 말안장을 입혀 움직임이 둔해 보였다. 결국 말안장도 없이 싸운 칭기즈칸 군대에게 스피드 면에서 경쟁이 안돼 패한 것을 알 수 있었다. 신속하려면 간편해야 하고 간편하지 않으면 빨라질 수 없고 빨라지지 않으면 이길 수도 없는 것이다.

스피드경영을 추구하다 보면 기능·품질이 저하되는 면이 있다. 그러나 스피드경영은 정해진 원리원칙 아래서의 속도경영이며 장애가 되는 제반 낭비나 잘못된 제도를 개선하는 것이다.

S전기 회사는 빨간불과 파란불이 교대로 점멸하게 하고 점멸하는 속도에 따라 걷게 하는 훈련을 하게 함으로써 공장 안의 모든 움직임을 국제적인 스피드에 맞도록 노력하고 있다. A피자 회사가 주문 후 30분을 초과하면 2,000원을 할인하고 45분이 초과되면 무료 제공하는 것도 스피드를 파는 경영전략이다. 일본 S은행은 고객을 10분 이상 기다리게 하면 그 비용으로 500엔씩 지불한다. 고객만족과 스피드경영을 접목시킨 사례라고 할 수 있다.

스피드한 조직으로 설계되어 있다

엄청난 속도로 변화하고 있는 고객과 시장에 스피드하게 대응하기 위해서는 스마트폰이나 IT기기가 매우 중요하게 이용되고 있다. 스마트폰으로 차 안에서도 보고나 결재를 하며 소통의 속도를 높이고 있다.

속도경영에서 가장 중요한 것은 조직이 스피드하게 움직일 수 있게 편성되어 있어야 한다는 점이다. 스피드한 조직을 재설계하여 성공한 기업이 교세라이다. 단세포 원생동물인 아메바의 생존 원리를 교세라의 조직운영의 원리로 적용하여 크게 성공한 기업이다. 아메바의 크기는 0.02~0.5mm로 형태는 일정하지 않고 몸체는 유동성인 원형질 졸과 형태를 정하는 원형질 겔로 되어 있다.

이나모리 가즈오 명예회장은 갑자기 커져 버린 교세라의 무딘 경영시스템을 싸울 수 있는 스피드하고 유연한 시스템으로 바꾸지 않으면 생존이 불가능한 것을 깨닫고 새로운 조직의 개념을 아메바의 움직임과 같이 만들고자 했다.

회사조직을 아메바식으로 나누고 나누어진 조직마다 리더를 두고 그 리더에게 조직 전반을 맡겨 책임과 권한을 동시에 주는 시스템이다. 조직을 세분화하여 맡기다 보니 회사의 목표달성을 위해 열정적으로 일하는 사람이 늘어나고, 좋다고 생각하는 것을 바로 실천할 수 있었으며, 모든 직원이 경영자와 같은 의식을 가지고 목표달성을 위해 최선을 다하는 조직으로 변화되었다. 자율에 맡기다 보니 아메바의 움직임처럼 조직이 유연해지면서 창조적인 일들이 개발되고, 경직되고 권위적인 조직에서 탈피되었다.

중요한 것은 아메바처럼 조직을 나눌 때 사업의 구조와 실태를 잘 파악하여 나누어야 아메바경영의 효과가 나타난다는 점이다.

아메바경영의 효과를 얻기 위해서는 신중하게 운영시스템을 설계하여야 한다. 특히 전사적인 목표달성을 위해 시너지 효과를 낼 수 있도록 나누는 것이 매우 중요하다. 그리고 반드시 나눈 독립된 조직별로 수입과 지출의 비용이 구분되고, 명확한 수입이 존재하는 단위로 구분해야 한다. 따라서 각 아메바가 최소 단위별로 나누어지고 평가될 수 있어야 한다. 그래서 회계지식이 없더라도 손익결산을 할 수 있는 새로운 회계 방식을 설계하여 운용하게 하였다.

아메바로 나누어 사업을 경험해 본 리더가 늘어남에 따라 인재육성의 속도가 빨라졌다.

자칫 잘못하면 아메바경영은 조직별로 사내에서 지나치게 경쟁하다 보니 사내의 커뮤니케이션이 미흡하고 협조하는 분위기가 약화되기 쉽다. 이러한 단점을 보완하기 위해서는 평가 제도를 설계할 때 단기간 실적으로 반영하지 말고 장기간에 걸쳐 평가하여 반영해야 한다. 그리고 일시적으로 잘한 것에 대해서는 신속하게 공유하게 하여 타 아메바에서도 같은 성과를 낼 수 있도록 유도하여야 한다.

18

불필요한 것은 버리고
정리정돈을 잘한다

미래창조를 위해 버림이 습관화되어 있다

미래창조는 버림이 출발점이다. 하버드대학 마이클 포터 교수는 "전략이란 무엇을 할 것인가가 아니라 무엇을 포기하고, 버릴 것인가가 더 중요하다"고 강조했다.

'버림' 이란 '현재의 패러다임' 을 바꾸는 것이다. 즉 잘못된 업무처리 방식이나 매너리즘에 빠진 습관을 버리는 것이다. 자신의 일에 대한 고정관념을 버리는 것이며, 반복되는 나쁜 관행을 깨뜨리는 것이다.

계획 없이 일하는 것을 버리는 것이며, 시간만 채우는 타성적인 업무 방식에서 떠나는 것이며, 흡연자가 담배를 끊는 것이며, 술 먹고 밤거리를 헤매고 다니는 나쁜 습관을 버리는 것이며, 집에만 오면 TV 앞에서 떠날 줄 모르는 삶을 버리는 것이다.

버림이란 비효율적 낭비를 없애는 것이며 과거의 틀에서 과감하게 벗어나 미래를 향해서 새로운 패러다임을 만들기 위해 기존의 것을 청산하는 것이다.

버림이란 과거의 잘못된 식생활에서 벗어나는 것이며 저녁 늦게 과식하는 습관도 버리는 것이다.

버림이란 바로 하루의 수많은 반복적인 요소들 중에서 미래의 꿈을 위협하는 나쁜 습관들을 쓰레기통에 버리는 것을 의미한다.

단독주택에서 살던 친구가 부인이 청소하는 것을 너무 힘들어 하자 아파트로 이사가자고 하였다. 수년간 같은 집에서 살다 보니 필요 없는 살림살이가 늘어나서 대부분을 정리해야 했다. 그래서 인부와 트럭을 보냈는데 그동안 닦고 쓸면서 정들었던 물건들을 버리기가 아까웠는지 부인이 트럭에 앉아 "나를 먼저 버리고 물건을 버리라"고 고집하여 정리하는데 많은 고생을 했다고 한다.

다른 사람에게는 버리지 못한다고 욕하지만 정작 자신이 버려야 할 때가 왔을 때는 행동하지 못한다.

갑작스런 금융위기를 넘기며 살을 도려내는 아픔을 많은 기업이 경험했다. 그러나 아직도 버려야 할 것을 버리지 못하고 쥐고 놓지 못하거나 독창적인 것보다 1등 따라하기에 급급한 기업들이 많이 있다.

우선 재무구조를 압박하기 전에 버릴 것은 과감하게 버리는 단안을 내리는 지혜가 필요하며, 미래의 성장성과 수익성 있는 사업을 면밀히 검토하여 집중육성하고 경쟁력 없는 것은 신속하게 버리는 고삐를 늦추지 말아야 할 것이다.

요즘 정치가들도 '마음을 비웠다' 는 말을 자주 사용한다. 이는 주변 상황과 상관없이 어떻게 되든지 자신만 성공하면 된다는 생각에서 벗어나 한 걸음 물러서서 기다리는 법도 배우고 사심에서 벗어났다는 의미로 생각된다.

기업경영에 있어서도 마찬가지로 가장 어려운 것 중의 하나가 버리고 비우는 것이 아닐까 생각한다.

현대자동차는 혼다의 경차부문이 외주화되어 있는 것을 벤치마킹해 자동차 부품 생산업체에 생산라인을 이전하고, 보다 수익성 높은 제품을 경차라인에서 시설을 변경해 생산하기로 한 것도 버리는 전략으로서 훌륭하다고 생각한다. GE 또한 세계에서 1, 2위가 아닌 사업은 과감히 처분해 구조 조정한 것도 버리는 전략으로서 좋은 사례가 된다.

LG화학은 세계 첫 양산 전기자동하 모델인 GM의 시보레 볼트라는 차종에 2차 전지 단독 업체로 선정되었다. 10년이나 앞서가던 일본 업체의 아성을 무너뜨리고 경쟁력이 강화된 것은 그동안 한국 기업들이 해온 일본 따라가기를 버리고 과감하게 새롭게 접근했기 때문이었다.

일본의 앞서가는 니켈수소 배터리를 따라가는 것이 아니라, 기존의 방식을 과감하게 버리고 리튬이온 폴리머 분야를 집중 개발하여 세계적인 자동차 회사에 납품하는 성과를 올린 것이다.

한국 기업의 특징인 스피드경영을 바탕으로 사업 진출 4년 만에 세계 최초로 2,200mAh급 노트북용 리튬이온 배터리를 개발하는데도 성공했고, 현재 미래자동차인 하이브리드 자동차와 전기자동차에 들어가는 중대형 전지시장에서 무한한 성장 가능성을 가지고 세계 최고를 향해 도전하고 있다.

개인도 마찬가지이다. 수년 동안 버려야 할 나쁜 습관을 버리지 못하고 쥐고 놓지 못하는 사람들이 많이 있다. 미래의 위기가 있기 전에 미리 단안을 내리는 지혜가 필요하며 비전을 실현하고, 새로운 삶의 방식을 실현하기 위해서는 미래의 것이 들어올 공간을 마련하기 위해 비워 두어야 한다.

비워서 새로움을 찾고 단순함을 찾는데 익숙하다

필자는 매년 한번씩 3일간 물만 먹고 단식을 한다. 제일 힘든 때가 둘째 날이지만 셋째 날부터는 힘만 없을 뿐이고 정신적으로는 편안한 상태가 된다. 그래서 매년 몸도 비우고 머리도 비우는데 3일을 투자한다. 내 머리 속에 있는 원초적인 번뇌를 비우는 작업을 하는 것이다.

컴퓨터에도 파일을 버리는 휴지통이 있다. 컴퓨터에 비우는 기능이 없으면 쉽게 용량이 초과되어서 기능이 정지될 것이다. 냉장고나 서랍도 비우지 않으면 들어갈 공간이 없게 되어 새 것을 넣을 수 없다.

주식투자에서 돈을 벌려면 손절 매매를 잘해야 한다고 한다. 한번 사면 버리지 못해 물 타기를 하고, 나중에는 미수를 동원하고 친척 돈까지 밀어 넣어 올인했다가 패가망신한 사람들도 비우기를 못해 당하는 비극이다.

원숭이를 잡는 방법은 간단하다고 한다. 나무통 속에 손을 펴야 겨우 들어갈 수 있을 정도의 구멍을 만들어 놓고 원숭이가 좋아하는 먹이를 넣어 놓으면 된다고 한다. 원숭이는 구멍에 겨우 손을 집어넣어서 먹이를 움켜잡는 것은 성공하지만, 잡은 채로 손을 빼려고 하므로 사람들이 가서 잡을 때까지 그 자리를 떠나지 못한다고 한다.

18세기 프랑스의 사상가이자 소설가인 루소는 "10세에는 과자에 움직이고, 20세에는 연인에, 30세에는 쾌락에, 40세에는 야심에, 50세에는 탐욕에 움직인다"고 했다.

지금 나는 무엇 때문에 살고 있는가?

나의 행동을 유발하는 원동력은 무엇인가?

나에게는 무엇이 문제인가?

어디에 사느냐가 문제가 아니다. 어떻게 사느냐가 문제다.

어디에 가느냐가 문제가 아니다. 방향도 없이 무작정 출발하는 것이 문제다.

무엇을 입었는지가 문제가 아니다. 나를 위해서가 아니라 남에게 보이기 위해서 입는 것이 문제다.

아름다워 보이는 것이 문제가 아니다. 겉만이 아니라 속이 얼마나 아름다운가가 문제다.

몸에 향수를 뿌리듯이 마음에도 향수를 뿌리며 살기를 권하고 싶다.

얼굴에 주름을 펴는데 1시간씩 투자한다면, 마음의 주름을 펴는데 10분이라도 투자를 하는 것이 자기창조의 길이다.

나는 나 자신을 잘 알고 있는가?

본연의 모습을 잃어 버리고 거짓된 나, 저속한 나, 동물적인 나, 얄팍한 나, 허위로 가득 찬 나, 육체적 향락에서 벗어나지 못하는 나 등 이러한 모습들을 과감하게 벗어 버리고 새로운 자기창조의 세상을 향해서 여행을 떠나길 바란다.

과거의 타성에 젖은 세계에서 과감하게 벗어나 나다운 나로 살아가고 큰 자기(大我), 순수한 자기(純我), 참된 자기(眞我)로의 삶을 재창조하는 여행단에 동승하길 부탁드리고 싶다.

자기창조의 여행은 출발지로 돌아오는 것을 전제로 하는 것이 아니다. 과감하게 현재의 나를 재창조하기 위해 현재를 버리고 떠나는 여행이다. 한 점의 티도 흠도 없는 마음의 거울에 자신을 관조하며 일신우일신(日新又日新) 하는 삶을 살아가는 사람이 자기창조의 여행을 즐기는 사람이다.

공지영의 『수도원 기행』이라는 책에서는 금을 얻기 위해서는 은을 버리고 더 나은 다이아몬드를 얻기 위해서는 어렵게 얻은 그 금마저 버려야 한다고 했다.

버리고 비우면 새로운 것이 들어오는 것을 알지만 과거를 붙잡고 놓지를 못한다. 버리고 나서 채워지지 않을 것에 대한 두려움 때문이다. 창조적인 삶을 사는 사람은 과감하게 과거를 버리고 미래를 향해 새로운 여행을 즐기는 사람이다.

기업도 마찬가지이다.

『좋은 기업을 넘어 위대한 기업으로』라는 책에서 짐 콜린스는 가장 중요한 일이 함께 타고 갈 사원들을 잘 선택하는 것이라고 강조했다. 대부분 우량기업의 CEO가 새로 부임해오면 새로운 비전과 전략부터 짜게 되지만, 위대한 기업들의 새로운 CEO는 적합한 사람을 버스에 태우고 부적합한 사람을 버스에서 내리게 하여 적임자를 적합한 자리에 앉히는 일부터 시작했다고 한다. 모든 사람이 중요한 자산이 아닌 적합한 사람이 자산이기에 중요하지 않은 자산을 버리고 비우는 것이 위대한 기업이 되는 지름길이다.

나에게는 휴지통이 있는가? 내 삶에서 비워야 할 때 버리는 휴지통이 있는지 한번 생각해 보자. 비우지 못해 움켜잡고 놓지 못하는 것이 있는가? 너무 많이 잡고 있어서 용량이 초과되어 기능이 정지된 상태는 아닌가? 버리는 것은 단식하는 것처럼 초기에는 힘들지라도 익숙해지면 쉬울 거라 생각한다. 단식을 해 보면 먹는 시간이 절약되어서 좋고, 과식으로 더부룩한 느낌이 없어 좋고, 몸에 쌓인 불순물을 물로 씻어내어서 좋고, 더 좋은 것은 위를 비우면 정신이 맑아져 새롭고 멋진 문장들이 샘물처럼 솟아나와 글쓰기가 잘돼서 좋다.

먹기 위해 사는가, 살기 위해 먹는가라는 질문을 간혹 받는다. 먹기 위해 사는 것은 너무 동물적이라 싫고, 살기 위해 먹는다는 것도 삶에 너무 치우친 것 같아서 싫다. 남들이 살고 있으니 나도 따라 사는 삶은 거부하고 싶은 것이다. 그래서 사는 목적인 대의(大義)를 만들고 그 대의를 바라보고 살면 죽는 것도 대의를 위해 죽을 수 있다. 도산 안창호 선생도 독립을 위한 대의가 있었기에 죽음을 두려워하지 않았다.

머리가 너무 복잡하면 줄기를 놓치고 가지를 붙들고 있게 된다. 대의를 향해 가는 사람은 단순해져 있고 그리고 버리기의 달인들이다.

GE 전 회장 잭 웰치는 취임하자마자 경쟁력 향상을 위한 3가지를 강조했다. '고쳐라, 매각하라, 폐쇄하라'는 3가지 기본 사상을 근간으로 강한 구조 조정을 실시하였다. 그리고 자신이 없는 사람들은 소통을 방해하는 말을 복잡하게 하여 정보 자체가 정리 정돈되지 않으며, 자신의 무능을 숨기려고 복잡하게 제스처를 하는 것이라고 했다. 그런 직장인들은 과감하게 군더더기를 버리고 핵심적인 내용을 압축적으로 말하는 훈련이 필요하다고 강조했다. 물건이 정리정돈되지 않은 직장이나, 정보나 직원들의 마음이 정리정돈되지 않은 직장은 고객이 그 회사를 스스로 정리해 버리는 2류 직장이 될 것이다.

경영의 기본인 정리정돈을 철저하게 한다

여러 조사를 하지 않더라도 가장 빨리 어떤 기업의 경쟁력을 파악할 수 있는 방법이 있는데, 3정 2청의 수준을 체크해 보는 것이다. 3정 2청이란 정리 · 정돈 · 청소 · 청결 · 정심(正心)을 의미하는데 쉬우면서도 정작해보면 단어의 정의도 잘 모르고 실시하는 것이 그렇게 쉽지 않다는 것을 알 수 있다.

정리란 필요한 것과 불필요한 것을 구분하여 불필요한 것을 버리는 것이고, 정돈이란 남아 있는 필요한 것을 쓰기 쉽게 표시하고 나열하는 것이다. 청소란 정리정돈된 상태에서 깨끗이 하는 것이고, 청결은 앞의 3가지가 완료된 상태를 유지하는 것을 말하며, 정심은 4가지 활동을 습관화하여 지속적으로 하는 것을 말한다.

흔히, 수준 낮은 컨설턴트들은 물건의 3정 2청만 끝나면 경영에 성과가 보일 거라고 기대하지만 그것만으로는 기업의 경쟁력 향상에 크게 영향을 미치지 못한다.

그 다음 단계는 정보의 3정 2청이 필요하다. 인터넷의 출현으로 매일 아침 이메일에 엄청난 양의 정보가 들어온다. 그러나 이러한 정보를 버릴 것은 과감히 버리고, 정리정돈하여 지혜화하고 지적자산화 하는데 노력하지 않으면 쓰레기에 불과하다.

마지막으로 마음의 3정 2청이 필요하다. 마음이 정리정돈되면 평화와 기쁨이 찾아온다. 화내는 마음, 섭섭한 마음, 어두운 마음, 짜증내는 마음 등 마음의 찌꺼기를 모두 털어버리면 상상할 수 없는 에너지가 생겨 적극적이고 긍정적인 사람이 된다. 갖가지 마음들이 흐트러진 상태에서는 서로 다른 방향으로 노 젓는 배와 같아서 기업의 진정한 힘을 모을 수 없다.

이 단계가 가장 어려운 혁신의 단계이지만 가장 중요한 과정이다. 물건·정보·마음의 3정 2청이 완료되었을 때 비로소 글로벌 시대에 경쟁력 있는 기업으로 다시 태어날 수 있는 기본이 되었다고 평가할 수 있다.

용서로 마음을 정리정돈하는 시간을 가진다

매일 반복되는 삶 속에서 정리정돈해야 할 것이 많이 있다. 버려야 할 것은 구분하여 버리고 필요한 것만 남겨 항상 사용하기 쉽게 해놓는 것이 정리정돈의 의미이다. 특히 나이가 들수록 언젠가 사용하겠지 생각하며 버려야 할 것을 버리지 못하는 경우가 많다.

주위의 물건도 정리정돈하지 않으면 공간이 점점 좁아져서 생활하기가 불편해진다. '정리정돈' 하면 주로 물건을 생각하는 경우가 많은데, 실제 우리의 삶을 가볍게 하기 위해서는 마음이 정리정돈되어야 한다. 특히 버려야 할 많은 것 중에서 다음 날까지 가져가지 말아야 할 것이 미움과 피해의식이다.

미워하지 않으려면 자기 스스로 용서해 주어야 한다. 고등학교 동창의 수첩을 보았더니 사람을 정리정돈하는 살생부 리스트가 있었다. 그 리스트 속에는 전직 대통령도 있고, 대학 동기도 있고, 집 나간 아들 이름도 적혀 있었다.

대부분 자기 자신과 가장 가까운 사람들의 이름이어서 정작 사랑해야 될 사람이건만 가까이 있기에 서로 상처를 주고받은 것 같다.

매일 한번 이상 살생부를 보면서 마음의 칼로 찔러서 죽인다고 했다. 그래서 실제로 죽은 사람도 몇 명이 있는데 그러면 리스트에서 이름을 지우는 것이다.

다행히도 내 이름이 없었지만, 매일 매일 사람 죽이는 연습을 하는 사람의 마음은 얼마나 척박한 사막일까 생각해 보니 그 동창이 참으로 불쌍하게 보였다.

스스로 남을 용서하는 것은 가장 멋있고 이기적이며 용기 있는 행동이다. 용서는 상대방을 위한 것이 아니라, 전적으로 나를 위한 것이다.

심리학 박사 리 잼폴스키는 마음의 평화와 웃는 삶을 방해하는 생각들을 청소하는 데는 용서가 가장 효과적인 해결책이라고 이야기했다. 증오하는 마음이 있으면 상대가 불편한 것이 아니라 자기 자신이 편치

않기 때문이다. 특히 하루를 마치고 잠자리에 들기 전에 마음을 정리정
돈하면 매우 평온한 잠을 잘 수 있다.

정리정돈하는 시간을 가지면서 반드시 용서의 시간을 가져야 한다.
미움과 마음에 걸림이 있는 사람들을 용서하는 시간을 가지고 미움을
용서로 바꾸는 순간, 마음의 무게는 한없이 가벼워진다.

더 좋은 것은 내 생각을 긍정적이고 미래지향적으로 만들어 준다. 미
움은 과거의 삶이 나에게 남겨 준 좋지 않은 유산들이기 때문이다.

그리고 용서는 '내일 자세가 조금 바뀌는 것 보고' 라는 식의 조건을
다는 것이 아니라 무조건적이어야 한다. 너는 어떻게 나를 생각하더라
도 나는 너를 용서한다는 마음을 가지는 것이 진정한 용서이다. 아무리
바쁘더라도 자기 전에 나의 마음을 풍요롭게 하는 용서의 시간을 가져
마음을 정리정돈해 보자. 그리고 더 나아가 감사하는 시간을 가져 보자.

선사즉행 악사즉단의 경영을 한다

'선사즉행 악사즉단(善事卽行 惡事卽斷)' 이라는 말은 '잘못된 생각
이나 행동은 그때 바로 고쳐 주거나 고치자는 것이며, 좋은 것은 바로
행동으로 옮기자' 는 뜻이다. 훌륭한 지휘자는 틀린 음을 정확히 찾아
주고 고쳐 주지만, 엉터리 지휘자는 연주자에게 모든 것을 맡기고 꼭두
각시 놀음을 한다.

경영혁신활동을 전사적으로 추진할 때 경영혁신활동에 참여하지 않
고, 잘못된 생각과 행동을 하는 사람은 바로 그 자리에서 즉시 고쳐 주

어야 세계 시장에서 살아남을 수 있다. 물방울 하나하나가 모여서 큰 바다가 되듯이 아무리 작은 나쁜 행동이라도 그것이 모이고 모이면 돌이킬 수 없는 큰 사고를 일으킬 수 있기 때문이다.

지휘자가 처음 부임해 오면 연주자가 실력 테스트를 한다. '어떻게 연주자가 지휘자의 실력을 체크하느냐?' 고 반문할지 모르지만, 연주 도중에 일부러 엉뚱한 음을 낸다. 그 엉뚱한 음이 들리는 순간, 정확히 그 시점에서 지적해 주고, 고치도록 해야 한다. 틀린 음, 불협화음인데도 그것도 모르고 손만 흔들고 있으면 그 다음부터는 지휘자의 말을 잘 따라주지 않는다는 것이다.

우리 조직에서도 이렇게 엉뚱한 음을 내는 사람들이 있는데 그 순간 바로 고쳐 주지 않으면, 청중의 박수를 받는 연주가 불가능하며, 우량기업의 대열에서 멀어지게 된다. 고쳐 준다는 것은 위기감을 불어넣는 것이 아니라 긴박감, 기대감을 불어넣게 되는 것이다.

위기감의 효과는 한시적이고 또 반복되면 그 효과가 반감되는 반복체감의 법칙이 적용되어, 나중에는 자생력까지 상실하는 결과를 초래한다. 그러나 긴박감이나 기대감은 엔도르핀 넘치는 반복체증의 법칙이 적용되어 창의성과 생산성을 높인다.

'그렇게 하면 안된다' '망한다' '다친다' 가 아니라 '이렇게 하면 더 좋다' '성공한다' '편하다' 라는 식으로 하나하나 고쳐 준다는 것이다. 또한 고쳐줄 때는 충분한 대화로 잘못을 인정하게 해야 한다. 대화가 원활히 되기 위해서는 분위기 만들기가 중요한데, 필요에 따라서는 Mashinication(마시면서 하는 커뮤니케이션)이 효과를 발휘하기도 한다.

몇 년 전 인도 뉴델리 상공에서 사우디아라비아 여객기와 카작공화국 화물수송기가 충돌하여 451명이 사망한 사건이 있었다. 항공기가 이착륙할 때의 룰은 관제사의 지시를 반복해서 따라해야 하는 것(Read Back)인데 화물수송기를 조종하는 조종사가 따라하지도 않고, 영어가 서툴러서 잘 알아듣지 못했기 때문에 사고가 발생했었다.

룰을 지키지 않았을 때, 관제사가 바로 지적해서 고쳐 주었으면 지시 내용이 재확인되어 451명의 생명을 구할 수 있었고, 사고도 사전에 방지할 수 있었다. 이 사례에서 보듯이 룰을 잘 지키고 지키지 않을 때 바로 고쳐 주는 것이 중요하다.

흔히 인사철이니 기다리자, 의식수준이 올라가기까지 기다리자, 노사협의 시기이니 타결될 때까지 기다리자, 기다리다 보면 해결되겠지 하며 지나치려고 하는 경우를 많이 보게 되는데 결단의 순간을 놓쳐 버리면 남은 것은 후회와 추위와 배고픔임을 기억해야 하겠다.

19

혁신의 저항을 해결하고
변화를 기회로 만든다

변화에 저항하는 2가지 이유를 해결한다

마이클 해머는 "개혁과 혁신에 대한 저항은 언제나 있게 마련이다. 혁신이 실패로 끝나는 진정한 이유는 저항 자체 때문이 아니다. 바로 저항의 관리에 실패했기 때문이다"라고 강조하면서 창조적으로 틀을 새롭게 구축해야 한다고 했다.

변화의 시기에는 누구나 걱정하고 근심한다. 변화를 두려워할수록 근심이 깊어질수록 쥐고 있는 것을 놓기 싫어하며 시야를 넓게 보지 못한다. 마치 원숭이가 먹이를 한번 잡으면 쥐고 놓지 않는 것과 같다. 변화는 움직임이다. 따라서 마찰이 있다.

작용 반작용의 법칙이 여기서도 나타나 움직임에 대한 반대하는 작용이 나타나게 되어 있다.

기술적 의미에서 변화는 저항과의 싸움이다. 저항을 극복하면 성공하고 밀리면 지게 되어 있다.

변화에 저항은 당연한 것이다. 저항이 없는 변화는 둘 중 하나를 의미한다. 요구하는 변화 그 자체가 본질적인 변화가 아니거나, 사람들이 저항을 숨기는 기술이 매우 뛰어나 현재는 보이지 않는 경우이다. 그러나 결정적인 순간에 반기를 들어 변화를 어렵게 하는 타입이다. 어쨌든 둘 다 변화에 좋은 것은 아니다. 변화를 주도하고 싶은 사람은 '모든 변화에는 저항이 따른다' 는 간단한 사실을 인정하고 기억해야 한다.

따라서 저항에 당황하지 말고 저항하는 상대를 이해하고, 그들의 본질적인 심리를 파악하여 대처해야 한 단계의 고비를 넘길 수 있다.

변화에 저항하는 것은 2가지 이유가 있기 때문이다

첫째, 기득권 상실에 대한 두려움이다.

변화는 현재의 상태를 파괴하고 다른 곳으로 이동하는 것이다. 따라서 기존에 갖고 있던 기득권을 보장받을 수 없다. 변화를 강요받는 사람의 입장에서 기존에 익숙했던 것과 헤어지는 것은 불균형과 불확실성 그리고 불편함을 의미한다. 기존의 시스템 하에서는 자신이 유능하다고 인정받고 있지만 바뀐 시스템에서 다시 인정받는다는 보장이 없기에 유능한 사람일수록 변화를 거부하는 예가 많다. 따라서 변화를 통해 오는 상실보다 변화의 혜택이 크다는 점을 지속적으로 설득하는 것이다.

둘째, 변화에 대한 공감대를 형성하는데 있어서 설명이 부족한 경우이다.

사람들은 강제적인 변화에 저항한다. 이유 없이 자신의 것을 빼앗으려 한다고 생각하기 때문이다. 가끔 탑에서 다운으로 밀어붙이기식 혁신이 성공하기도 하지만, 공감대가 없으면 지속성이 결여된다.

이런 저항을 해결하는 데는 3가지 방법이 있다.

1. 커뮤니케이션에 집중하고 직원들을 참여시킨다.

커뮤니케이션은 명료해야 하고 지속적으로 이루어져야 한다. 변화의 필요성과 변화했을 때의 모습(비전)을 다양한 매체를 통해 분명하게 그리고 반복해서 전달해야 한다.

2. 변화의 준비과정부터 가장 반대하는 사람을 직접 참여시킨다.

반대자들의 대부분이 자신이 소외될 때 소외감을 이기지 못하고 반발하는 경우가 많다. 그러나 자신이 변화의 주도자가 되면 오히려 반대자들을 설득하려고 노력하게 되어 있다. 대부분 사람들은 자신이 낸 아이디어나 방법에 대해서는 잘 실천되도록 상대를 설득하기도 하고, 자기 자신이 솔선수범하게 되어 있다.

3. 변화가 일어날 때까지 포기하지 않고 혁신활동을 계속한다.

저항을 하는 이유 중의 하나는 전에도 했었지만 실패한 것을 알고 있다거나, 대부분 처음에는 뭔가 새롭게 한다고 했다가 나중에는 슬그머니 사라져 버릴 것이라고 예측하고 있기 때문이다. 이번에는 될 때까지 혁신활동을 지속적으로 한다는 의지가 보이면 저항은 사라지고 스스로 참여하겠다는 사람들이 늘어난다.

1등은 실패를 먹고 자란다는 말처럼 실패를 두려워하지 않아야 한다. 어린 아이가 걸음마를 배울 때 2,000번 이상 넘어지면서 배우듯이 혁신활동이 정착될 때까지 계속하는 것이 매우 중요하다. 돌다리도 두들기다 안 가면 돌다리조차도 깨어져 없어진다.

천재는 1%의 영감과 99%의 노력으로 만들어진다는 말처럼 에디슨은 147번 전구 발명에 실패했지만 실패가 아닌 성공의 프로세스라고 했다. 라이트 형제는 805번 실패 후 성공했지만 804번째에서 포기하려 했었다고 한다. 그때 포기했으면 비행기를 보는 것이 10년 늦어졌을 것이라고 한다.

지속성이 없는 혁신활동은 변화의 저항에 대한 면역만 키우게 되어 다음의 변화를 시도할 때는 더 큰 저항의 힘을 제공한다. 따라서 시작하기 전에 철저한 준비와 공감대를 형성하고 일단 시작했으면 지속적으로 변화의 비전을 향해 달음질해야 작용 반작용법칙에서 벗어나고, 가속도 법칙이 적용되어 변화에 대한 열매가 빨리 나타나 혁신의 비전 달성이 앞당겨진다.

혁신의 3가지 축을 발전시킨다

패러다임의 변화에 따라 경영의 연결 체인이 매번 변한다.

1920년대 이전에는 분업의 개념이 없었지만, 포드시스템의 출현으로 경영의 연결 체인의 1차 혁신이 발생하였다. 제품생산의 흐름이 새로운 개념으로 바뀌고 컨베이어 흐름 속의 대량생산 체제로 전환됨에 따라 생산속도 면에서 커다란 혁신을 가져왔다.

그 후 PI(Process Innovation)를 통하여 컴퓨터 시스템과의 연동에 의한 생산, 판매, 물류의 일체화 시스템이 가동되어 2차 혁신이 일어났고, 이제는 모바일 시스템의 출현으로 업무공간의 제한이 없어져서 공간적인 제약에서 벗어나는 3차 혁신이 일어나고 있다. 이러한 경영 연결고리가 시대에 따라 변하므로 경영혁신의 방법도 진화하고 변화하지만, 혁신의 축은 언제나 변화하지 않는다.

경영혁신을 성공하기 위해서는 3가지 추진축을 잘 이해하고 추진축별로 로드맵을 가져야 한다.

첫 번째 추진축은 사업이나 제품을 변화시키거나 새롭게 만들어 내는 하드경영혁신을 말한다.

하드경영혁신은 스마트폰이나 스마트TV 등과 같은 새로운 개념의 제품의 출시를 말한다. 이러한 하드혁신에 성공한 기업인 애플은 핸드폰 시장에서 후발이었지만, 이익 면에서는 세계 최고가 되었다.

반면 스마트폰 시대의 도래를 예측하지 못한 기업은 하드 면에서 혁신을 제대로 추진하지 못해 휴대폰 사업이 적자로 전환되어 최고책임자가 해임되고, 관련 사업부장도 교체되었다. 거부할 수 없는 시장의 변화에 뒤늦게 대응하다 보니 투자비는 많이 들고 있지만 시장의 반응은 별로 좋지 못하다. 미리 대비하지 않으면 시장 자체가 없어지는 경우도 발생한다. 미디어의 디지털화로 음반과 비디오 시장이 없어져 버렸다. 요즈음 등장한 스마트폰과 소셜 네트워크시대의 새로운 패러다임의 출현에 대비하는 하드혁신을 미리미리 준비해야 한다. 가전 3사가 피터지게 싸우고 있는 영역에서 벗어나서 냉장고시장의 새로운 경쟁의 축을 만들어 1조 원 이상의 신 시장을 만들어낸 김치냉장고와 같은 신제품이나 신사업을 만들어내는 것이 바로 하드경영혁신의 효과라고 할 수 있다.

두 번째 추진축은 현재 하고 있는 일의 방식을 새롭게 하거나 변화시키는 프로세스 경영혁신이다.

즉 POSCO가 FINEX라는 신공법을 개발하여 코크스(化成)공장과 소결공장(燒結) 없이도 용광로에서 쇳물을 분리해 낼 수 있게 했다.

현대중공업도 맨땅에서 도크 없이 배를 건조하는 공법을 개발하였다. 건조능력은 곧 도크 수에 비례한다는 고정관념을 깨뜨리고 세계 조선의 역사를 다시 쓰게 한 프로세스 경영혁신이다.

세 번째 추진축은 전 직원의 마인드가 모방형에서 창조형으로 전환하는 마인드경영혁신을 말한다.

마인드혁신은 경영자가 조직원들에게 창조적인 활동을 하도록 자극하고 그 활동을 촉진시키는 지원활동도 포함된다. 조직적으로 창조활동에 저해되는 요인을 과감하게 제거해 주고 실패를 두려워하여 새로움에 도전 못하는 마인드를 바꾸어 주어야 한다.

경영혁신을 실천한다는 것은 그 기업이 생명보험에 가입한 것과 같다고 할 수 있다. 경영혁신은 그 기업의 미래를 보장해 주기 때문이다. 혁신을 실천하지 않는 기업은 농부가 배가 고프다고 뿌릴 종자를 먹어버리는 행위와 같다.

향수에 젖은 옛 패러다임을 창조적으로 파괴한다

신 경영, 디지털경영, 글로벌경영 등 각 회사마다 변하기 위한 몸부림이 끊임없이 진행되고 있다.

또한 변화가 인위적이고 즉각적이어서 변화의 규모나 속도 면에서는 예측할 수 없을 정도로 빠르게 진행되고 있다.

예전에는 자연에서도 계곡물이 개울물이 되고, 개울물이 시냇물로, 시냇물이 강물이 되는 흐름에 따라 강 하구에 모래가 쌓여 강바닥이 높아지기도 하고, 곡선이던 강둑이 직선으로 바뀌는 등의 변화가 점차적으로 일어났다. 그러나 요즘은 댐 공사에 의해 한 마을이 전부 물에 잠기기도 하고, 도로가 강이 되고 호수가 되는 것뿐만 아니라, 간척공사로 바다가 육지로 바뀌어 대규모 공단이나 농경지가 되는 일이 허다하다.

기업에서도 업무 재설계(PI)나 구조조정을 통해 조직이 없어지기도 하고 플랫화되기도 하며, 슬림화되기도 하는 급격하고 대규모적인 변혁이 일어나는 일이 많다.

이때에는 대내외적인 환경의 변화에 기업 내부가 즉시 변하여 (Change) 기회(Chance)를 선점하고, 그 기회가 성공으로 연결되도록 끈기 있게 도전(Challenge)하는 3차(Cha)법에 의한 접근을 시도해야 겠다.

현재의 연장선상에 더 이상 미래가 존재하지 않으며 과거의 성공이 미래의 성공을 가져다 주지 않는 시대이므로 과거의 연장선에서 생각하는 데카르트식 분석적 사고와도 결별해야 한다. 경기회복의 신호가 여기저기서 나타나자 또 다시 옛날의 향수를 잊지 못해 구 패러다임을 굳게 잡고 놓지 못하는 기업이 많이 있다. 그러나 이제 그대로는 더 이상 안된다.

브레이크 쓰루(Break Through)사고를 추구하고, 농경소작인 사고에서 탈피하여 지식소작인으로 전환을 시도해야 할 때다. 현재의 패러다임을 창조적으로 파괴하여 마음의 벽, 발상의 벽, 관행의 벽, 제도의 벽, 조직의 벽을 과감히 허물어야 할 시기라고 생각한다.

기업의 묵은 구조와 문화를 창조적으로 부숴 버리고, 하나하나를 새롭게 재창출하는 기업에게 구원의 기회가 주어지리라 생각한다.

혁신활동을 하기 전에는 누구 앞에도 숙이지 않고 허리 또한 어느 장소에서도 숙여지지 않았던 직원도 혁신활동을 시작한 후에는 고개와 허리를 숙이게 된다. 고개와 허리를 숙인다는 것이 인생에 자신감의 표시이거나 남에게 진다는 의미가 아님을 알기 때문이다.

뻣뻣한 목은 고정관념과 타성에 가득 차 있기 때문이고, 굽혀지지 않는 허리는 오만과 편견으로 뭉쳐져 있기 때문임을 혁신교육으로 깨달 았기 때문이다. 이제 혁신의 이름 앞에 생각과 몸이 유연해져 저절로 고 개와 허리가 숙여진다.

혁신이 아름답거나 향기로워서 바뀌는 것이 아니다. 혁신은 다가올 미래의 것들을 미리 준비하게 하여 조직의 미래를 밝게 하기 때문이다.

혁신활동 후에 개선해서 발표하는 직장인들의 사례는 평범한 것이 지만, 혁신활동 전에는 좀처럼 하기 힘든 내용들이었다.

· 직장에 입사 후 일에 매달려 1년에 책 1권 읽을까 말까 한 나에게 혁신은 1주일에 책 1권을 읽게 해주었다.

· 목적 없이 당일 업무처리에 급급한 나에게 비전이라는 꿈을 심어 주었다.

· 10년이 지나도 이력서에 한 줄도 추가하지 못했던 내가 제안왕이 라는 타이틀을 이력서에 추가할 수 있었다.

· 가능한 한 출근시간에 맞추어 늦게 가려는 나를 1시간 일찍 출근 하여 외국어를 배우게 하였다.

· 아기 엄마로서 일할 수 있는 것만이라도 감사했었는데, 지금은 사 장이 되어야겠다는 꿈을 심어 주었다.

· 매일 나의 행동을 비전과 연결시키고 있는지 체크하고 반성하게 하였다.

혁신을 사랑하는 것은 혁신을 하면 미래가 보이고, 혁신 없이는 미래가 보이지 않기 때문이다. 그리고 혁신을 미워하거나 버릴 수도 없다. 왜냐하면 이미 혁신활동에 참가해 본 사람은 가슴 속에 자리 잡아서 향기를 피우고 있기 때문이다.

혁신을 시작하라. 혁신은 희망의 소리를 들려 준다. 신뢰의 향기를 피워 준다. 성장을 향한 진군의 나팔소리를 들려 준다.

20

일단 시작하면
지속적으로 하는 프로의식이 있다

반복을 통하여 한계를 극복한다

검도를 처음 시작하면 목검으로 하루에 100번 이상 내려베기를 연습시킨다. 처음부터 100번을 하고 나면 다음날에는 어깨, 팔 등이 쑤셔서 손이 올라가지 않을 정도로 고통스럽다. 그러나 일주일만 참고 계속하다 보면 하루를 거르면 이상할 정도로 쉽게 할 수 있다.

그리고 한 달 정도 지나면 재미를 느끼도록 촛불 끄기 훈련을 시킨다. 처음에는 촛불 한 개도 끄지 못하지만 외국에 출장 다니면서도 목검을 가지고 다니며 6개월간 계속했더니 촛불 5개를 동시에 끌 수 있었다.

왜 처음에는 되지 않고 계속하면 5개를 동시에 끌 수 있는 힘이 가능해질까? 이것이 반복의 힘이다.

골프를 처음 배울 때도 마찬가지이다. 처음에는 7번 아이언을 가지고 마치 시계추처럼 왔다 갔다 하는 동작을 가르쳐 준다. 그리고는 골프 공도 없는 고무티 위를 왔다 갔다 하며 반복하도록 한다. 사람들은 반복하는 동작을 지겨워하며 싫어한다. 그러나 참고 거듭 반복하다 보면 요령이 생기고 실력이 늘고 있는 것을 실감하게 된다.

히브리어에는 '반복'이란 말과 '교육'이란 말이 같은 단어이다. 유대인들은 『탈무드』를 기초로 철저하게 기본이 되는 교육을 반복해서 가르친다. 이러한 반복된 교육이 비즈니스의 근본이 되어 인구는 적지만 세계의 부를 많은 유대인들이 쥐고 있다.

그러나 누구나 쉽게 지치기 때문에 반복하려면 반복하는 기술을 습득해야 한다. 반복의 힘이 일상생활에서는 지겨움이라는 말로 표현된다. 지겨움을 넘어서지 못하면 새로운 지평을 열 수 없다.

생텍쥐페리의 『인간의 대지』를 보면 지도를 보면서 밤새 어디로 갈 것인가에 대해 생각했지만 출발 지점을 모르고 동서남북을 알 수 없었기 때문에 길을 찾는데 실패하는 이야기가 나온다.

앉아서 생각만 하는 것이 아니라, 자연을 관찰하여 방향을 정하고 걷고 또 걸으면 길을 발견하게 된다. 이러한 반복적인 도전으로 나침반이 없는 세계에서도 위기를 벗어날 수 있다.

반복은 생존의 법칙이다. 건강할 때는 반복해서 숨 쉬는 것이 쉽지만 중환자실에 있는 사람은 숨 쉬는 것조차 어렵다. 반복해서 숨 쉬는 것이 어려운 사람은 생명이 다해간다는 의미이다.

반복 숨쉬기가 가능하다는 것은 살아 있는 것이고 생명의 움직임이 존재한다는 것이다. 가치 있고, 생명력이 있는 일은 죽을 때까지 반복해야 힘이 나타나는 것이다.

한석봉의 어머니는 반복의 힘으로 달빛 속에서도 가지런하게 떡을 썰며 자식을 가르칠 수 있었다. 이처럼 반복하면 할수록 자신의 한계를 깨고 새로운 세계로 들어가게 된다. 혁신활동도 반복적으로 계속해야 한계를 극복하고 차별화된 힘이 나타난다. 대부분 조금 하다가 "역시 우리는 안된다" "이렇게 바쁜데 혁신할 시간이 없어" "돈 벌고 나서 해야지"라고 포기해 버린다.

그러나 포기하거나 자기합리화를 하자마자 미래에 돈을 벌 기회는 중지되고 반복의 힘으로 버티는 생존경쟁의 대열에서 낙오되게 되어 있다.

자신에게 엄격하고 끈기로 습관을 극복한다

기업이나 개인은 새해가 다가오면 한 해의 계획을 세우고 실행하기로 한 계획은 그대로 실행되고 있는지 매달 점검해 본다. 그러나 3개월쯤 지나면 자신과의 싸움에서 져서 포기한 사람들이 속출하게 된다. 따라서 새롭게 실행하기로 한 계획은 그대로 실행되고 있는지 조직이든 개인이든 수시로 계획을 점검해 보고 달성 의지를 굳게 해야 한다.

성공한 사람들의 공통점은 해야 할 일과 하지 말아야 할 일을 잘 구분하고 하지 말아야 할 일은 하지 않는다는 것이다. 그런데도 많은 사람들이 하지 말아야 할 일을 끊지 못하는 이유는 '아직' 이라고 하는 단어를 좋아하기 때문이다.

아직은 담배를 피워도 건강이 견뎌낼 수 있어, '아직은 운동 안 해도 몸에 이상 없어'라는 식으로 스스로 시간적 여유나 자신의 건강에 과잉 신뢰감을 가지고 있기 때문이다.

우리의 인생을 성공의 길로 나가게 하지 못하는 것은 '아직'이라는 말과 '이번 한 번만'이라는 말이다.

특히 '이번 한 번만'에 관대하다. 한 번만 더 놀고, 한 번만 더 빠지고, 한잔만 더하고……. 이 때문에 많은 사람들이 과거 습관의 늪에서 헤어나오지 못하고 있다.

작심한 것을 3일 즉, 72시간을 넘기는 것이 그렇게 어려운 것일까?

고문 중에서도 가장 참기 힘든 고문이 잠을 재우지 않는 것이라고 한다. 흉악한 범인도 3일만 잠을 재우지 않으면 범행을 자백하게 된다고 한다. 단식할 때도 3일까지 먹지 않고 참는 것이 매우 어렵지만, 3일이 지나고 나면 먹고 싶은 마음이 없어지고 먹고 싶은 욕구도 없어지게 된다.

어떤 일을 하는데 3일이 고비라서 3일을 넘기는 것도 어렵지만, 반대로 3일만 넘기고 나면 마음먹은 대로 하기 쉽다는 뜻도 된다.

만약 새해 들어 세운 계획이 무너졌다면 오늘부터라도 마음을 다잡아서 새롭게 결심하고 출발해야 한다. 매번 3일마다 계속 작심하면 쉽게 1년을 결심한 대로 보낼 수 있다. 그러기 위해서는 자기 자신에 대해서 냉혹해야 한다. 너그러워서는 결심을 실행에 옮길 수 없다. 중도에 포기하면 한 것만큼 시간만 낭비한 것이기 때문에 미리 투자한 시간을 보다 더 값지게 만들어야 한다.

인생에서 여러 가지 기회는 동시에 오지 않고, 매번 다가오는 선택의 기회는 처음이자 마지막이다. 그러므로 우리가 한 번을 참지 못하면 우리는 한 번의 기회를 놓치고 한 번의 인생을 실패한 것이다.

'아직' 이라는 단어를 기억에서 없애 버려야 한다. 한 번 참아서 3일만 견뎌 보면 더 쉬워진다. 따라서 3일 이상 지속할 수 있는 끈기가 필요하다. 지키다 보면 1년 후에 반드시 반복의 힘을 깨닫게 되고 성공도 찾아온다.

프로가 되자. 프로는 변화 대응 능력이 뛰어나고 목표를 반드시 달성하며 결과에 대해 책임을 진다. 불가능을 가능하게 만들고, 자신의 일에 긍지와 사명감을 가지고 있으며, 자신의 일에 주도적이고 열정을 가지고 있다. 프로는 목표를 향하여 에너지가 넘쳐나며 초롱초롱한 눈망울을 가지고 월요일을 기다리는 사람들이다.

계속할 수 있는 행동유발 요인을 알고 컨트롤한다

결심하면 결심한 대로 지킬 수 있는 방법은 없는가?

흔히들 의지가 약해서라고 합리화시켜 버리지만 의지 문제라기보다 계속하는 기술을 알지 못하기 때문이다. 계속할 수 없는 이유는 크게 2가지로 나뉜다.

첫째, 하고자 하는 방법을 모를 때와 둘째, 방법은 알지만 그 방법대로 계속하는 기술을 알지 못하는 경우이다.

예를 들면 금연하겠다는 계획을 세운다. 금연을 못하는 이유는 과거의 실패한 경험에 의한 두려움과 만일 금연을 계속하지 못하면 의지가 약하다거나 끈기가 없다고 핀잔을 받기 때문이다.

그러나 계속하는 기술만 습득하면 그럴 염려는 없다. 계속하는 기술은 의지나 연령에 관계없이 습득할 수 있다. 계속의 기술은 2가지이다.

첫째, 해야 할 행동횟수를 증가시키는 것이고 둘째, 하지 말아야 할 행동횟수는 줄이는 것이다.

먼저 목표를 바탕으로 내가 하는 행동 중 과잉행동과 부족한 행동을 파악해야 한다. 과잉행동은 흡연이나 음주, 도박 등 자신에게 마이너스를 주는 행동이다.

부족한 행동이란 나에게 도움이 되고 미래의 삶에 긍정적인 것으로 작용하는 것으로 현재 하지 못하는 행동과 계속하지 못하는 행동을 말한다. 영어공부를 위해 하루 1시간씩 듣기를 해야 하는데 하지 못하는 것이나 다이어트를 위해 하루 만보를 걸어야 하는데 여러 가지 사유로 걷지 못하는 것이 부족한 행동이다.

이러한 부족한 행동을 채워 넣으려고 하면 습관의 유혹이 방해한다. 다이어트 하는 사람이 맛있는 케이크를 보면 군침이 돌고 먹고 싶어지는 유혹이 일어나서 '내일부터 먹지 않으면 되지' 하고 먹게 된다.

부족한 행동을 채워 넣기 위해서는 강한 에너지가 필요한데 과거의 습관화된 에너지가 더 강해서 과거로 쉽게 끌어 내린다.

과잉행동은 그 행위를 하면 바로 결과 확인이 가능하다. 담배를 피우는 순간 니코틴이 신경을 자극해서 릴렉스해지고 술도 한잔하면 바로 기분이 좋아진다. 이와 같이 과잉행동에 대해서는 바로 성과 확인이 가능해지고 쾌감이나 느낌이 바로 나타나니까 계속 더 하게 되는 것이다.

반대로 부족행동은 그 성과가 바로 나타나지 않으므로 계속하기가 힘이 드는 것이다. 예를 들면 영어회화 공부를 하기로 작정하고 TV프로그램을 청취하기로 했다고 가정해 보자. 첫날은 녹화도 하고 TV를 보면서 공부도 했지만 그 다음날은 녹화만 해놓고 다음에 보기로 했다. 셋째 날도 회식 때문에 졸려 녹화만 해놓는다. 그러다 보니 녹화 테이프만 계속 늘어나서 나중에는 녹화도 하지 않는다. 그리고는 '역시 나는 안되는 사람이야!' 하면서 자포자기한다. 이런 패턴이 반복되어 부족한 행동 채워 넣기에 실패하는 것이다.

부족한 행동을 채워 넣기 위해서는 행동을 컨트롤 못하는 원인을 찾아내어 그 원인을 제거해야 한다. 행동과학 측면에서 보면 어떤 행동이든 이유가 있다고 한다. 추우면 난방 스위치에 손이 가고, 스위치를 켜면 방이 따뜻해진다. 이와 같이 행동에는 행동 전의 조건과 행동 후의 조건이 있다. 따라서 행동을 컨트롤하려면 행동 전후의 조건을 분석해야 한다. '그 행동은 언제 일어나기 쉬운지, 어디서 일어나기 쉬운지, 무엇이 원인이 되어 일어나는지?' 에 대하여 행동 조건을 분석하고 그 행동이 일어나는 원인을 알아야 한다.

금연의 경우를 예로 들면 우선 담배를 피우고 싶을 때가 언제인가를 분석한다. 대개 밥 먹은 후에, 술 마실 때, 화장실에서, 남이 옆에서 담배 피울 때 등을 열거할 수 있다. 그리고 피우고 싶지 않을 때가 언제인가도 조사한다. 담배를 많이 피워서 폐암으로 죽은 사람을 문상 갔을 때, 주위 사람이 싫어할 때, 담배 피운 사람의 폐 사진을 보았을 때, 계단 오를 때 숨이 가빠서 힘들 때 등을 열거한다. 이렇게 행동유발 요인이 조사되었으면 담배 피우고 싶을 때의 요인은 줄이고, 피우고 싶지 않을 때의 요인들을 늘리면 된다.

예를 들면 담배 피워서 망가진 폐 사진을 책상에 붙여 놓거나 피우고 싶을 때 항상 꺼내 보도록 하고, 되도록 담배 피우지 않는 사람과 친하게 지내고 사무실이 고층이면 걸어서 올라가도록 하는 것이다.

그 다음 단계는 행동 후에 일어나는 좋은 현상들을 정리해서 항상 보고 상상하게 하는 것이다. 금연이라는 행동으로 얻을 수 있는 것이 무엇일까? 무엇이 바뀔까? 주위사람은 어떤 태도를 취할까? 이를 정리해 보면 건강해지고, 아내가 기뻐하고, 주위사람의 냄새에 대한 불만이 없어지고, 계단 오르기가 쉬워지는 등의 상황을 상상해 볼 수 있다.

부족행동을 늘리는 요인을 발견하고 그것을 실천하게 하도록 시스템을 만들면 습관을 고칠 수 있다. 예를 들어 조깅을 계속하기로 했다면 집에 돌아와서 양복을 옷장에 걸 때 그곳에 운동복이 걸려 있으면 바로 입을 수 있다. 운동복을 입는 것이 성공하면 이미 조사해 놓은 조깅 전후의 행동 요인에 대해 붙여 놓은 것이 보이도록 행동을 촉발시킨다. 그리고 운동하지 않아서 당뇨병에 걸려 죽은 유명한 사람 사진도 걸어 놓고, 자신이 운동하면 좋아지는 장점에 대해서 벽에 붙여 놓고 읽도록 한다.

무엇이든지 계속하려면 행동유발 요인을 조사해서 그 요인을 컨트롤하고 부족행동을 늘리는 요인을 증가시키는 일련의 행위가 시스템화되도록 해야 한다. 결코 의지나 끈기 문제로 하고 싶은 것을 못하는 것이 아니라, 지속할 수 있는 기술에 대한 습득력이 부족하거나 행동유발 요인을 컨트롤하지 못해서 생기는 문제이다.

눈물로 쓴 편지를 눈물로 지우는 일을 즐긴다

얼마 전 작고한 故박춘석 작곡가가 국민가수 패티김에게 준 '가을을 남기고 간 사람' 이라는 노래에는 '눈물로 쓴 편지는 눈물로 지운다' 는 가사가 있다. 가슴을 찡하게 하는 아름다운 목소리의 소유자 패티김의 열창을 들으며 아픔을 지우려면 아픔이 지우개라는 생각을 하게 되었다. 우리의 삶에서 만나는 수많은 아픔을 지우는 간단한 방법이 이열치열(以熱治熱) 방식임을 알려주는 내용이다.

동계올림픽에서 국민에게 기쁨과 희망을 준 김연아 선수도 허리와 발목 부상으로 은퇴까지도 고려할 정도로 심각했던 때가 있었다고 한다. 방송에서 진행자가 그러한 부상들을 어떻게 극복했느냐고 질문하자 고통을 참고 지속적인 운동으로 극복했다고 했다.

좋다는 한방 치료를 다 동원했지만 근본치료는 되지 않았고 결국은 극기 훈련을 통해 고장나는 발목 부위의 근육을 강하게 하고 허리도 지속적 유연성 운동으로 강하게 만들어 약한 부위의 근본원인을 제거해서 해결하였다고 했다. 상처가 영광의 상처가 되고 물집 잡힌 곳이 굳은 살로 변화되어 눈물로 쓴 편지를 눈물로 지워 그 결과 세계 최고의 자리에 서게 되었다는 감동적인 이야기였다. 더구나 그런 어려움을 극복하다 보니 정신력도 강화되어 웬만한 무대에서도 당황하지 않고 최고의 기량을 발휘할 수 있게 되었다고 한다.

'고릴라 발이냐, 희귀병을 앓고 있는 발이냐?' 라는 제목으로 세계적인 발레리나인 강수진의 발 사진이 인터넷에 공개되었다. 모나코 왕립 발레단에서 다른 단원은 잠자고 있을 때 강제 소등으로 불을 켜지 못하는 상황에서 왕궁에서 나오는 흐릿한 불빛에 의지해 연습하고 또 연습하여 1년에 1,000여 켤레의 토슈즈가 닳아질 정도로 연습한 발이 바로 눈물로 쓴 편지이다. 또 그러한 반복 연습으로 세계 최고의 발레리나로 명성을 얻은 것은 눈물의 편지를 눈물로 지운 것과 같다.

동원그룹 김재철 회장은 아들인 김남구 부회장이 대학 졸업하자마자 회장 아들이라는 사실을 알리지 않고 베링해의 원양어선에서 16시간씩 중노동하며 원양에 관한 일을 체험케 했다고 한다.

성공한 사람들은 보통 사람보다 10배 정도 더 노력한다. 모차르트는 35년 동안 600여 편을 작곡했고, 아인슈타인은 50년간 248건의 논문을 썼다. 에디슨은 1,093건의 특허권을 따냈는데 하나에 몰입하면 시계도 보지 않았다.

먹는 것도 잠자는 것도 시계를 보는 것도 잊고 자신이 좋아하고 즐기는 분야를 찾아서 남보다 10배 더 열심히 꾸준하게 노력하면 누구나 성공할 수 있다.

'젊어서 고생은 사서도 한다' 는 말처럼 젊어서 고생을 미리 체험하여 극복해 보면 나이가 들었을 때는 편하게 살 수 있다. 젊어서부터 어려운 일은 피하고 쉬운 일만 찾아다니며 어떻게 하면 편하게 지낼까 요령만 부린 사람은 반드시 그 대가를 노년에 치르게 된다. 젊었을 때 과감하게 새로움에 도전하여 눈물로 쓴 인생 경험이 그 당시에는 비록 힘들고 앞이 막막할지라도 반드시 결실을 가져오리라 생각한다. 이런 저런 고난과 고통을 젊을 때 미리 겪은 사람들은 그 눈물의 힘으로 노년의 삶을 즐겁게 살아가는 경우를 많이 보게 된다.

이기는 경영전략에 대해 여러 가지 방법론이 있지만 크게 3가지로 요약해서 설명할 수 있다.

첫째, 코스트 리더십을 갖는 전략이다.

코스트를 리드할 수 있으면 가치를 높일 수 있기 때문에 경쟁사를 이길 수 있다. 품질이 같은 제품을 경쟁사보다 가치를 높게 하기 위해서는 싸게 만들 수 있어야 한다.

경쟁사보다 싸게 만들 수 있으면 코스트 면에서 리더십을 가진다고 할 수 있다. 기업들은 코스트 리더십을 가지기 위해서 중국이나 인도로 공장을 이전하기도 하고 TCD(Total Cost Down)혁신활동을 전개하기도 한다.

도요타는 코스트 리더십을 갖기 위해 4년간 임금을 동결하기도 하였다. 그리고 낭비를 7가지로 구분하여 철저하게 부가가치 없는 것을 제거하여 코스트 리더십을 확보하고 있다.

또한 포스코는 파이넥스라는 공법을 개발하여 코스트 면에서 강자가 되었다.

차별화 전략은 타사가 따라오지 못하도록 제품 기능, 성능 그리고 디자인 면에서 월등한 경쟁력을 가지는 것을 말한다.

애플이 새로운 개념의 스마트폰을 개발하여 새로운 시장을 개척한 것도 차별화 전략이다. 그리고 타 자동차 회사는 연비경쟁에 몰입하고 있을 때, 도요타가 새로운 개념의 하이브리드 자동차를 개발하여 타사가 따라오지 못하도록 차별화하였다.

차별화하기 위해서는 신제품을 개발하는 디자인이나 연구소의 역할이 매우 중요하다.

에어컨을 생산하던 위니아만도가 계절제품의 한계와 자동차회사의 1차 벤더로서의 한계를 극복하기 위해 냉장고 시장에서 틈새를 발견하였다. 김장독을 냉장고 개념으로 바꾼 김치냉장고라는 경쟁의 축을 새롭게 만들어 성공하였다. 후발 회사들이 주로 사용하는 전략이지만 요즈음은 선발 기업도 틈새를 찾는 경우도 많다.

이처럼 기업들은 마켓 세어를 넓히는 영토 전쟁에서 더 많은 시장을 확보하려고 다양한 전략을 수립하지만, 그 전략을 실천하는 수단은 앞에서 언급한 3가지 전략뿐이다.

그러나 전략은 『손자병법』에서도 말했듯이 그 기업이 가지고 있는 핵심역량을 고려한 전략이어야 하므로 그 기업이 가진 역량을 살리는 전술을 구사해야 할 것이다. 이 책에서 제시하는 20가지가 바로 그 핵심 역량이다.

그레샴은 엘리자베스 1세 밑에서 재정 고문으로 근무한 경제학자로 "악화(惡貨)는 양화(良貨)를 구축한다"는 말로 유명해진 사람이다.

이 말의 뜻은 돈이 표시하는 액면가치가 같은 두 종류의 은화가 순도가 다르게 만들어졌을 때 순도가 높은 은화(양화)는 장롱 속에 보관하고, 순도가 낮은 은화(악화)만 유통된다는 것이다. 즉 실질 가치가 높은 쪽은 널리 유통되지 않고, 실질 가치가 낮은 쪽이 널리 유통된다는 의미이다. 같은 만 원권이라도 새 돈은 보관되고 헌 돈이 더 자주 사용되는 것도 같은 현상이라고 할 수 있다.

이러한 현상은 직장생활에서도 일어난다. 똑똑한 부하가 자신을 치고 올라올지 모른다는 불안감이 있기에 무능한 부하를 더 키워 주는 경우가 있는데, 이럴 때 똑똑한 사람은 직장을 옮기게 되는 경우도 그레샴 법칙에 해당한다.

개인 생활에서도 이 법칙이 나타난다. 나쁜 습관이 좋은 습관을 밀어내어 개인의 변화를 방해하는 경우와 잘못한 남편이 아내를 집 나가게 하는 것도 여기에 해당된다.

특히 기업에서는 혁신활동을 도입하여 시작할 때 이 같은 현상이 많이 나타난다. 변화를 시도하려는 사람을 방해해 뒷다리를 잡거나 발을 걸어서 혁신의 길로 가는 것을 막는 사람들을 '악화'라고 할 수 있다. 이러한 악화의 역할을 하는 사람들이 많으면 혁신을 시도해 보지도 못하고 실패하는 경우가 나타나게 된다.

이러한 그레샴 법칙이 우리 직장에 끼어들지 못하게 하는 방법은 5 가지가 있다.

첫째, 가라지와 알곡을 구별하여 평가하는 시스템이 있어야 한다.

둘째, 악화가 나타나는 순간 바로 구별하여 양화와 섞이지 않게 해야 한다.

셋째, 양화가 회사에 잘 정착하도록 칭찬과 배려를 아끼지 말아야 한다.

넷째, 악화도 다시 녹여서 불순물을 버리고 양화와 같은 순도를 가지 도록 변화관리와 교육에 최선을 다한다.

다섯째, 채용 시부터 철저하게 검정하여 양화를 뽑고, 비전과 목표를 명확히 제시하며, 악화가 되지 않도록 지속적인 혁신의식을 가지게 해 야 한다.

이 책에서 제시하는 1등 조직문화를 만들어가는 20가지 방법을 실천 하는 것이 쉽지만은 않은 일이다. 기업에 속한 직장인은 조직의 비전을 달성하기 위해 기업 드라마에 등장하는 배우이다.

직장인이 할 일은 주어진 배역을 온 힘을 다해 연기하는 것일 뿐, 배 역을 스스로 선택하는 데는 한계가 있다. 그러므로 자신의 역할이 무엇 인지를 알고 최선을 다해 그 역할을 연기하는 노력이 필요한 것이다.

그 기업의 드라마를 보는 고객들이 즐거워하고 만족하도록 하기 위 해서는 우선 배우 자신이 자신의 역할에 만족하고 즐거워해야 한다. 도저히 노력해도 어찌할 수 없는 것은 인정하고 작가에게 요청해서 시나리오를 과감히 바꾸는 시도도 필요하다. 그리고 주어진 일에 최선을 다하면 성과와 즐거움을 동시에 얻는 스토리의 배우가 되기를 직장인은 원하기 때문이다.

비전 실현을 향한 위대한 여정은 그 비전의 실현을 믿고 그 기업의 문화에 공감하는 사람만이 동승할 자격이 있다. 새로운 가치를 창조하려면 과거의 낡은 관습을 타파해야 한다.

변화는 속도전이다. 일본이 현재 어려움에 처한 것도 기본은 잘 되어 있어도 속도에서 지고 있기 때문이다. 한국 기업은 뛰면서 생각하지만, 일본 기업은 생각이 끝난 후에 뛰기에 제조기술의 선생인 소니가 삼성에 지고 있는 것이다.

미래의 비전을 가진 기업은 변화를 추구하는 후유증이나 피로감이 없다. 단지 목표달성의 환희만 있을 뿐이다. 1등을 하기 위해서는 남들이 가지고 있지 않은 1등 문화를 만들어야 한다.

경영의 4요소가 사람, 자본, 기술, 기업문화이다. 기업문화는 기업을 차별화시키고 기업의 이익을 내는 매우 중요한 요소이다. 사람, 자본, 기술은 쉽게 경쟁사에서 모방하고 따라올 수 있어도 문화는 실체가 좀처럼 눈으로 파악하기 힘들어 훔칠 수 없다.

우리 회사를 경쟁사와 차별화시키는 우리 회사의 1등 문화는 무엇인가?

이 책에서 제시하는 1등 문화에 공감하고 동승해야 이기는 습관을 가진 회사라고 할 수 있다. 1등 문화란 자신이 말한 것에 대해 지키는 신뢰가 있고, 문제가 있을 때 바로 가시화가 되는 문화이다. 또한 창조적 변화를 추구하고, 시간 관리가 철저하고 목표관리가 저절로 가능해지는 문화이다. 일선 현장까지 책임감과 자기 신뢰가 생기는 문화가 1등 문화이며 본서에서 제시하는 20가지가 근간이 되는 요소이다.

저자가 심장의 고동소리처럼 자판을 두드려 만들어 제시하는 20가지는 기업들이 이미 잘 알고 있는 내용일 수도 있다. 아는 것이 중요한 것이 아니라 일류 기업들은 아는 것을 실행에 옮기는 행동력이 보통기업보다 탁월하다. 여기서 제시된 20가지의 1등 문화가 실천되어야 비로소 경영의 성과와 연결되는 것이다.

이 책을 통하여 1등 문화가 전수되고 그 지름길을 깨닫는 직장인들이 많아지면, 그 문화의 실행을 통해서 이기는 전략이 구현되어 1등 기업으로의 전환이 이루어지리라 생각한다. 평범한 기업을 넘어 좋은 기업으로, 좋은 기업을 넘어 위대한 기업으로 거듭나길 간절히 바란다.

1등 기업의 이기는 습관

초판 1쇄 펴낸날 | 2010년 12월 15일

지은이 | 정철화
펴낸이 | 이금석
기획·편집 | 박수진
디자인 | 박은정
마케팅 | 곽순식, 김선곤
물류지원 | 현란
펴낸곳 | 도서출판 무한
등록일 | 1993년 4월 2일
등록번호 | 제3-468호
주소 | 서울 마포구 서교동 469-19
전화 | 02)322-6144
팩스 | 02)325-6143
홈페이지 | www.muhan-book.co.kr
e-mail | muhanbook7@naver.com

가격 13,500원
ISBN 978-89-5601-272-8 (03320)

잘못된 책은 교환해 드립니다.

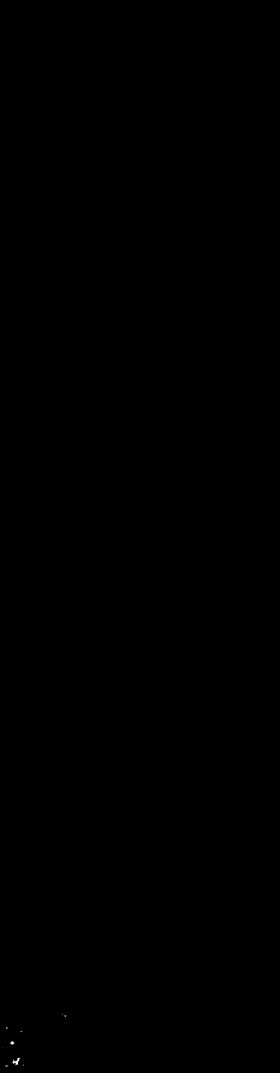

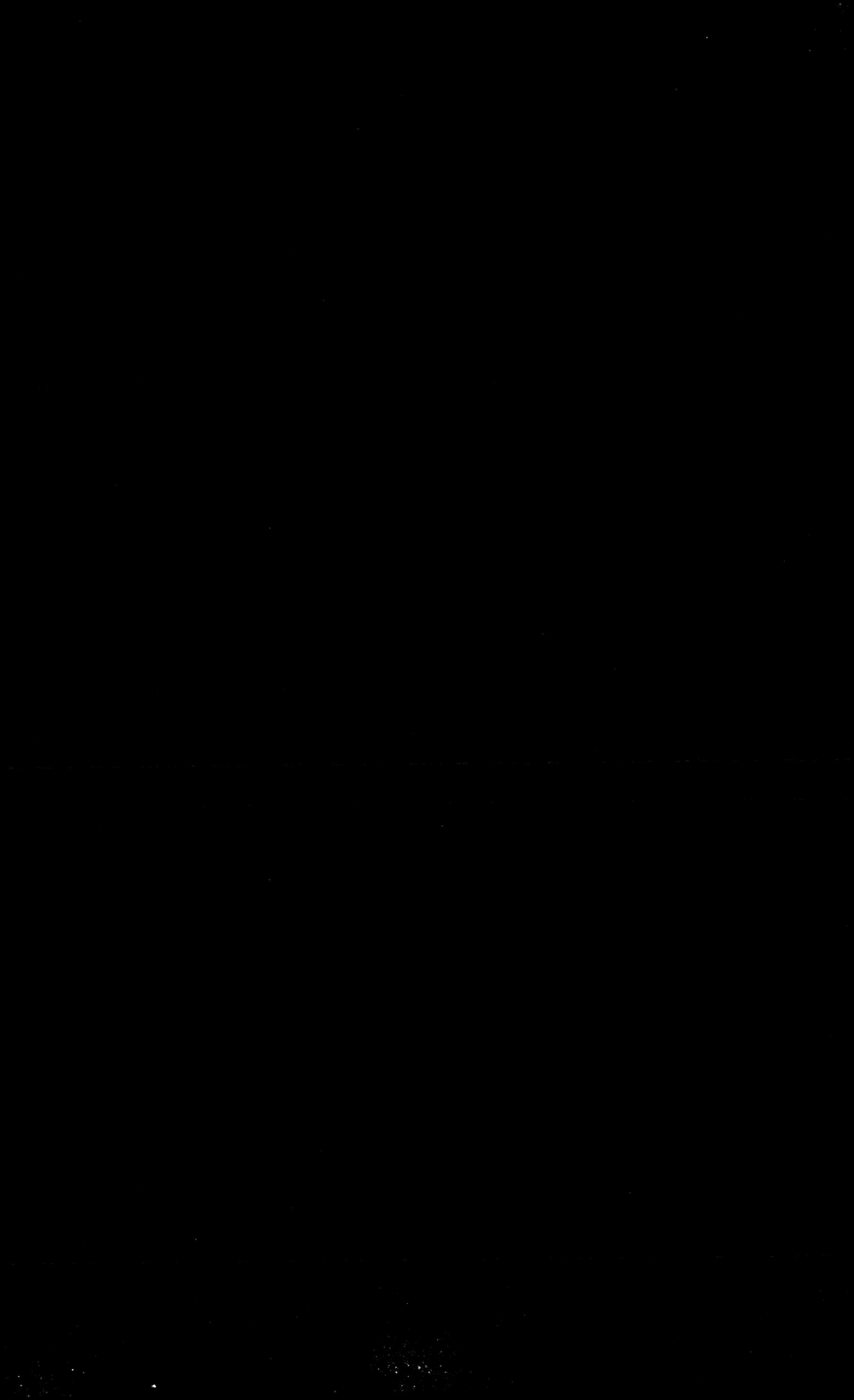